135战法系列

资金布局 ^{修订版}

股票交易中的仓位控制

宁俊明 / 著

四川人民出版社

图书在版编目（CIP）数据

资金布局：股票交易中的仓位控制/宁俊明著. —2 版
—成都：四川人民出版社，2022.10
（135 战法系列）
ISBN 978—7—220—12840—0

Ⅰ.①资⋯　Ⅱ.①宁⋯　Ⅲ.①股票交易－基本知识
Ⅳ.①F830.91

中国版本图书馆 CIP 数据核字（2022）第 177145 号

ZIJIN BUJU: GUPIAO JIAOYI ZHONG DE CANGWEI KONGZHI

资金布局：股票交易中的仓位控制

宁俊明　著

策划组稿	王定宇
责任编辑	王定宇
封面设计	张　科
版式设计	戴雨虹
责任校对	袁晓红
责任印制	祝　健
出版发行	四川人民出版社（成都三色路 238 号）
网　址	http://www.scpph.com
E-mail	scrmcbs@sina.com
新浪微博	@四川人民出版社
微信公众号	四川人民出版社
发行部业务电话	(028) 86361653　86361656
防盗版举报电话	(028) 86361661
照　排	四川胜翔数码印务设计有限公司
印　刷	四川机投印务有限公司
成品尺寸	160mm×240mm
印　张	17.75
字　数	228 千
版　次	2022 年 10 月第 2 版
印　次	2022 年 10 月第 1 次印刷
印　数	17001－22000 册
书　号	ISBN 978—7—220—12840—0
定　价	49.80 元

前　言
合理的资金布局是锁定利润的关键

任何一次成功的操作，都不是一次简单的全仓买入，也不是一次简单的全仓卖出。它是根据股价变化的不同阶段，利用轻仓与重仓、加仓与减仓等手段，从而使资金达到最佳配置并形成相互保护。如果说技术解决的是进出点位，那么锁定利润靠的就是资金布局。

钱这玩意儿没脾气，却把人整得死去活来。它没有性格，却默默地改变着人生的走向；它没有立场，却让人不停地选边站队；它没有感情，却把人的喜怒哀乐不断放大。它有价值，却能把人变得一文不值。钱没有对错，但形态有真假，股市知道真假，却让人真假难辨。

认识钱的价值和特性固然重要，尽快驰入资金布局的正确轨道才是当务之急。

什么叫资金布局？就是根据股价目前所处的具体位置，对资金的使用做合理分配，包括轻仓试探、半仓跟进、重仓出击。通过技术手段，实现资金从分散到集中，再从集中到分散的转变，从而提高资金的使用效率，回避市场风险。

资金布局，原则上按 3：5：8 把握。假如有 100 万资金，扣除提前预留的 20 万准备金，把剩余的 80 万资金划分成 16 等份，然后根据个股的具体情况，合理使用资金。

比如当【红杏出墙】发出进入信号时，由于股价初次站上 13 日均线，而且是刚刚脱离底部，股价会有反复，故轻仓试探，使用资金的 3/16，即 15 万，这就为以后的操作争取了主动。轻仓试探的好处是：即使形态失败，也就小亏出局，对全局构不成威胁；第二天，若股价持续上攻，就适当加仓。

半仓跟进，所用资金比例是 5/16，即 25 万。此时的半仓跟进只是名义上的"半仓"，因为事先已轻仓试探，假如从未动过资金，半仓跟进就是使用资金总额的一半，即 8/16。

重仓出击，属于极端攻击方式，需格外用心。但凡重仓均有所指，比如当【揭竿而起】等经典攻击形态出现时，可以重仓出击。这时所用资金是 8/16，假如事先已轻仓试探或者加仓，这时的重仓基本上就是倾城而出了，所以要慎之再慎。当然，这只是原则上的划分，实盘时可根据具体情况灵活处置，只要对资金有利，任何条条框框都是可以打破的。

为什么要对资金进行布局，全进全出不行吗？因为市场有着太多不确定因素，个股所处的位置也不尽相同，因此，对资金既不能平均使用，也不能经常满仓运转。资金布局，贵在饥饱，"不可使长饱，不可使长饥，饥则力不足，饱则背人飞"。资金是浇花的水，浇水适量可以使花儿色艳味深，浇水过量则会连根腐烂。

我们以【黑客点击】为例，具体说明资金布局的三个步骤。

步骤一：【黑客点击】出现当天，轻仓试探。尽管这根缩量阴线落在 13 日与 55 日的结点上，但不排除第二天会拉出持续阴线，因此，在入货比例上一定要保持适度。

步骤二：第二天，股价吃掉了昨日的阴线，形成双覆盖阳克阴，说明【黑客点击】形态成立，故半仓跟进。

步骤三：当股价有效突破整理平台或前期高点，重仓出击，心甘情愿地替主力锁仓。原因很简单，主力解放别人，绝对不是为了套住自己。

所有的股市高手都会将有限的资金进行最佳配置，他们会根据市场的不断变化及时调整资金的使用比例。当计划赶不上变化时，他们会不约而同地改变操作计划并最终实现原来的计划，"因敌变化而取胜者，谓之神"。

知其不可为而为之，知其必死而竟死之，不可谓不悲壮，不可谓不惨烈。但是，买入的股票犹如石沉大海，你还敢追加资金吗？

客观地说，凡是能够从股市赚到钱的人，都是出色的理财专家。他们根据股价的实际情况把资金摆布得有条不紊、错落有致；他们对资金既不随意乱用，也不肆意挥霍，每一次使用，不论多少，都摆弄得恰到好处。

当资金量越来越大的时候，如果不知道如何配置资金，那注定会遭遇一场无法逃避的灾难。所以，当操作技术已不再是问题的时候，就应该把精力转移到资金布局上来。它与形态和位置同等重要，通过对资金的合理布局，改变过去那种"满仓不用教，清仓学不会"的交易模式。

一个航母战斗群之所以有威慑力，就在于它的各种力量能够叠加在一起，而且在战斗中能够遥相呼应。一个航母战斗群通常由4艘护卫舰、4艘驱逐舰、2艘潜艇、1艘战斗支援舰和60架舰载机构成，总造价大约1200亿人民币。航母战斗群是以航母为核心，以舰载机为主要衡量标准，以航空兵为主要作战手段的海空一体化机动作战体系。所谓证券投资，就是把形态、位置和资金经过技术合成，形成一个完整的符合自己操盘风格的交易系统。

资金是一种宝贵资源，能否增值因人而异。会摆弄的人，资金如滚雪球越滚越大；不会摆弄的人，资金就是废纸一堆。高手不一定多聪明，但他对资金的使用往往与众不同。在他们看来，钱有腿，哪有利就往哪跑；钱会下崽，只要把它放在适当的地方，就会生出小崽来；钱会避险，打不赢就跑。资金充足的人在股市里横冲直撞，结果把资金给折腾得七零八落。不管你是大资金炒家还是普通散户，任何时候都不能把资金带入绝境，它是开疆拓土的功臣，一定要善待它。

在主力面前，让资金一丝不挂地暴露出来，绝对是凶多吉少。故建立预备队非常必要，其作用有两个：一是股价加速上扬时，让预备队进场扩大战果；二是股票被套时，让预备队进场展开自救。完成使命以后，应立即让预备队归建。

解决赚钱与欲望之间的平衡靠资金布局，把控股价行进间的减仓与加仓，也靠资金布局。资金一旦变成股票，我们与主力就是一根线上的蚂蚱，一荣俱荣、一损俱损。一切行动听指挥，步调一致才能够得胜利。除【三线推进】的股票可以满仓以外，其他股票都要按比例入货、按形态清仓。

《资金布局》是 135 战法的第八部，书中的专业术语、技术参数、操作原则和交易方法，在四川人民出版社出版的《黑客点击》《胜者为王》《巅峰对决》《下一个百万富翁》《实战大典》《过关斩将》《与庄神通》里有详尽解释，请参阅。

宁俊明

2022 年 8 月于北戴河

CONTENTS

目 录

资金是一种宝贵的资源，既不能随意乱用，也不可肆意挥霍。通过对资金的合理布控，让每一分钱都发挥出它的巨大潜能。

第一章
轻仓试探

轻仓试探，是指买入形态出现以后，根据股价目前所处的位置而进行的试探性买单。

哪些形态可以轻仓试探呢？135 战法中的 5 个底部形态都可以轻仓试探，比如【一锤定音】；拉升途中的调整形态，如【黑客点击】【暗度陈仓】也可以轻仓试探；调整后攻击形态，如【破镜重圆】也可以轻仓试探。轻仓试探的资金，一般不超过资金总额 3/16。假如 100 万资金，扣除提前预留的 20 万准备金，3/16 就是 15 万，占资金总额的 15%。

轻仓试探的目的，就是为了摸清主力的意图，并非单纯以盈利为目的。如果第二天股价持续上攻，可适当加仓，若第二天形态失败，就小亏出局。

当拥有一定数量的资金却没有一个合理的资金布局方案的时候，心急火燎地全仓买入，不管对谁来说，都注定是一场灾难，抑或是灾难的开始。

炒股的最大悲剧：由最初的踌躇满志到最后的万念俱灰。一句话概括了两种截然相反的心境，真实地反映出炒股人一半是海水、一半是火焰的生存状况。在股市大起大落是常有的事，但真能做到心态平和的不是股圣就是股仙，试问股市里又有几人能够做到不以物喜不以己悲？人的真情实感和性格弱点，在具体交易中表现得淋漓尽致，当一切期待和希望都破灭之后，谁还能指望他开怀大笑？所以，职业投资人的喜怒哀乐都有一种行之有效的方法去控制。比如从进出点位到资金的使用都有着极其苛刻的条件，不管买进还是卖出都坚持有据可依，在资金的使用上做到有计划、按比例，这样，就能完全避免炒股的悲剧。

有时候，输赢总在一次又一次的选择中发生变化；有时候，一个不经意的决定很可能让整个交易发生逆转。所以，我们既要坚持一些东西，同时又要放弃一些东西，否则，就无法把整个交易计划进行下去。

当我们看不懂 K 线的时候，却意气风发地在股市到处寻找黑马，摔下来的次数很多，吃的亏不少，但就是不长记性。后来知道了股价质变的节点，反而下不去手了，这就是人们常说的无知无畏吧。面对买入形态，即使有被套的可能，也要执行交易指令，至于切入点当与不当，那是水平的问题，敢不敢买进，就是态度问题了。

📊 经典案例

1. 佛慈制药（002644）。那年那月的某一天，一个不规则的【日月合璧】映入眼帘，说它不规则，因为它出现的位置以及它的量价关系都不太理想，但它毕竟是个止跌形态，不能视而不见，轻仓试探。见图一。

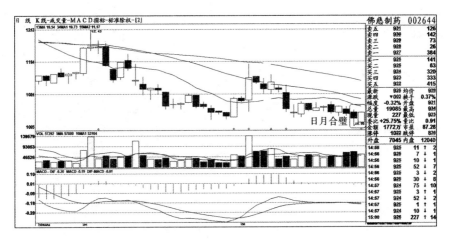

【日月合璧】是止跌形态，可以轻仓试探（图一）

　　【日月合璧】的出现封住了股价的下跌空间，但封住下跌空间并不意味着股价立即就涨。况且，我们对【日月合璧】这个形态只作为断底使用，实盘时并不大量使用它进行抄底。股价的筑底过程是复杂而漫长的，我们不知道主力在底部区域还要磨蹭多长时间。严格说来，股价在筑底过程中，如果没有【红杏出墙】的出现，股价就没有底部可言，只有出现【红杏出墙】站上 13 日均线，才表明股价的底部被探明。因此，抄底一定要谨慎。

　　第二天，股价低开低走，一会儿就被主力拽了上来，随后在成交量的配合下股价开始向上移动，当天以中阳线报收。

　　第三天，股价不用扬鞭自奋蹄，成交量略有减少，直到收盘并未出现卖出形态，持股待涨。

　　第四天，股价平开高走，量价还算协调，盘中突破 55 日均线的反压，唯一令人担忧的是：55 日均线没有走平，依然没有卖出形态出现，继续观望。

　　第五天，股价高开低走，回调后的上攻很不给力，而且出现一个不规则的【一剑封喉】，走人。见图二。

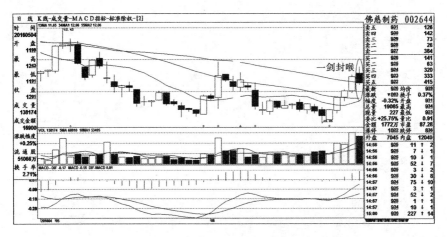

低位的【一剑封喉】也是调整信号，回避为好（图二）

从【日月合璧】到【一剑封喉】，股价由 10.39 元升至 11.06 元，5个交易日获利 6.5%，符合每周盈利 3% 的标准。

低位的【一剑封喉】，也是冲高受阻的表现，在这个形态上把股票卖出去，或许能锁定一小段利润，如果嫌赚得少，那点利润肯定是另有所属。

人只有对资金有了足够的认知能力时，才会主动地根据股价目前所在的位置合理使用资金。创造价值的是形态，毁灭财富的也是形态。形态说明一切，纪律决定输赢。所以诗曰："形态有绽体似酥，位置仗剑斩愚夫。虽然不见人头落，暗里教君钱袋枯。"

2. 浙江股份（002758）。该股除权之后，走出一段贴权行情，从这个意义讲，没有进场形态的瞎买无异于赌博，炒股的大忌是不懂装懂，且胆子贼大。

从走势图上不难发现，怀沙自沉的股价突然跳空低开，咄咄逼人的抛盘仿佛要把持股者一网打尽。这时候，场内的傻子在场外疯子的教唆下，疯狂地把股票砸向主力，然而主力不但没有丝毫恼怒之意，而且对抛过来的筹码——笑纳。疯子很纳闷，为什么把股票卖光了，股价却不跌了？股市里这种自以为是的事情比比皆是。那些被股市称为疯子的，都是聪明反被聪明误的受害者。虽然他们的行为不负法律责任，但酿成的后果却要自己去承担。

在下跌尾段，股价跳空低开，加速下跌，这样的疯狗走势，一般会形成【马失前蹄】或【一锤定音】。在这些形态上，有股的捂住不卖或有生机，抛出定亏无疑。持币观望的可轻仓试探，但在入货比例上要保持适度。抄底时，一定要看清主力的底线，而不是总盯着主力的底裤。眼下这个【马失前蹄】和【一锤定音】的复合止跌形态，就是主力下探的底线，在这里适当低吸，被套的可能性非常小，但对股价涨幅也不要期望值太高。见图三。

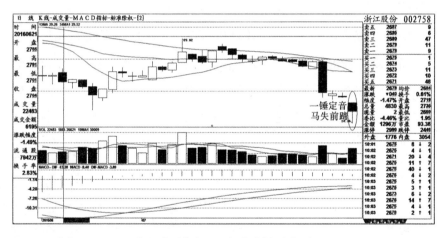

在止跌形态上可以轻仓试探（图三）

还有一种情况，投资者切入点高，在以后的上涨过程中，由于获利不大，总希望它再涨一点，于是就放松了警惕，在股价冲高回落时，错过了最佳离场时机，结果不盈反亏。

入市之初，人人都有一种自命不凡的错觉，而且谁都不相信自己会赔钱，只要不断憧憬，财富就会迎面扑来。经过无数次挫折后，发现挣钱并非易事。在财富王国里却过着炼狱一样的生活，心虽有不甘，无奈荷包已经瘪了许多。

连续两根无量小阳，两天不交易心里又会怎样呢？有时候，最痛苦的不是亏钱，而是那双不听使唤的手。挣钱时希望更上一层楼，亏损时希望早点解套。满脑子都是涨啊涨，很少静下来思考一些进出问题。相信每个散户都有过从梦中突然惊醒，然后打开电脑看一会K线再睡的经历。

第四天，主力一反常态，股价高开高走，成交量拉着股价爬了一波又一波。

第五天，股价开盘即涨停。盘中几次被打开，但一次又一次地被封停，不妙的是成交量有些大，不排除主力利用涨停板派发一些筹码。尽管股价最后以涨停报收，但形态却是【拖泥带水】的离场信号，说明股价明天还有高点，仓位重的应该获利了结，仓位轻的明天择高出局。

第六天，股价平开低走，但很快被主力拉了上来，涨到6个点的时候，股价突然掉头折返，盘中几次上攻无果且放量滞涨，是派发征兆，加上【一枝独秀】的高高在上，表明主力去意已决，出脱持股。见图四。

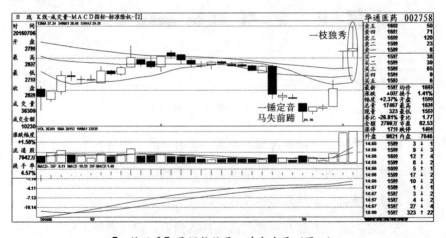

【一枝独秀】是调整信号，清仓出局（图四）

从复合止跌形态到【一枝独秀】的出现，实际运行6个交易日，股价由 25.19 元升至 29.59 元，涨幅 17.47%。

机会都是靠耐心等出来的，利润都是靠纪律去锁定的。买与卖是忍耐加执行，但不是没有限制，进与退是包容和不轻易动怒，但不是没有底线。

赚钱最快的速度不是跨越，而是稳定持续；最慢的步子不是原地踏步，而是徘徊；最近的路不是寻找捷径，而是少走弯路；最大的风险不是明修栈道，而是暗度陈仓；最开心的不是账面利润，而是获利了结的那一刻。

3. 长航凤凰（000520）。2016 年 9 月 26 日，【马失前蹄】出现，这是一个止跌形态，这个形态出现后，难道股价真的不再跌了吗？如果你依然不信，不妨轻仓试探一下。见图五。

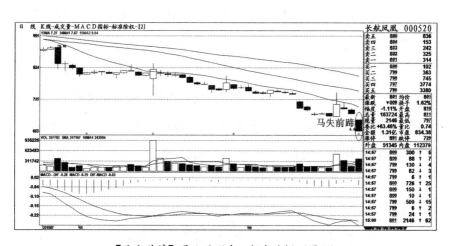

【马失前蹄】是止跌形态，轻仓试探（图五）

主力是刚猛的，不管是拉升还是洗盘，他们从不拖泥带水。主力不削人，但绝不会发善心。有时我们猜不透主力的心思，但忽上忽下的股价却能牵动着我们的心上蹿下跳。主力腹泻时，股价多数会形成【马失前蹄】等底部形态；主力牙疼时，股价就索性卧在那里静养了。

理论上讲，当股价沉落到谷底时，正是它反弹的最佳时机。股价跌得越深，其反弹力度就越强。

　　该股从 2013 年 12 月 26 日停牌，到 2015 年 12 月 18 日复牌，在这两年间，我们不清楚该公司到底是研制出隐形航母抑或是隐形火箭，股价从 2.53 元一下子蹿到 21.60 元，闭关两年，股价涨了 7 倍多，这是中国股市现实版的凤凰涅槃，而这个非常普通的股票却又神奇得令人不可思议。

　　复牌后，股价从山顶滚落到谷底的姿势，究竟是断崖式还是温水煮青蛙式，一时还难以准确定义，有兴趣的可以回放一下。从图表上看，股价这一次摔得不轻。当主力从梦游中醒过来时，神情依然有些恍惚，浑身犹如散了架一般。当主力在一片白茫茫中能够辨认事物时，股价已从 21.60 元落到 6.67 元，主力痛心疾首，觉得自己不该怀沙自沉，于是，主力轻轻伸出左脚，【马失前蹄】果然挡住了股价下滑的脚步。

　　在【马失前蹄】上大胆买入，看似冒险之举，实则有理有据，加上出手迅速，竟然抄到股价一个大底，此次买入虽然不是深思熟虑的结果，却收到了绝处逢生的奇效。它不是刻意谋划，却比刻意谋划还要来得便当，至少让主力知道，股市里不怕死的人有的是，不要太过张狂。尽管这孤注一掷可能使我们再次陷入窘迫之境，但止跌形态在眼前晃来晃去已顾及不到那么多。

　　第二天，股价低开高走，但量不配合，急也没用。

　　第三天，缩量阴线。市场在观望，主力也在观望。

　　第四天，缩量阳线，主力依然出工不出力。

　　第五天，小阳无量，主力继续在磨洋工。

　　主力在等什么？猜不透。但人们把股价的后期走势当成了智力竞猜题，尽管人们对逮黑马的兴趣乐此不疲，然而对主力脑子里的想法却一无所知。

　　第六天，主力温和放量，股价悄然上行。此时此刻，已经没有多少人关注主力是怎样把火箭悄然移送到发射阵地的，他们的目光早已转移到涨幅榜上，寻觅着下一匹黑马的横空出世。

无论我们是否意识到盲目和轻信的危害，但这种毒瘤却在我们身上不同程度地存在着、膨胀着、扩散着，并开始威胁着我们的资金安全。当我们把更多的注意力用于捕捉消息、寻找绝招时，许多原本我们本身存在的弱点，又开始变成伤害我们的凶器。那些被我们一向奉为金科玉律的东西，也开始呈现出悖反的倾向，成为一些人对另一些人，或主力对主力、机构对机构发动攻击的手段。就像有电脑就有电脑病毒，有货币就会有金融投机一样。当有一天我们发现了股价的运行规律，还会和主力对着干吗？当我们知道什么时候该买，什么时候该卖时，我们还会去赌吗？当我们知道所有的成功都是从失败开始的，并且量变必然引起质变的道理时，我们还会对股市感到恐惧，对自己丧失信心吗？

第七天，股价高开高走，5分钟后缩量封停。谁说落魄的凤凰不如鸡？

第八天，股价高开3个点，由于位置比较敏感，我们对它做出两种预判：一是股价站上55日均线就继续持股，二是股价受55日均线反压太大就出脱持股。5分钟后主力选择了我们的第二种预判，没说的，清仓出局。见图六。

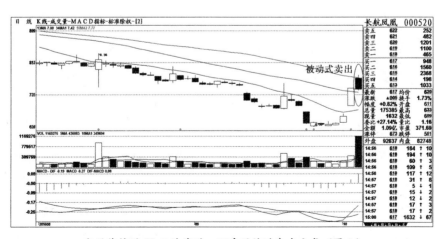

当股价接近55日均线时，可采用被动卖出方式（图六）

股市犹如一部荒诞不经却又充满诱惑的电视连续剧，里面到处是鲜花，又处处是陷阱；到处是洋房别墅又处处设置雷区，稍有不慎，就会被炸得血肉模糊，生不如死。这绝不是危言耸听，但很少能引起人们的注意。因为，人们看到的只是股市里的五光十色，从未想过里面还有刀光剑影。炒股是现场直播，没有办法重来，每个人都得为自己的行为负责，身陷囹圄再去忏悔已是于事无补。

挣钱时，对自己说一声"别得意，这只是执行指令的结果"；亏钱时，狠狠地扇自己一个耳光："我让你不听话。"如果还不解气，就再扇一下。

在炒股过程中，谁都会遇到困难。有人成功后，会笑着揭开自己的伤疤；有人失败时，打死都不会承认自己的无能。其实，越是不敢正视自己缺点的人，成功的速度就越慢。

我希望每个投资人都学会释怀，它是对现实化繁为简的一种心理调适，是让一颗悸动的心归于平静；释怀也不是忘记，它是在回味过去展望未来，是在厚积中选择薄发的方式。释怀并不意味着看破红尘，而是对自己的一种善待。

4. 世荣兆业（002016）。该股曾出现过一组不规范的【蚂蚁上树】，因为蚂蚁个头偏大，位置偏高，确实不好下手。然而，不断放大的成交量分明在说，主力的拉升随时都可能展开，该引起关注了。

如果一只股票在质变节点上没有跟上，就不必再强行介入，耐心等股价回调时低吸。买股票就两种方式，要么在质变节点上追涨，要么在止跌形态上低吸，买股票切入点至关重要，稍有疏忽就可能坠入不可逆转的倾覆过程。当然，交易中的万全之策是没有的，只要有明确的进场形态，就应该大胆地买入。

这一天，股价低开低走，而且一波比一波跌速快，当股价接近55日均线时，主力突然横刀立马拦住了去路，形态既不像【暗度陈仓】，又不像【一锤定音】，给我们最初的判断是【蚂蚁上树】的回踩。任何一个形态，都可以产生不同的观察效果，由此得出不同的判断。但我更相信形态说明一切，不管眼下的这根阴线叫什么，但它的市场意义是震仓，从股价的位置上看，叫【暗度陈仓】或许更接近主力意图。股价的涨与跌，事先都会给出一个匹配的形态，认清这些形态的市场意义，主力再伤你就不易了。轻仓试探。见图七。

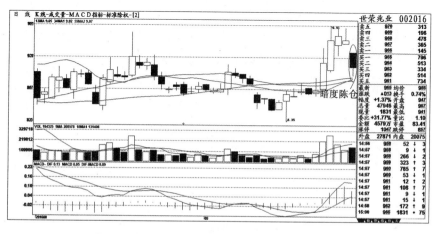

【暗度陈仓】属于震仓性质，可轻仓试探（图七）

跟主力打了这么多年交道，确实长了点记性，有了点悟性：主力越是表现出想要拉升，那就越是不会拉升，越是想表现出对某个价位不在意，那就越是对这个价位很在意，只是这种感觉只能意会不可言传。

任何时候都不要找主力去拼命，而是主动地靠近主力。过去那种拍着胸脯和主力叫板的愣头青，只有匹夫之勇，因为每次死磕不但没有把主力撂倒，反而被主力揍得抱头鼠窜。与主力过招，输赢就在一拍半拍之间。

第二天，股价低开高走，量价很是协调。盘中股价吃掉昨日阴线，形成双覆盖阳克阴，适量加仓。

在尚未开盘之前，所有的猜测都是谜团，任何一个形态的确认都需要实战的验证。交易时多考量一些形态的细节，重点领悟形态与各个周期的关系。

第三天，股价依然低开高走，后在成交量的配合下一举攻克前期成交密集区，"创新高必回调"，已然成为主力酝酿下一波行情的蓄势手段。

一路上扬的股价，突然停下脚步，然后把头掉过来，仿佛要找个对手切磋一把技艺。随后，股价慢慢回落，5个点的上影线构成位置不太高的【一枝独秀】，由此可见，已经取得决定性突破的主力要在这里歇上几日了。对短线客来讲，可以考虑获利了结了。

从【暗度陈仓】到【一枝独秀】，股价从 9.24 元升至 10.22 元，3 个交易日涨幅 10.61%。见图八。

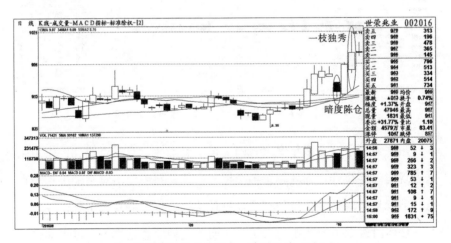

【一枝独秀】是出局形态，获利了结（图八）

那些经年混迹股市的人们，谁没有打碎牙往肚里吞的经历？他们之所以忍受亏损的痛苦和巨大的精神折磨而不愿意退出，是因为他们相信自己能从股市里杀出一条血路来。

形态是买入股票的唯一依据，那么，当形态出现以后，为什么在资金使用上会有轻重缓急呢？因为形态出现的位置不同，时间也不同，为了回避市场风险，误吃主力骗线。比如，股价经过长期下跌之后出现的【一锤定音】，虽然它是个底部形态，但并不意味着股价立即会涨，也不排除止跌形态出现后股价继续下探，在情况尚不明朗的时候，轻仓试探，可以为以后的操作争取主动。

一般情况下，像【一锤定音】这样的底部形态出现后，主力为防止散户在低位与他抢筹码，第二天都会把股价拉上去，也有的主力虚晃一枪后照跌不误。在止跌形态上，如果有大量场外资金与主力抢筹码，主力很可能反手做空。这时候如果不及时跟变，资金就会被搁浅。

轻仓试探由于仓位小，即使被套，也不会对整个资金布局构成威胁。而重仓出击一旦被套，麻烦就大了，割吧，就会造成实实在在的亏损，不割吧，眼睁睁看着资金日趋缩水，心里也不好受。

5. 汉缆股份（002498）。该股经过充分整理以后，股价终于爬上了55日均线，表明有主力在倒腾它，单凭散户股价不会涨上来。因为，散户都是食利者，买了股票就等着赚钱，如果股价不涨就赖着不走，亏钱反骂主力是骗子、政府不作为。天下的好事不可能都轮到你，成天算计主力还要赚主力的钱，是不是有点过分？分主力一杯羹，首先要有眼力价，看主力什么时候让进场，什么时候叫出局，绝对不能有自己的小九九；其次，要一切行动听指挥，绝对做到令行禁止。

股价已连拉4根阳线，这根带长上影的阳线表明短线客已有获利回吐的要求，主力很开明，采用【一石二鸟】进行震仓，把那些不该挣钱的清洗出局。

有的操作失败，一定是某个细节出了问题。相同的形态为什么有的成功，有的不成功？顺着这个思路查找下去就能找到根源所在。比如【一石二鸟】出现以后，如果当日阳量没有吃掉昨日的阴量，形态失败的可能性就加大。相同的形态，如果三线的方向一致（指均线、指标线、量线），成功的概率就会大，反之亦然。位置在形态中至关重要，交易中偏重形态，忽略位置，是要吃亏的。把问题搞清楚，在交易中不再顾此失彼，操盘水准也会相应提高。

我们注意到，股价收阳，但量价均未满足双覆盖的买入条件，基于55日均线已经走平，主力继续下探的可能性较小，为安全起见，先进行轻仓试探，如果明天股价继续上行，再适量加仓。在实盘时，第一单的数量要严加控制，多用轻仓或半仓，少用重仓，合理使用资金就等于为自己留下了充分的回旋余地。见图九。

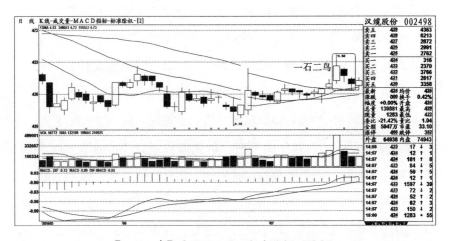

【一石二鸟】出现后，可以轻仓试探（图九）

在没有研究出135战法之前，真的不知道明天有什么在等待，内心深处是一种没有着落的，说不上是无奈还是恐惧的东西，却似乎少了初入股市时的憧憬与期盼。有时候静下来分析一张K线图，也似乎是件很难的事。有段时间，惊讶于内心的浮躁与繁杂，却又找不到好的排遣办法。期望少走弯路，不因为有挫折和伤害，不因为梦想遥不可及，而削弱对股市的热爱。

一个人在孤独无奈、压抑失望的时候，应学会珍视自己，不放纵，也不要虚度，这既是一种情怀，也是一种责任。只要连续三次交易失利，应立即停止操作。出去走走，无论在冷清的早上还是忧郁的黄昏，总有深深的期待把心照亮，那是对炒股的执着追求和对生活深深的爱。与庄为舞，就要研究主力的每一个动作，积淀起心灵的智慧。主力虽然冷酷无情，但它无时无刻不在期待着我们的成熟。

为什么连续三次交易失利后要停下来休息？每一次失利就像小草被掐了，总得等伤口愈合才能继续成长开花，况且，认识和改正错误也需要时间。

交易中学会思考和换位思考，主要是为了解决问题的局限性。局限是生活中的常态，人的生死是局限，左右手是局限，男女厕所是局限，上下级是局限；黑夜和白天是局限，春夏秋冬是局限；主力和散户是局限，阳线和阴线是局限，大资金和小资金也是局限。正是因为股市里存在着种种局限，所以才会有资金布局。有时我们把操作不顺利称作点背，所谓的点背，就是局限的穴脉处。

第二天，股价低开高走，成交量敲着边鼓，激励着股价悠悠上行。

第三天，股价依然低开高走，盘中突破近期高点直奔涨停。

过去交易时经常买得太早或卖得太晚，有时候根本不能去买或不能去卖，但没有人告诉你精确的进出点位。形态犹如一张张陌生的脸，看似歪瓜裂枣，实则各有其能，不管张三王五，在还没有认识它们的时候，它们对谁都是六亲不认，把你打得狗血喷头，却又找不到谁是凶手。

炒股不认输，是不想辜负自己的一片真情；坚持走自己的路，是心甘情愿地接受所有的结局。但资金是炒股的必要条件，也是家庭赖以生存的基础，如果把家里的积蓄都输光了，不管什么原因，我们都有不可推卸的责任。

第四天，股价高开高走，随后，主力携量突破前期形成的成交密集区，但原未料及会引来更大的密集抛盘，主力且战且退，最后总算守住了昨收盘的底线，然而成交量却是半年来之最。有人买股票就像飞蛾扑火，不放量不跟进，这一次不知又有多少人死在主力的【一剑封喉】之下。

主力的意图很明显，守住昨收盘，就是为了今天更好的派发，看不懂这一点，就会把到手的利润重新退回去。有人说，炒股犹如逆水行舟，其实不然，那是因为你没有看清风向。当买进指令出现时，需要挺身而出的担当，在卖出形态出现时，同样需要急流勇退的气度。见图十。

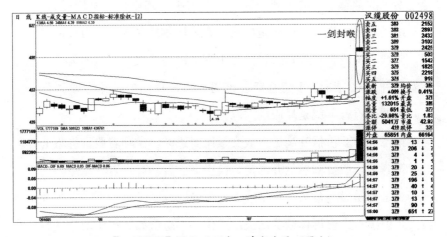

【一剑封喉】是见顶形态，清仓出局（图十）

股价从【一石二鸟】的 4.44 元到【一剑封喉】的 4.96 元，实际运行 4 个交易日，涨幅 11.72%。

多数人会套死在山顶上，但也有被埋在谷底的，巴菲特的老师格雷厄姆就是其中的一个，1929 年美国股市泡沫破灭后，格雷厄姆则在两年后的 1931 年进场抄底，最后导致破产。股市并不认为他是大师就对他格外开恩，所以作为散户的我们更应该小心谨慎，任何时候都不要和市场叫板。

收盘以后，不要匆匆忙忙去复盘，找一个安静的地方，对一天的操作进行过滤和反思，从进出点位到资金布局，重点查找细节上的漏洞。

如果每次反思都使你如坐针毡，说明操作上还存在一定问题。为什么总犯那些简单的错误？是技术不过关还是定力不够？比如，不该买的买了，不该卖的卖了。又比如，早盘发现【红衣侠女】，明明知道要等形态走稳再买入，为什么就是管不住自己的手？在失败积累的基础上，逐渐规范和约束自己的行为。

任何事物都有它的两面性，套牢让我们知道赚钱的不易，看到自己的能力还有待提高，从亏损中找到解套的路径，从挫败中练就过硬的技能。动物世界告诉我们：一般的食肉动物，像老虎、狮子，它们都有自己的领地，而且平常就在自己的领地内活动，一直到老死，也很少离开领地一步。炒股需要一个适合自己的方法，财富的聚集需要一个行之有效的手段去完成。

6. 申通快递（002468）。该股从 47.34 元的【拖泥带水】一直跌到 24.45 元不规则的【一锤定音】，痛失半壁江山的主力再也不愿继续败家了，然而股价重整旗鼓却让主力煞费苦心，股价下去又上来，下来又上去，几经反复，总算把均线系统理顺了，上涨空间同时被打开，不出意外，主力的发情期就在这几天。

一组【蚂蚁上树】刚刚越过前高点，便鬼使神差地退了回来，其实是"创新高必回调"的条件反射。第一根阴线挖去 7 点多，痛得人们死去活来；第二根阴线挖去 4 点多，搞得人们依然是胆战心惊。两天把一个涨停板挥霍光了，这种自毁长城的做法，实为日后的拉抬做准备。形态上既是【蚂蚁上树】的回踩，也符合【一石二鸟】的震仓，两种形态，异曲同工。轻仓试探。

轻仓试探的好处是：快速探明主力意图，如果主力动真格的，就主动追加资金；若发现主力只是测试一下盘面，就小亏出局。轻仓试探，犹如战场上的侦察兵，旨在探明情况而非攻击目标。

轻仓试探，需要把握两点：一是 55 日均线以下的止跌形态不设止损点，盘中不做差价；二是55日均线以上的攻击形态可适量加仓。

轻仓试探，分底部试探和途中试探。但不管哪种试探，都应满足两个条件：一是有明确的止跌形态，比如【一锤定音】【绝处逢生】；二是具有明确的攻击节点，比如【一石二鸟】或【破镜重圆】的确认等。

随后，主力演绎了一个阳线【三剑客】，把那些意志不坚定的人统统清洗出局后，股价披荆斩棘，一路高歌猛进。见图十一。

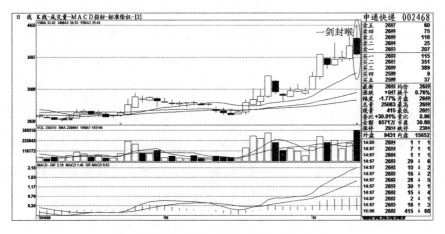

【一剑封喉】是见顶形态，快闪（图十一）

众所周知，散户在成为高手之前，只是一个到处碰壁的梁上君子，并因此锒铛入狱，不知多少次，有的浪子回头，最终成为职业投资人；有的不思改悔，经年被圈在高墙之内。

美国有一个著名的经济学家叫费雪，在很早以前，他预见到了股市泡沫的破灭，但还是没有控制住自己，买入他自己认为便宜的股票，结果几天之中就损失几百万美元，最后变得一贫如洗。索罗斯是赌仙，但也有成为香客的时候，比如1987年，他认为日本股市泡沫大，于是就放空日本的股票，结果日本股市牛到1989年，硬是让这个遐迩闻名的大赌仙以惨败而告终。

7. 广誉远（600771）。该股在55日均线上做了一个【串阴】后，主力仿佛意犹未尽，于是又逼着股价继续下探。

伴着温和的成交量，股价重新站上 13 日均线，而且【均线互换】业已完成，只是上升通道的缝隙有点小，但它告诉我们，可以进场了，轻仓试探。

3 月 13 日，股价又经过 3 天的调整，上升通道张开双臂迎接至爱亲朋，股价的拉升就要开始了，半仓跟进。

如果在错误的价位上进行了交易，或市场的突变证明我们的操作是错误的，要立即纠正，委屈也要纠正，顺从市场并不丢人，可怕的是毫无节制地自我宽容。孤注一掷地赌，严防死守地拖，会使你在错误的泥潭里越陷越深。

3 月 17 日，股价冲高回落后再也没有直起腰来，【一剑封喉】又发出离场信号，清仓出局。

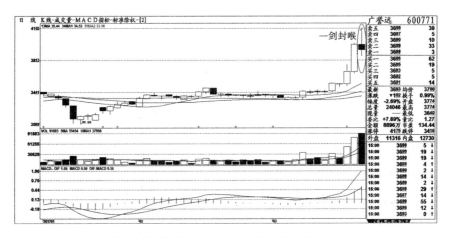

【一剑封喉】是见顶形态，清仓出局（图十二）

从【均线互换】到【一剑封喉】，9 个交易日获利 16.42%。见图十二。

股市不是一个随心所欲的舞台，纵然再有激情，也要按照主力给出的节奏顺势交易。所以，越是能够控制表演欲的人，成功的概率就越大。有些人技术不怎么样，却特别迷恋炒股的过程，这种奋不顾身的英勇壮举，总有一天连自己是怎么死的都不知道。

与主力沟通要摆正位置，唯命是从；尊重主力要放下利益，谈钱不伤感情；与主力合作要舍得吃亏，不斤斤计较。如果一味索取，不懂付出；或一味任性，不知让步，到最后必然输得精光。

炒股的成功是一个人综合素质的体现，知道一点技术的皮毛赚不到大钱。对那些既没技能，又喜欢夸夸其谈的人来说，厄运会经常陪伴他们，且不定时地袭扰他们。于是，有人开始漫骂，可他们就没有静下来想一想，如果漫骂能够解决一切、成就一切，谁还会数年如一日地努力学习和刻苦修炼呢？知道泼妇吵架吗？双方凶得像母老虎似的，把对方咬得血肉模糊，自己也被弄得里外不是人，然后各自回到家里独自疗伤。

8. 恒泰艾普（300157）。当 13 日均线上穿 55 日均线，股价收阴线，这是一个不折不扣的【海底捞月】上的【黑客点击】，但同样也是【一石二鸟】，轻仓试探。

散户的多动症，首先来自股市的不确定性，股价的上蹿下跳经常弄得人们心神不定；其次，由于没有自己的方法，所以看见往上涨的股票就想买，而且根本不管股价所处的位置，有时候刚刚有了一点小利，就心急火燎地把它抛出，生怕到手的利润再溜走，等与大段财富失之交臂后，才知道自己卖错了。

按系统发出的指令进行操作需注意两点：一是要有足够的耐心。持币期间，要耐心等待攻击节点的出现；买进股票以后，要经得起盘中的震荡，没有明确的出局信号，坚决不离场。绝对不能根据自己的想象买进或者卖出。二是要有铁的纪律。努力控制自己的情感，不幻想一夜暴富，严格执行交易指令。

4 月 26 日，主力用 4 天时间，极有耐心地构筑了一组不规则的阳线【走四方】，通过对股价进行一番清理后开始向上攻击，半仓跟进。

4月27日，股价开盘即涨停，这是个意外收获，并不值得炫耀。

4月28日，股价仍然以一字板开盘，只是量大得吓人，这个一字板十之八九晚节不保，盘口的封单减得很快。

5分钟后，涨停板被打开，直到收盘也没能封住。实盘经验不足的，按见顶形态卖出就是了，无非少赚几个点。这是一个复合卖出形态，【独上高楼】式的【拖泥带水】，加【狗急跳墙】。盘中主力挺有意思，进场时给出三个买进形态，生怕你忘记，见顶时又给出三个卖出形态，生怕你卖不掉。

与其让股票在你手里枯萎，不如碰上离场信号就往主力怀中一推；与其捂着股票让你变得憔悴，不如放下幻想潇洒地抛一回。不要等退回了利润，尝尽了苦悲，才懂得指令的可贵。

从【黑客点击】到【拖泥带水】，持股7个交易日，获利19.85%。见图十三。

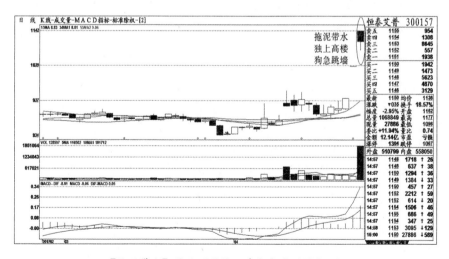

【拖泥带水】是见顶信号，清仓出局（图十三）

托尔斯泰讲过这样一个故事：有一个人想得到一块土地，地主就对他说，清早，你从这里往外跑，跑一段就插个旗杆，只要你在太阳落山前赶回来，插上旗杆的都归你。那人就不要命地跑，太阳偏西了还不知足。太阳落山前，他是跑回来了，但人已精疲力竭，摔个跟头就再没起来。于是有人挖了个坑，就地埋了他。牧师在给这个人做祈祷的时候说："一个人要多少土地呢？就这么大。"

伊索说得好："许多人想得到很多的东西，却把现在所拥有的也失去了。"按交易指令操作，绝对不能贪，只要卖出形态出现，即使亏损，也要坚决卖出。

9. 电投产融（000958）。该股有过一波拉升，由于事先切入点不明确，加上突发利好引起的暴涨，当时根本没有进场的机会，所以也没有什么遗憾的。但要引起注意了，耐心等待第二次进场机会。

经过 1 个月的整理，股价回落到 55 日均线附近，一般讲，多数个股会在这里稍事休息，有的蜻蜓点水地照个面，有的走马观花看一下，遇上个别坏小子故意把 55 日均线击穿，但多数时候都是有惊无险。

股价低开高走，并且很快吃掉阻止股价上涨的最后一根阴线，主力直接下达命令，结束休整，立即展开攻击。今天这根阳线我们把它定义为不规则的【破镜重圆】，它的出现，标志着新升浪的开始。基于形态不规则，所以轻仓试探。

过去买进股票以后，脑子里就没有消停过。有时会把某次交易看作起死回生的转折点，甚至把交易的成败与自己今后的生存状况和人生走向紧密联系，这时候做出的种种预判连自己都不敢相信。记得有一次，碰上狗屎运，买进就涨，且当天就处于获利状态，然而第二天，主力突然回马一枪，我只好斩仓出局。虽然那次交易使生存空间变得十分局促，但由于迅速逃出了主力精心设置的陷阱，又一次把主力闪到了自己的面前！主力的回马一枪虽然没有把我挑死，但疼得好几天无法走路。

此战使我元气大伤，然而这一切似乎还没有画上句号。这种付出血本的预见并没有使我得以警惕，以致在后来的实战中屡受重挫，直到有一天子弹被打光时才恍然大悟，预见之后还要有预案。

在部队时，一位当年的"拼刺英雄"曾跟我唠叨过一段多"拼刺刀"的要诀："小子，你可甭信那些飞来踢去几十个人近不了身的武打片，一个对几个拼刺刀，其实就一点最重要，随时都要把对手闪在你前面而不是旁边或后面，人家一拉圈子围你，你怎么着也得想法跳出圈子把他们都闪到你前面，这你才能一个一个地对付，逮住一个干掉一个，干掉三个以后其他的就要哆嗦，要是让人家前后左右都能让你着家伙，那你就再有本事也要瞎啦。"

把对方闪在你前面，就是要关注形态。阳克阴就进场，阴克阳就出局，千万不要七猜八想，按指令操作相对安全。

交易失利，一味怨天尤人肯定不妥，多从自己身上找找原因，或许能使问题早点解决。买进怕套，卖出怕涨，不把这个毒瘤割掉，就永远做不到进退有据。

5月15日，主力缩量上攻，股价始终在均价线上方运行，强势特征相当明显。半仓跟进。上午收盘前两分钟一举封停，直到下午鸣锣收金时，股价躺在涨停板上纹丝不动。

5月16日，股价高开高走，开盘不到3分钟，主力就把股价送入涨停区，土豪气息彰显得淋漓尽致。假如事先不做复盘训练，肯定发现不了这个有价值的目标；假如没有长时间的跟踪，在主力重启行情时一样进不了场。复盘虽然很辛苦，但耕耘就有收获。

自从股价被主力封停后，抛盘的不是太多，只是这个跳空缺口让人心里不踏实，即使【狗急跳墙】形态成立，但毕竟在高点下方了，有这样霸道的主力罩着，不会出什么问题吧？什么都不懂的时候，我们因为不怕失去，所以敢铤而走险，而一旦我们有了某些知识，却变得小心翼翼。于是在享受安逸中变得慵懒，然后逐渐丧失拼搏的勇气。

　　不管怎么说，这个形态是【狗急跳墙】，它的性质就是主力出逃，至于主力急没急俺不知道，反正俺要避让了。见图十四。

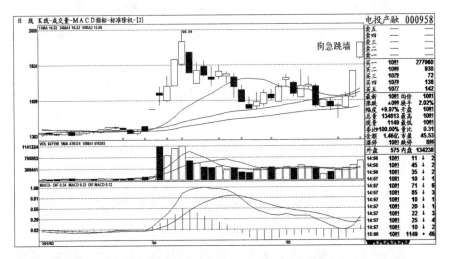

【狗急跳墙】是见顶形态，清仓出局（图十四）

　　爱因斯坦在悼念居里夫人时说："第一流人物对于时代和历史进程的意义，在其道德方面，也许比单纯的才智成就方面还要大。即使后者，它们取决于品格的程度也远超出通常所认为的那样。"若想成为职业投资人，除了经验和技能，还需要品德的支撑。罗曼·罗兰说："对于成功，99％的努力和1％的天才是不够的，还必须有200％的品德做保证。"品德就是一个人的诚信，比如，买进指令出来了，要敢于大胆地买进，卖出指令出来了，要敢于大胆地抛出，你对主力不讲诚信，主力凭什么让你赚钱？

　　巴菲特说："评价一个人时，应重点考察四项特征：善良、正直、聪明、能干。如果不具备前两项，那后面两项会害了你。"

　　一个正直善良的人，他遇到坎坷时总会比轻浮单薄者更能坚持，更有走出困境的力量和希望。但正直善良不只是意味着忍耐，还深藏着理性的力量。理性是一个人与磨难抗争并走出困境的核心动力，它包含着自身的素质和能力。

10. 金路集团（000510）。该股是股灾后创出新高的个股之一，应该说这个主力很厉害。但它在股灾时并没有跌穿起涨时的原点，这就给以后的东山再起埋下了伏笔。股灾之后，主力积极展开自救，做了大量恢复和重建工作，经过一年的准备，股价初步形成【三线推进】态势，在【梅开二度】完成以后，股价沿着 13 日均线匍匐前进，突然有一天从 13 日均线上【揭竿而起】，然后走出一波风风火火的行情，成为疲弱市场中一道亮丽的风景线。股市越来越大，股票越来越多，有时候，即使大势不怎么好的情况下，个股的发展也不平衡，再拿过去的老眼光看大势断个股，就有可能与新财富失之交臂。

但是，当【拖泥带水】出现预示行情接近尾声，股价同样被吓得屁滚尿流。面对见顶形态，我们不要有"对酒当歌，人生几何？譬如朝露，去日苦多"的狂放；也不要对着高高的山顶，捋着胡须唱"老骥伏枥，志在千里"，这是对顶部形态的蔑视。在卖出形态面前，我们要有一种敬畏的心理，远远地瞅见它，就要撒丫子跑。

股价经过半年的下跌，终于在那片被人们遗忘的洼地里找到了久违的【马失前蹄】，看着骨瘦如柴的股价，主力老泪纵横，散户欲哭无泪。触目惊心的跌幅和痛彻心扉的亏损，让所有严防死守的人们的灵魂再一次受到巨大冲击，困惑与无助几乎把人们逼上绝境。我知道，严重的亏损像一条蛇似的，长期啃噬着人们的心，此时此刻，人们的心是最脆弱的，稍有风吹草动就会把跌无可跌的股票扔出去。只有那些胆大心细、又乐于助人的人才进场施救。

【马失前蹄】出现以后，股价没有再创新低，但也没有立即涨上去，只是在底部区域进行探测性打桩。

随后，股价低开高走，随着成交量的温和放大，【日月合璧】的夫妻组合共同发力，轻仓试探。

股价从 15.82 元跌到 6.65 元，跌幅达 58%，而且是 7 个月之后出现买入信号，"常捂资金短捂股，强做弱休常空仓"，是中国股市的真实写照。

第二天，股价平开高走，在成交量的簇拥下，股价稳稳地站上 13 日均线，然后快速发力，冲进涨停区，中间虽有反复，但最终被主力收拾得服服帖帖。

6 月 15 日，股价高开、下探，再转身上攻，动作熟练，出手很快，就在股价冲击 7 个点的时候，盘中突然被一笔大单砸下来，看样子主力不想与 55 日均线会师了，我们也不要有过多的期盼，跟着主力一起砸，截至收盘，股价以 55 日均线之下的【一枝独秀】报收。见图十五。

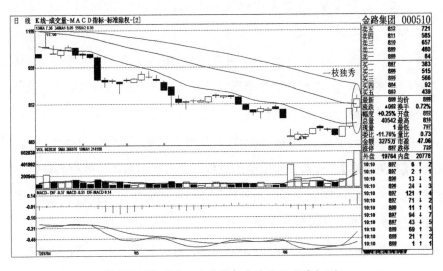

低位的调整形态，也要做相应的处理（图十五）

人穷就没人瞧得起，就会被人伤害，就没有社会地位，但再穷，也要活得有尊严；再弱，也不能放弃努力。所以，索罗斯在他办公室的墙上挂着一幅字："我生来一贫如洗，但决不能死时仍旧贫困潦倒。"

散户犹如各种不同的鱼，而股市到处布满欲望的诱饵，与其埋怨诱饵太多，不如反省自己为什么会上钩。

第二章
半仓跟进

半仓跟进，是指 55 日均线以上的攻击形态被确认以后，采取半仓跟进的策略参与其中，若翌日股价继续上行，可考虑适当加仓。

哪些形态适合半仓跟进？55 日均线之上的【一石二鸟】【破镜重圆】等。为什么股价重拾升势不能重仓出击，只是半仓跟进呢？因为担心吃主力的骗线。

半仓跟进，资金比例应该如何把握？假如 100 万资金，扣除提前预留的 20 万准备金，所用资金是 8/16，即 40 万。如果事先没有过轻仓试探，就按资金的一半去把握，如果轻仓试探的资金没有退出，这时的半仓跟进应该按资金总额的 5/16 把握。

比如【黑客点击】出现当天先轻仓试探，所用资金 3/16，第二天形成阳克阴，再追加 5/16 的资金。再如【一石二鸟】确认后，如果事先没有进行过轻仓试探，所以就直接使用资金的一半，即 8/16。

资金一旦变成股票，我们的命运就和主力连在一起了，以后就不能再任性，更不许天天算计主力，与主力一荣俱荣、一损俱损。主力让进场的时候，即使有被套的可能，也要义无反顾地冲进去；主力让出局的时候，即使吃点小亏也要委曲求全，这就是对令行禁止的诠释。与主力叫板，那是在给自己添堵。

股市是个大熔炉，能受其锻炼者，则身心受益，不能承受其锻炼者，则身心受损。亏损对于善于思考者来讲是一笔财富，而对于一根筋来说则是一笔永远都还不清的赌债。

📊 经典案例

1. 津滨发展（000897）。股价带量吃掉昨日阴线，半仓跟进。买入的依据是：【均线互换】＋不规则的【破镜重圆】。【均线互换】的完成，标志着股价的上升通道已被打开，而【破镜重圆】的出现，则是新行情起涨的节点。见图一。

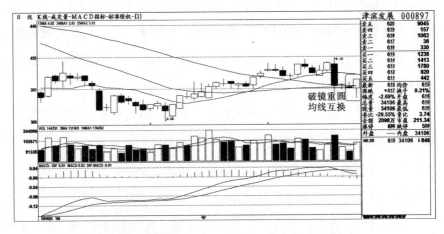

复合攻击形态是新行情的起涨点，半仓跟进（图一）

有时候，我会对着一张K线图看很久，生怕因狼吞虎咽而错过细节。从本质上讲，一只股票最吸引人的不是它的涨幅，而是引起股价发生质变的节点，这些一再被人们忽略的东西，却常常被我捕捉到，而且会铭记于心。炒股需要敏感，只是这种敏感假以形态的衬托才更有镜头感和实战价值，因此，主力营造的每一个形态都应该引起我们的思索和关注。

我们在交易上存在着缺陷，所以要用宽阔的心看待股市的意外调整和主力的喜怒无常。我们可以试着跟踪几只股票，那种真实超然的感觉即刻油然而生，欣喜与感动、悲伤与惊恐，每种情绪都会随着股价的涨跌而不停地波动着。

人的情感藏在身体的某个角落，交易时半梦半醒，收盘后又半醒半梦。如果把这些情绪分解到不同的交易指令上，就会走过心浮气躁的阶段，更能反映出这种情绪的力量。操盘日记是反思自己与主力沟通的有效手段，心与灵总是经过多次冲撞以后，才能走过宁静的风暴。

第二天，股价收缩量小阳线，也许有人把它视为【节外生枝】（详见四川人民出版社 2017 年第 3 版《实战大典》），那只能说明你识图有误，因为【节外生枝】出现在一波拉升之后，而该形态则出现在【破镜重圆】攻击节点之后，由于位置偏低，属于蓄势整理性质。

搞艺术可以异想天开，做股票应尊重客观实在。在股价尚未出现形态之前，不管你是悄悄地来，还是静静地去，都不可能带走一片云彩，留在心里的却是驱之不散的雾霾和感慨。

买股票气吞山河，卖股票缩手缩脚。特别是出现严重亏损时，曾经的雄心像秋天的枯叶一样蜷缩起来，随风碎成齑粉。

第三天，股价低开高走，盘中带量突破近期高点，且以涨停板报收。

买股票踏对了节奏，感觉真的很好。多年的股海沉浮让我明白，死心塌地地跟着主力混，收益比上班好很多；坚持进退有据，就能仰不愧天，俯不怍人。炒股不能工于心计，但做功课需要匠人的专注与耐心。

第四天，股价低开，下探近两个点后就被拉了上来，然后在成交量的配合下，分波次展开攻击，但始终没有突破 4 月 27 日形成的高点，当天的最好成绩是触摸了一下 4.64 元，然后掉头就跑。股价经过几天拉升，积累了一定获利盘，主力体察民意，顺势撕开一个口子，把那些小富即安的人先放出去。主力在这里置换筹码，就是为以后的拉抬减少阻力。虽说涨不言顶，但目前主力给的是离场信号，应出脱持股才是。

从【破镜重圆】到【一枝独秀】，股价由 3.98 元升至 4.49 元，4个交易日，涨幅 12.81％。见图二。

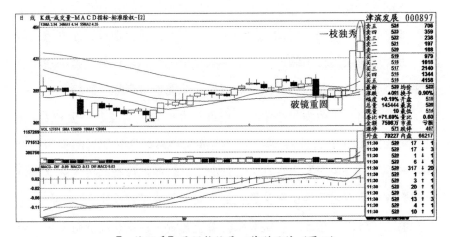

【一枝独秀】是调整信号，获利了结（图二）

买在质变节点上，股票都是直达车。途中不停不靠、不吵不闹。马力十足，眨眼就到。如果喜欢该股，在主力调整结束后，根据新的买点出来以后再进去。实际上，多数人卖出后基本上捡不回来，一是趁着兴奋劲儿买入另一只股票，不想让资金闲置，而且没耐心等待主力调整。二是发现该股重新启动了，但资金却在新买的股票上挂着，宁肯等着解套，也不会抛掉手中股票重新去买入重拾升势的股票。不是主力欺人太甚，是自己过于聪明了。

人性的弱点，为什么总是改了犯，犯了改，改了又犯？战胜自己真的好难！有着七情六欲的人，有时很难抵御利益的诱惑。所以，真正强大的人，不是向外彰显力量，而是加强内敛修行，将霸气藏于胸，和气浮于脸，才气见于身，义气施于庄。

股市赢家的内心都是孤独的，如果在炒股过程中从未有过孤独感和恐惧感，说明你还没有进入职业状态；如果交易中分不出输赢，那又如何界定穷富？那些在孤独中默默坚守的最终成了赢家，而那些心浮气躁的最终被驱离了股市。

主力寂寞时，素面朝天，冷不丁一声狂啸，惊起落叶无数，这是主力的释怀；我们空虚时，浅酒盏灯，默默挥毫，落笔千丈，这也是一种释怀。

压力是把剑，你可以将它指向目标，也可以把它对准自己。如果把压力看成肩上的重担，它就可能将你压垮；如果把压力当作一只推手，它就会助你速跑。适当的压力有助于潜能的激发。

人的潜能就像火花，它可以熄灭，也可以燃烧。使潜能燃烧起来的方法就是欲望。欲望是进步的动力，但欲望太强又会把自己毁掉。人的欲望指数与财富指数成反比，交易时之所以纠结，就是因为欲望和能力不匹配。欲望的火花，可以使天空瞬间灿烂，而智慧的光芒才是引路的星辰。

当世界给草籽重压时，它总是用自己的方式破土而出。回顾自己的股市人生，苦难与坎坷一直伴我左右，正是这些长期的磨砺，才成就了我今天的一切。

该股调整1周后，于8月12日，股价吃掉【浪子回头】的最后一根阴线，标志着新一波行情即将展开，半仓跟进。

主力连拉6根阳线，股价在突破4月6日形成的高点后徐徐回落，定格在走势图上的形态是【一枝独秀】，"创新高必回调"的魔咒再次显灵，清仓出局。

从【浪子回头】到【一枝独秀】，股价从 4.39 元升至 5.24 元，6
个交易日，涨幅 19.36%。见图三。

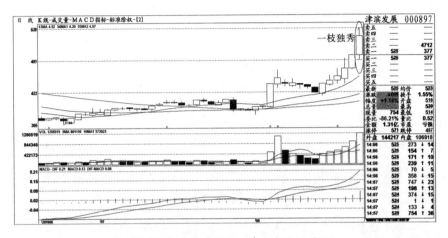

【一枝独秀】是见顶形态，清仓出局（图三）

易怒的人都很敏感，敏感的人都很好强，好强的人都很固执，固执
的人都很单纯，单纯的人都很天真，天真的人都是一根筋，一根筋的人
要么财源滚滚，要么一贫如洗。请对号入座，你属于哪一种人？

炒股的"道"与"到"：一个是知道，另一个是做到。知道，通过
探索，终于发现股价涨跌秘密；做到，通过大量实践，终于让技能转化
为货币。

2. 宁波东力（002164）。该股爬上 55 日均线以后，一点上进心都
没有了。主力没精打采地晃悠了一个多月，其间虽有几次碰瓷，但都被
55 日均线给识破了，极度萎缩的成交量，暗示主力已经没有继续下探
的力气了，恍惚间，股价开始缓缓向上移动。

我们注意到，股价一口吞掉【浪子回头】形成的三根阴线，表明主
力已经开始行动了，半仓跟进。

进退有据，是对职业投资人的起码要求。买入股票以后，不是死等

股价上涨，而是随时调整自己的情绪及时跟上股价变幻的节奏，唯有如此，主力才不至于远走天涯而导致自己无力追赶。当股价的走势与自己的想法不一致的时候，一定是自己想多了。错了，要敢于否定自己，坚定地站在主力一边。只认指令是职业投资人的本分和操守，主力从来不亏欠那些令行禁止的人。

股市里的人群分三种：第一种人是主力，他是一只股票里的领军人物，知道下一步股价怎么走，他时时刻刻都在引导散户买进或者卖出；第二种人知道股价涨跌原理，能心随股走，及时跟变，始终把自己放在小跟班的位置上；第三种人只知道赚钱，从来没想过亏钱，有时主力已经金蝉脱壳，他依然在守株待兔。

第二天，股价报收缩量小阴线，由于昨天的阳线有点太夸张，结果，把主力的老腰给闪着了，导致今日股价踌躇不前。对【浪子回头】的确认，只需把最后一根阴线吃掉就可以了，攻击力度过大，必然引起第二天股价的回吐。

散户很聪明，就是性子太急。有时对见顶形态缺乏敬畏之心，过度逐利让赚钱变了味儿。其实，炒股就是一个熟练活，从复盘到选股，从买进到卖出，按部就班去做，然后把它做熟练就可以了。不管股市如何喧嚣，职业投资人的内心是平静的，他们用专注和耐心等待着奇迹的到来。日本有个叫秋山利辉的人，一辈子只做木匠，并且在徒弟的选取上极其严格。男女学生必须留光头，在8年时间内禁止用手机、不能谈恋爱、不能用家里的钱，这个看似不近人情的结果是：他们做的每一件家具，都可以使用一两百年。

选择炒股，必须对自己非常坦诚、严肃、真挚和率真，不具备这些条件最好不要进来凑热闹。然而，多数人选择股市，不是因为擅长，股市的盈利效应和社会价值观常常替他做出决定，甚至别人的起哄也能促成一个决定。

股市乃生死之地、存亡之道，容不得丝毫的天真。对于一个职业投资人来讲，他可以凭借熟练的技能和超强的执行力去规避风险，但却无力改变股市的本质。然而，总有一些事，不是不想做，而是放不下；总有一些股，不是不想忘，而是忘不了。

第三天，股价高开高走，携量突破近期高点和 7 月中旬形成的成交密集区，耀武扬威地直奔涨停板，凭借主力力量也风光一回。

第四天，股价继续高开高走，成交量迅速放大，比昨天多出 1 倍，但股价只涨了 1 分，这种放量滞涨的量价关系要引起足够重视，股价在前高点附近出现的【一剑封喉】的离场信号，表明主力不想继续向上拉，作为小散的我们，应主动抛出股票，用实际行动贯彻主力的意图。

从【浪子回头】到【一剑封喉】，股价由 10.07 元涨到 11.07 元，4 个交易日涨了整整 1 块钱。如果你当初买了两万股呢？见图四。

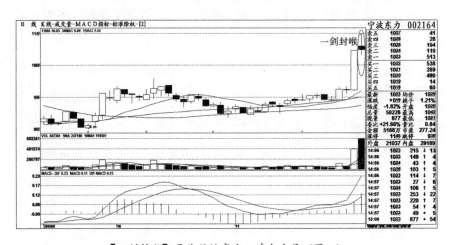

【一剑封喉】是阶段性高点，清仓出局（图四）

古代的铜钱给我们的启示是：方是进退的依据，圆是跟变的锦囊，有圆无方则不赢，有方无圆则碰壁。按形态交易，简单明了，不伤大脑。

3. 银河生物（000806）。该股经过整理以后，图表上终于出现不规则的【一锤定音】，表明主力不愿意继续下探了，也可以理解为调整的结束，复盘时遇到这种止跌形态，就要引起注意了。

11 月 10 日，股价高开高走，重新站上 55 日均线，成交量是昨日的两倍，形态为【一阳穿三线】。如果不是均线错位或涨幅不够，完全可以重仓出击，鉴于细节上这些瑕疵，半仓跟进较为稳妥。

自从买进以后，你会发现股价是怎么一点一点涨上来的，也能体会到质变节点在实战中的价值有多么重要，从而对那些滥竽充数的个股不屑一顾，再也不用为人作嫁。知道涨跌规律后，就会避免或减少有点利润就匆忙卖出，有点感悟就把自己吹得神乎其神的毛病。

在实战过程中，切入点错过以后，就不要强行追逐了。因为错过的买点，犹如嫁出去的姑娘，再过多纠缠必然会引起婆家的不满。

4 天后，股价带量突破近期高点，当日量是一年来最大的，"创新高必回调"魔咒再次显灵。形态是不规则的【一枝独秀】的离场信号，获利了结。5 个交易日获利 8.5％，比银行利息高多了。见图五。

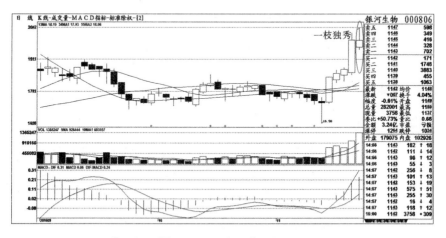

【一枝独秀】是见顶形态，清仓出局（图五）

微波炉里的速热食品比不上慢火煨炖的母鸡汤更有味道；立等可取的照片，由于省略了冲洗胶片的忐忑，因此就失去了观看的惊喜；看似快速沟通的手机，却不再有彻夜长谈的心灵对话，每个人都在急着表达自己，却不知道自己在说什么。问问自己：我们是在炒股，还是经常被股炒？如果是炒股，怎么只见你往股市注资，却不见股市给你分红呢？

4. 河钢股份（000709）。【均线互换】完成以后，该股的涨幅并不大，如果前期没有跟上，等股价回调下来依然可以买进。为了驱逐获利盘，主力把拉起的股价又一点点砸下来，但总算在55日均线附近止住了。

13日均线在55日均线上方下穿34日均线，然后再重新上穿34日均线，主力用了两周时间演绎完成【梅开二度】。2017年1月17日，股价低开高走，这根阳线可视为对【梅开二度】的确认，不足是成交量配合得不够理想，但从整体走势看，在这里是可以半仓跟进的。

从亏到赢是一个过程，即使再有天赋或有贵人相助，但总有一些路必须身体力行，而且有一些东西需要坚持，否则，炒股的结果不会令自己满意。日复一日，只会留下一个满目沧桑的神情和一无所有的将来。

主力经过6天不懈努力，股价终于创出一年来的新高，那根长长的上影线表明上攻受阻，"创新高必回调"的警笛再次拉响，不规范的【一枝独秀】也在催促着我们快快离场，先把利润锁定。见图六。

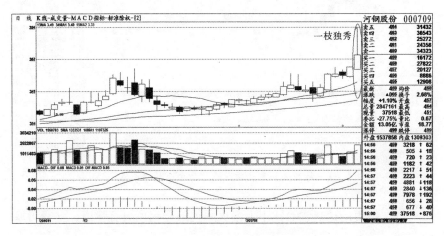

【一枝独秀】是见顶信号，清仓出局（图六）

很多时候，我们都是在寂寞中等待，不要期待主力来解读你的心灵、认同你的思想。我们被套时，总是强调客观，很少从自身找原因。其实，每个人都很固执，但固执容易吃亏。

把股炒亏了，只能一个人哭，没有人在意你的眼泪，你只有慢慢反思，认真体会。炒股赚钱了，整个股市都会陪你微笑，有进场指令时，你帮主力抬一次轿，他就会送你一座金山。赚钱的快乐，收获的满足，不全是死打硬拼，而是对进退有据的理解和坚持。

5. 利君股份（002651）。在走势图上，【海底捞月】和【红衣侠女】同时发出进场信号，只是【均线互换】尚未完成，因此半仓跟进。

只有强硬牢固地控制住资金，才会逐步锁定利润。如果总是满仓，资金就会疲惫，人也变得死气沉沉的。该加仓时加不上去，该减仓时减不下来，知道做不到，确实是件很痛苦的事。

股价经过4天整理，很不情愿地抬了一下头，这种情况实战时经常遇见，只要是按形态进场的，目前又没有明显的卖出信号，就不妨多点耐心。

随后，股价经过一路疯狂拉升，一天图形突然出现不规则的【金蝉脱壳】和【一剑封喉】的复合见顶形态，不管股价明天涨不涨，今天应该把股票抛出去，让获利了结成为一种习惯。见图七。

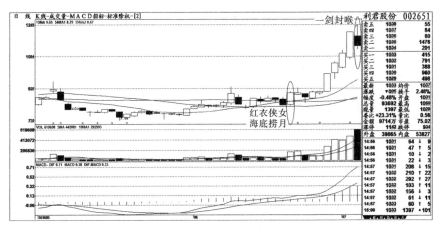

不规范的【一剑封喉】出现，股价照样会跌（图七）

很多老太太去西藏朝圣，一路上不断地磕头，膝盖磨出血，依然不悔，一直磕到布达拉宫。人一旦有了这种虔诚和信仰，就没有做不成的事，有价值的人生都是自己折腾出来的。

此后，该股经过 4 个月的整理，股价温和吃掉 55 日均线上方的【浪子回头】，标志着新的行情已经拉开了帷幕。由于成交量没有跟上来，所以只能半仓跟进。

第二天，主力开始做拉升前的热身。

第三天，在成交量的配合下，股价大刀阔斧地拿下前高点，直奔涨停板。

第四天，股价高开高走，然后势如破竹地向上推进，最后继续以涨停板报收。图上留下的一个缺口，让人心里不踏实。好在位置不高，均线系统刚刚向上发散，不妨抱着它过上一夜。

散户犹如股市里各种不同的鱼，而股市到处都是布满欲望的诱饵，与其埋怨诱饵太多，不如反省自己为什么会上钩。

第五天，股价低开，稍作下探便转身上拉，成交量比昨天略有减少，形态是【一枝独秀】的离场信号，先获利了结，把利润锁定再说。5 个交易日，获利 24.14％。见图八。

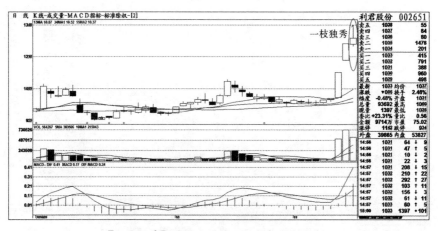

【一枝独秀】是见顶信号，抛出走人（图八）

卖出以后，股价第二天依然涨势不减，第三天冲高回落，又出现一个【一枝独秀】，如果我们没在第一个【一枝独秀】出现时抛出，那么，第二个【一枝独秀】出现时更不会抛出，因为你想着股价还会涨。当卖点出现时，即使卖错也要卖，这就是规矩。主力可以不讲信用，但我们必须对主力绝对忠诚。养成不按指令交易的习惯，最终都会成为孤家寡人。对某个股票感兴趣，可以继续关注它，有买进信号可以继续参与。

主力经过两个多月的整理，该股第三次出现【一阳穿三线】的买入信号，半仓跟进。

3天以后，股价在前高点附近出现震荡走势，形态是【一剑封喉】，这个见顶形态通常出现在一波行情终结的时候，由于它出现在前高点下方，加上34日均线尚未上穿55日均线，因此判定这个【一剑封喉】的性质应该是整理蓄势，而不是行情的终结。但要清楚一点，不管它是整理蓄势还是行情终结，只要【一剑封喉】一出现，股价就会出现程度不同的调整，基于此，仓位轻的先获利了结，仓位重的要主动减仓。

两天后，股价吃掉昨天阴线，它是对不规范【一石二鸟】的确认，之所以说它不规范，因为【一石二鸟】的第一根线应是阴线，而这个【一剑封喉】却是假阴线，况且出现的位置也不对。它应出现在最后一根阳线的下方，而不应该是最后那根阳线上方。但是，不管形态是否规范，只要主力发出进场指令，即使现在买入价位比先前卖出价位高，也要毫不犹豫地进场，半仓跟进。

股价连拉3个涨停后又出现了【一剑封喉】，不管这个见顶形态是真是假，先把利润锁定再说，清仓出局。

非洲土人会用一种奇怪的狩猎方法捕捉狒狒：在一个固定的小木盒里面，装上狒狒爱吃的坚果，盒子上开一个小口，刚好够狒狒的前爪伸进去，狒狒一旦抓住坚果，爪子就抽不出来了。人们常常用这种方法捉到狒狒。因为狒狒有一种习性，不肯放下已经到手的东西。

我们总会嘲笑狒狒的愚蠢，为什么不松开爪子放下坚果逃命呢？但我们有没有想过自己？恐怕不是只有狒狒才会犯这样的错误。当见顶形态出现时，我们是不是也像狒狒一样，死死地抱住股票不放呢？狒狒没有放下的智慧，万物之灵的人有放下的智慧吗？见图九。

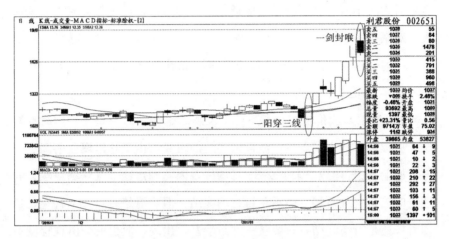

【一剑封喉】是见顶信号，清仓出局（图九）

现在我们归纳一下：第一次买入，从【红衣侠女】到【一剑封喉】，股价从 8.99 元到 11.39 元，10 个交易日，升幅 26.70％；第二次买入，从【浪子回头】到【一枝独秀】，股价从 10.44 元到 12.96 元，5 个交易日，升幅 24.14％；第三次买入，从【一阳穿三线】到【一剑封喉】，股价从 12.13 元到 17.19 元，8 个交易日，升幅 41.71％。

三次买入累计持股 23 个交易日，股价累计升幅 92.55％，如果从【红衣侠女】买入到最后一个【一剑封喉】卖出，持股为 148 天，升幅 91.21％。股价升幅差不太多，但持股时间却多了 125 个交易日。坚持进退有据，心理上没有负担。在资金布局的把握上，究竟是半仓跟进好，还是重仓出击好？要根据股价的形态和位置来决定，同时也要考虑股价的变化，合理使用资金。小赚靠技术，大赚靠资金布局。卖股票像雨点似断难断，越是想涨越是凌乱，不要与见顶形态过多纠缠，它会永远让你徘徊在亏与赢的边缘。

6. 豪迈科技（002595）。主力含辛茹苦构筑的两个【海底捞月】，又都被主力亲手捣毁了，股价得到 55 日均线的支撑后没有再继续往下掉。随着【均线互换】的完成和 13 日均线的上翘，股价稳稳地站上了13 日均线，这时，不管是均线系统，还是股价形态，都给出了买进信号，半仓跟进。

第二天，该股温和放量，然而股价涨幅还不到 1 个点，股价刚突破近期高点，这根蓄势的小阳线微涨而不跌，本身已属强势。

第三天，股价低开，但开盘价就是最低价，后在成交量的配合下，主力各路人马从不同方向发起攻击，会师涨停板。

人要活得有尊严，就要有一个适合自己的工作，不一定多体面。一个健全的人，不是对所有的东西都去挑战。比如，有人见别人在股市挣了钱，自己也想进来试试，结果钱没挣到反而把多年的积蓄都赔了进去。

当我们对自己的职业做出选择时，很少接受别人的忠告，因为我们固执地认为这就是自己最正确的选择。如果有一天，我们意识到对目前所从事的工作并不喜欢时，已经没有勇气从现实中抽身退步。走捷径经常让我们饥不择食，为了赚快钱又常常去铤而走险，这样反而对成功危害更大。

我在想，有人确实很优秀，脑子灵光，也肯努力，可从职业倾向上说，并不适合炒股，因为真枪实弹地在股市滚上一阵，多年沉淀下来的高素质全给折腾没了，仿佛整个人都被股市大卸八块了，最后能不能活下来还真不一定。

我在想，让唯利是图的主力分一杯羹，比杀了他还难受。除非言听计从，手脚又利落。在人家屋檐下又没有低头的准备，那种折磨会升格到受辱的程度。所以说，自尊心太强的人也不适合炒股。

有人容易走极端，经常揣着无厘头的自信，对股市的期望值太高，而自己的能力又不匹配，结果遇点挫折就脆弱地再也站不起来了。

炒股的成功周期基本上是三年左右，三年说长不长，说短不短。这是一段长跑，又是一段短跑，你不仅需要耐力，还需要爆发力。如果有自己的交易系统，时间还可缩短，只要不自以为是，赚钱还是可能的，遗憾的是，多数人还没看到财富长的到底是啥模样，一年后就被股市清理了门户。

莎士比亚说："韶光之逝，因人而速。"的确，对于世事苍生，三年，难分短长，而关键是看如何去运用这段时间。楚庄王可以三年不鸣，一鸣则惊人；干将莫邪，三年乃成；屈原洞中三年，苦读《诗经》，终成《离骚》传千古。而朱泙漫学屠龙于支离益，殚千金之家，三年技成却无所用其巧。

然而这些，毕竟离我们太过久远了。股市三年而立，能不能立起来？只要全身心投入，就能发现股价的涨跌规律；只要不急不躁，就能逐渐形成自己的交易方法；只要不贪不惧严格按指令交易，就能够持续获利。超过三年这个时间段而依然没有扭亏为盈的，说明你的天赋不在股市，而是在别的什么方面，请认真权衡一下，咬咬牙勇敢地退出。不管做什么事情，都要有一个时间限制，到了约定期限，就要看结果，绝对不能无限期地推拖而把自己的一生给毁掉。

当然，成功的人生，不在于成就的大小，而在于是否选对了适合自己的工作，喊出了属于自己的声音。世界上很多优秀的人，就是因为相信独一无二的自己，才取得了巨大的成就。

哲学家苏格拉底曾被人贬为"让青年堕落的腐败者"。

贝多芬学拉小提琴时，技术并不高明，他宁可拉他自己作的曲子，也不肯做技巧上的改善，他的老师说他绝不是个当作曲家的料。

达尔文当年决定放弃行医时，遭到父亲的斥责："你放着正经事不干，整天只管打猎、捉狗捉耗子的。"另外，达尔文在自传上透露："小时候，所有的老师和长辈都认为我资质平庸，我与聪明是沾不上边的。"

爱因斯坦4岁才会说话，7岁才会认字。老师给他的评语是："反应迟钝，不合群，满脑袋不切实际的幻想。"他曾遭遇退学的命运。

牛顿在小学的成绩一团糟，曾被老师和同学称为"呆子"。

罗丹的父亲曾怨叹自己有个白痴儿子，在众人眼中，罗丹曾是个前途无"亮"的学生，艺术学院考了三次还考不进去。他的叔叔曾绝望地说："孺子不可教也。"

《战争与和平》的作者托尔斯泰读大学时因成绩太差而被劝退，老师认为他"既没读书的头脑，又缺乏学习的兴趣"。

如果这些人不相信世间有着独一无二的自己，不尽力唱出自己的声音，而是被别人的评论左右，怎么能取得举世瞩目的成绩？

第四天，股价高开高走，只是出现了放量滞涨，暗示股价有调整要求了，更何况火箭式的拉升一般都不会持续太久，此时此刻，【一剑封喉】给出了离场信号，抛出走人。主力让进场的时候就奋力往里冲；主力让离场的时候，要拼命往外逃。见图十。

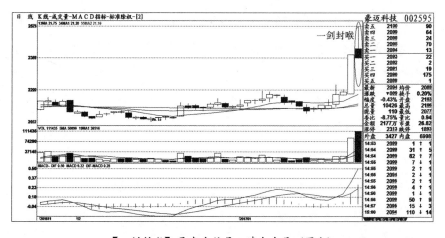

【一剑封喉】是卖出信号，清仓出局（图十）

选择了炒股，就意味着要放弃幻想与浪漫，就意味着从此以后我们就是有组织的人了。如果硬要揪着自己的头发上天，就会体验到一种天塌下来的感觉，就会品尝一种被打入十八层地狱的滋味。没有主力的利益，哪会有个人前程！

对有些人来说，炒股就像摆弄一个茶壶，今天少个嘴，没事；明天掉个角，没事；再掉瓷——就离碎不远了。炒股，就是自我放逐，既然是放逐，就逃不了痛苦。所以发生了的，就接受吧，一切存在的都是有价值的。

读罢《容斋随笔》，有种似在书林穿行、在文海畅游、在史坛俯瞰、在政坛巡视的感觉。它涉猎广泛，讲述治乱兴衰、帝王将相、纵横韬略、文坛趣事等，简直包罗万象，被认为：可劝人为善，可戒人为恶，可使人欣喜，可使人惊愕，可增广见闻，可澄清谬误，可消除疑惑，可明确事理，对世俗教化颇有裨益。

人有两种活法：一种叫活着，上班、打工等都是为了活着，即使不朝九晚五地上班，起码也要有事情做，把自己先养活，然后再把家庭养活，这是大多数人的人生。

还有一种人生，就是挑战命运，创造自己的未来，这是少数人的人生。比如张艺谋本来是学摄影的，却偏偏干起了导演；马云原本是教书匠，却偏偏折腾起了互联网。他们都不按常规生活，但都改变了原来的人生轨迹。

世界上95％的人过的是第一种人生，只有5％的人过第二种人生。比较尴尬的是从95％到这5％这个阶段，这个阶段最痛苦，也最难熬，挺让人纠结的。有时候一想，不受这个罪，回去上班吧；有时候再一想，不甘心，这些年都白折腾，不行，得继续往前走。一旦你进入5％，就相当于卫星进入另一个轨道，跟普通人的距离就远了。所以，马云到底怎么样，咱也不知道，咱就知道马云牛、马云有钱，剩下的咱就不知道了；但是，马云创业时有多难，咱也不知道，因为他进入 5％ 那一个轨道上去了。

同样，你要成为股市里那 5％ 的人群，就要做好吃常人所不能吃的苦和受常人不能受的罪的准备，这个一定要想清楚，否则，即使看蚂蚁搬家也不要凑这个热闹。

7. 任子行（300311）。经过一波断崖式下跌后，股价又突然跳空低开，加速下跌，给人一种再不出去就会闷死在里面的感觉。但这并非不良征兆，它是股价的最后一跌和见底的标志，在这里买入，一般都能抄到股价的大底。

随后股价低开高走，然后加速上扬，少顷，股价把昨天那根阴线吞食得干干净净，这个形态叫【日月合璧】，是 135 战法 5 个止跌形态之一，它的出现，表明股价触底反弹的概率极大，适量加仓。

1 月 23 日，主力连拉 4 个涨停板之后，股价高开高走，顺势回落后，上攻欲望已荡然无存，形态是【拖泥带水】的离场信号，理论上讲，股价明天还有新高，仓位重的就可以走了，仓位轻的明天可以在盘中寻个高点。

即使把握了股价波动的节点，也应心平气和地与主力和睦相处。遭受再大的委屈也不抱怨，死心塌地地跟着主力基本吃不了亏。同时，根据自己的实际能力制定一个阶段性目标，在实现目标的过程中你会变得充盈有力，从而让自己活得有滋有味。

股价从【马失前蹄】时的 13.10 元，到【拖泥带水】出现时的 20.70 元，6 个交易日涨幅 58％。见图十一。

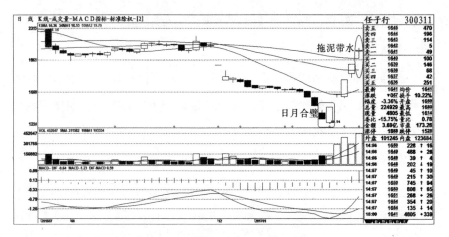

【拖泥带水】是见顶形态，不要恋战（图十一）

8. 杭氧股份（002430）。自从该股构筑完成【海底捞月】之后，主力又相继演绎出【浪子回头】【破镜重圆】【串阳】和【一石二鸟】，耗时 3 周，股价就是没有涨起来，不排除主力为了日后顺利拉升，眼下多整理些时日，但主要是【均线互换】没有完成，这才是问题的所在。

34 日均线开始上穿 55 日均线，特别是【均线互换】的完成，标志着股价的上升通道已被开通，行情随时都有可能爆发。

从图上可以看出，主力先是小心翼翼地吃掉昨天的阴线，然后慢慢加速，最后索性跑了起来，再不进场，很有可能被主力甩在外面了，半仓跟进。

过去，主力在攻城拔寨时，往往使出浑身解数，而今不费吹灰之力就把前期整理平台轻松地跨越过去，主力还是那个主力，但应该刮目相看了。

第二天，股价高开 6 个点，主力攻势不减，只见主力弯了一下腰，运了一下气，然后转过身子，开始发力上攻，主力盘中连续拿下去年未攻克的两个高点后，一路扬长而去。

第三天，股价低开，尽管开盘价就是最低价，但它是 2 个涨停板后的低开，这个低开给人一缕忧虑。因为上升途中的低开，通常都是调整的信号。当然，经验不是万能的，但谨慎些就不会出大娄子，清仓走人。

断崖式下跌，能使股价加速见底；火箭式上攻，同样会使股价早日见顶。

第四天，股价低开低走，且成交量不减，这确实不是好兆头，主力已经【金蝉脱壳】了，我们继续待在里面似乎也没有什么意义。见图十二。

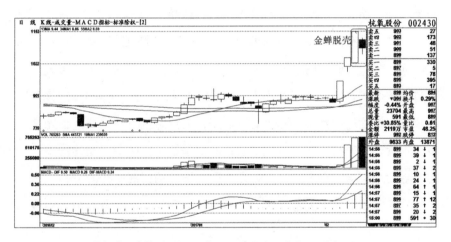

【金蝉脱壳】是见顶形态，跟着主力一起撤（图十二）

凡是按形态进出的，都能取得大赢小亏的结果。然而，一旦融入自己的想法，该加仓时不加仓，该减仓时不减仓，甚至该清仓时不清仓，既锁不定利润，也不会让资金增值。特别是在实际操作中和交易提示反着做，会亏得很厉害。这说明什么？说明只要不执行交易指令，就是上帝也救不了你。

当我们获得一次买入的机会，要真心实意地感谢主力。买入股票以后，必须对主力唯命是从，死心塌地跟着主力走，资金安全系数就会提高，财富指数也会不断提升。

9. 华阳新材（600281）。该股在【九九艳阳天】当天冲高受阻，技术上需要阴线进行回踩后，形态才能被确认。第二天，股价果然低开，只是回踩力度不大，而且是以假阳线的面目出现，表明主力的实力不可小觑。

随后，股价高开高走，在成交量的配合下，股价始终保持积极向上的态势，13日均线开始上穿55日均线，【均线互换】业已完成，半仓跟进。

静以养心，俭以养德。当我们心无杂念地做一件事，除了享受它的整个过程，还能领略精致带来的快乐。有这样一个故事：

一条街上有两家卖老豆腐的小店，一家叫"潘记"，另一家叫"张记"。两家店是同时开张的。刚开始，潘记生意十分兴隆，吃老豆腐的人得排队等候，来得晚就吃不上了。潘记的特点是：豆腐做得很结实，口感好，给的量特别大。相比之下，张记老豆腐就不一样了，首先是豆腐做得软，软得像汤汁，不成形状；其次是给的豆腐少，加的汤多，一碗老豆腐半碗多汤。因此，有一段时间，张记的门前冷冷清清。

有一天，一个客人走进张记的豆腐店，吃完了一碗老豆腐后不客气地说："你怎么不学学潘记呢？"老板卖关子，脸上颇有几分胜算地说："我为什么要学他呢？你两个月以后再来，看看是不是会有变化。"

大概一个多月后，张记的门前居然真的排起了长队。那客人好奇，也排队买了一碗，看看碗里的豆腐，仍然是稀稀的汤汁，和以前没什么两样，吃起来，也是从前的味道。老板脸上仍然挂着憨厚的笑，客人便好奇地问："能告诉我这其中的秘诀吗？"

老板说："其实，我和潘记的老板是师兄弟。"客人有些惊讶："那你们做的豆腐不一样呀？"老板说："是不一样。我师兄——潘记做的豆腐确实好，我真比不上；但我的豆腐汤是加入好几种骨头，再配上调料，再经过12个小时熬制而成，师兄在这方面就不如我了。师傅故意传给我们不同手艺。这样，人们吃腻了我师兄的豆腐，就会到我这里来喝汤。时间长了，人们还会回到我师兄那里。再过一段时间，人们又会来我这里。这样，我们师兄弟的生意就能比较长远地做下去，并且互不影响。"

客人又试探地问："你难道就不想跟师兄学做豆腐么？"老板却说："师傅告诉我们，能做精一件事就不容易了。有时候，你想样样精，结果样样差。"

张记老板的话中有话，除与老豆腐有关，与一个人的择业、一个人一辈子的坚守似乎都有些关联……

第二天，股价低开高走，盘中放量荡平前期高点，然后大刀阔斧地直奔涨停板，有时候遇上这么一个要横主力，自己也跟着扬眉吐气一回。

第三天，股价依然高举高打，主力凭借昨日余威，再次把股价提携到涨停的位置上，跟对了主力，有时比打探消息还划算。

第四天，股价高开 3 个点，开盘后，主力又一鼓作气地把股价扔在涨停板，但这一次主力有点心不在焉，眨眼工夫，股价如坐针毡地跳起来，然后转身就往山下跑，【一剑封喉】发出离场信号，清仓出局。见图十三。

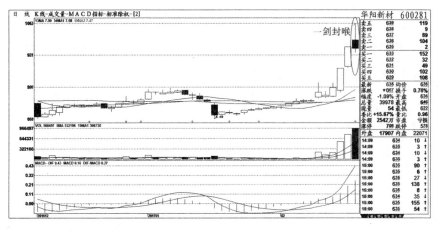

【一剑封喉】是见顶信号，清仓出局（图十三）

从【海底捞月】买进，到【一剑封喉】卖出，4 个交易日获利20%，踏对了节奏，钱不请自到。

每个人都有挣钱的欲望，如果始终挣不到钱，他就要忍受这种不幸所带来的痛苦，尽管他可以假借一切理由无视这种痛苦，或运用一切训练有素的方式去逃避这种失败而造成的痛苦，但心理上会郁闷，甚至会憋出病来。那些精神病患者，就是因为人的内在能力和那些阻碍其能力发展的力量相冲突的结果。

越是在股市赚不到钱的人，强调客观理由的本事就越高。只有那些勤反省又喜欢总结经验的人，才会在一次又一次的交易中得到顿悟，他们心甘情愿地把主力当作磨刀石，在主力的不断打磨中，自己的操盘功力也大增。

10. 盾安环境（002011）。主力构筑完成【海底捞月】以后，股价有模有样地有过一小波拉升，然而，霸道的主力不知哪根神经出了毛病，重新把股价打回起涨的原点。【破镜重圆】以后，股价的走势并不顺利，生性多疑的主力总是担心有人挖他的墙脚，于是又疑神疑鬼地采用【一石二鸟】震仓。

无论从哪个角度来看，主力都算不上善人，他冷酷、残忍、利欲熏心，他比最强横的恶霸更强横，比最无赖的流氓更无赖。生活中，没人愿意和这样的人交朋友，然而，在股市里我们必须天天和这样的人打交道，因为，谁离开了主力也赚不到钱。

接下来，股价高开低走，然后转身上攻，主力轻松吃掉【一石二鸟】的最后一根阴线，然后若无其事地一路猛攻，仿佛什么事也没有发生过一样。

脱离理论的实战是瞎实战，脱离实战的理论是瞎理论。理论一定要和实战相结合，理论是指导实战的，实战又反过来丰富理论，二者相辅相成，绝对不能各自为政。

股票交易，说到底就是在适当的时候断然一击。啥叫适当的时候？就是不早也不晚，刚刚好。这就需要借助一个交易系统来完成。衡量一个职业投资人是否成熟的标准有两个：一是看他有没有适合自己交易风格的交易办法，二是看他是否无条件执行交易系统发出的每一个指令。

5月25日，股价依然高开低走，然后转身上攻，战术动作就是昨天的翻版，唯一不同就是强行把股价送去涨停区自己就撒手不管了。虽然股价只比前高点多出两分钱，但却避免了前期套牢盘的集体越狱。

135战法的盈利标准是每周3个点，虽然赚得不多，但由于每次都坚持进退有据，所以累计利润并不算少。遗憾的是，基于耐心和执行力方面的原因，不少人至今还是被排斥在财富大门之外。

5月26日，股价高开高走，而且缩量封停。这微小细节的变化，说明主力的战术已经有所改变了，但表面看主力强势依旧，然而【狗急跳墙】的离场信号又不能视而不见，当主力把我们置于进退两难的境遇里时，退一步海阔天空，进一步就会被挑于马下。清仓出局。见图十四。

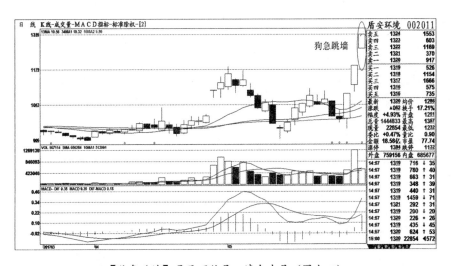

【狗急跳墙】是见顶信号，清仓出局（图十四）

有人在追求黑马时累得上气不接下气，以至于与财富擦肩而过。但我们迎来的却是更多的灾难和意外，更低的效率和更坏的结果。多少血的代价才能换来头脑的清醒和心态的平稳？许多人急功近利的毛病一时半会儿还改不过来，所以，财富也就和他们渐行渐远。

如果人生一味地前进，一味地直线发展，一味地马不停蹄向一个目标挺进，而中间没有停顿，没有迂回，甚至没有失败，那么，这样的世界是不完整的，这样的人生也是不精彩的。人生需要成功来提神，但更需要失败来思考。

不会空仓的人锁不定利润，经常满仓的人赚不到大钱。

第三章
重仓出击

重仓出击，是指遭遇经典攻击形态，或股价有效突破后，使用大部资金对某只股票实施的大单跟进。

哪些股票可以重仓出击呢？凡具备【揭竿而起】【一阳穿三线】和【红衣侠女】等经典攻击形态，都可以重仓出击；当股价有效突破近期整理平台后，开始加速上扬时，也可以重仓出击。

重仓出击，使用多少资金合适？假如 100 万资金，扣除提前预留的 20 万准备金，使用资金的比例是 12/16，即 60 万。

炒股不是捕鱼，所以撒不得大网。实战中，我们经常会遭遇这样或那样全仓被套的经历，飞速上涨的股价犹如天上的流星光芒四射，当我们激情满满地全仓跟进，没想到行情会转瞬即逝。有时刚刚买进去，脸上的笑容还未来得及展开即被定格在迷惑的表情上，冲进去的资金尚未来得及发酵，股价就开始节节败退，假如第二天不认亏出局，就会看到一幅"零落成泥碾作尘"的画面，每一次重仓出击留下痛苦，至今还记忆犹新。所以，在技能不过关的情况下，不能养成重仓出击的习惯，它会让你肢残心碎。

因此，实盘交易时，要根据具体情况合理使用资金。因为任何一次不留资金预备队的重仓攻击都属于铤而走险。重仓出击需具备两个条件；一是有大势配合，二是个股经典攻击形态准确无误。

📊 经典案例

1. 深物业 A（000011）。股价完成【均线互换】以后，不慌不忙地绕着 13 日均线窄幅波动，主力几次下探 55 日均线的支撑，但每一次都得到满意的答卷。

当我们有了知识和技能的储备以后，还要找准自己在股市里的位置，否则，那些知识和技能如同垃圾一样毫无用处。有时候，让主力猛揍一顿，才能找到自己的站位。炒股最大的不幸，往往是高估自己。有时候，我们必须拿出足够的时间，享受我们与主力的独处时光，在形态未出现之前我们要有足够的耐心去等待、去陪伴，到那时你就会看到一个奇迹的发生。

这一天，股价低开高走，由于能量不足，接近收盘时，主力整出一个不规范的【破镜重圆】，虽然量价关系不很理想，但均线的多头排列和一致向上的态势还是蛮给力的，轻仓试探。见图一。

股市是一个寄托着人们发财理想的地方，承载着人们对未来的想象。它放大了人们的七情六欲，也注定要影响人的一生。那些揣着梦想到股市捞金的人们，尽管他们任劳任怨，把省吃俭用的钱都投入股市，但终因交易不得法而泪水涟涟。他们为中国股市的发展呕心沥血，做过不可磨灭的贡献，但却没有得到相应的回报，还时常遭到家人的误解和周围人的嘲笑。生活中欠民工的工资都有人帮着讨要，股民慷慨地捐了那么多钱，为什么就感动不了天上的仙人？

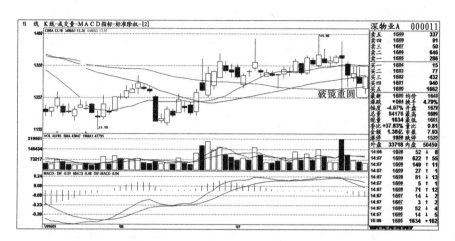

【破镜重圆】是攻击节点，可以轻仓试探（图一）

　　自从有中国股市以来，几乎所有的代价都是中国股民来承担的。但无数散户揣着对财富的追求和改变命运的原始冲动，让自己置身于一片荒芜之中。告别既有需要勇气，寻路未知需要情怀。他们有的因不安于现状而挑战自己，有的因追逐梦想而奋不顾身，有的为改变命运而一往无前，有的因为喜欢而无畏无惧。他们用真金白银去寻找股价涨跌的临界点，甚至忍辱负重去置换规则的合理。一个时代的际遇把一群不被瞩目的散户推到了中国股市的台前，他们不曾被关注的故事，开启了中国证券市场的先声。而对于混迹于股市的高手来说，他们无法奢望伟大的高度，更对伟大的途径秋毫无知，今天我们通过回放才发现，他们在用自己走过的路，为"伟大"一词书写散户的历史与辉煌。

　　有人通过被套开始变得冷静，有人割过无数的肉却依然不知道什么叫疼。秋知道春夏已走过，风明了云的漂泊，天了解雨的落魄，眼懂得泪的懦弱，可你混迹了股市这么多年，怎么就是不知道股价的潮起潮落？

　　于是，在孤独郁闷的时候，往往会燃上一炷香，来祭奠自己曾经的坎坷，祭奠已经飘走的金钱；纪念已经逝去的青春，也纪念已经淡忘的梦想和不曾放下的激情。

股市里实际上只有两种人：一种是盈利的人，另一种是亏损的人。由此产生两种截然不同的情绪：悲观与乐观。如果盈利时必然导致乐观，亏损时必然导致悲观的话，那么，就不会有启人心智的人生思考了。正因为上述对应的不成立，亘古至今，我们才会一代又一代地重复着对人生意义的探寻。这探寻就是从失败中寻找奋起的力量，从挫折中获得反思与自省。

生活是公正的。一个在富裕环境中长大的孩子，却不免在贫困中死去。吃苦与享福都是有定数的。先吃苦的后享福，先享福的后吃苦。既然如此，我们何不趁年轻时把一生的苦都吃个够，到了老年再去吃苦，不但没有任何价值，而且也是一件很悲哀的事。

第二天，低开高走的股价，伴着成交量持续放大，稳稳地站上了13 日均线，半仓跟进。

在接下来的日子里，主力控制着股价有条不紊地在前高点附近整理蓄势，此时此刻，我们需要静心屏气，看主力是如何突破阻力位，奔向远方的。

曾收到一条短信：生活不要活得太累，工作不要忙得太疲惫；想吃不要嫌贵，想穿不要说浪费，心烦了找个朋友聚会，瞌睡了倒头就睡，天天快乐才对。

其实，只要努力，这个目标并不难实现，但在每个特殊的日子，被人牵挂总是开心的，被人思念总是快乐的，被人祝福总是幸运的。

8 月 11 日，主力整理 1 周后，股价低开高走，盘中携量突破近期整理平台后，一路扬长而去，重仓出击。

有时候，看着高歌猛进的股票，人们常常自嘲："遍身罗绮者，不是养蚕人。"细想想，是时间磨砺了棱角，是岁月成就了雄心。

股价突破后，主力又连拉6根阳线，加上【破镜重圆】出现之后的7根阳线，恰好凑了一个神奇数字。

8月19日，股价依然是低开高走，但今天的上行明显量能不足，而且瞬间就被打了下来。主力已连拉13根阳线，体力已明显透支，【金蝉脱壳】不失时机地发出离场信号，清仓出局。见图二。

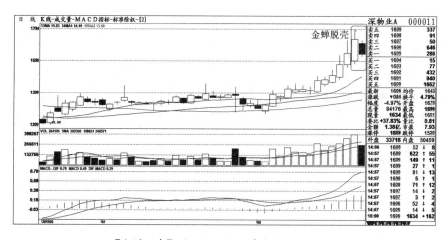

【金蝉脱壳】是见顶信号，清仓出局（图二）

股市是一幅立体画，凝视哪一个局部去赞美整体都是冒昧的。应该后退一步，从宏观上去把握它的整体。这个时候你会发现，形态才是股价质变的节点。把握好形态，就等于踏准了股价的节奏。在不认识形态之前，混迹股市的时间越长，贫富差距就越大。

炒股有两个问题要弄清楚：一是知道自己是谁，来到股市究竟是来抢钱还是捐款？捐款什么都不用说，搁下走就是了，抢钱可要想好逃的线路，被主力逮住，轻则罚款，重则要关上几年。二是战胜自己，知道自己有多少斤两，能拿出有效的方法，使自己的一切努力都服从赚钱这个大目标。由于多数人高估自己，好长时间都不能给自己定位，结果做了很多无用功。比如，有人不是因为特别喜欢，而是被股市的盈利效应驱动，都想来碰碰运气，发个意外之财什么的。一个人认识自己很难，战胜自己更是不易。

2. 四环生物（000518）。在该股的走势图上，55 日均线附近出现一个清晰的【破镜重圆】买入形态。我们知道，【破镜重圆】是一波新行情的起涨点，在这个点位介入，一般都能获得一段不错的收入，为安全起见，轻仓试探。见图三。

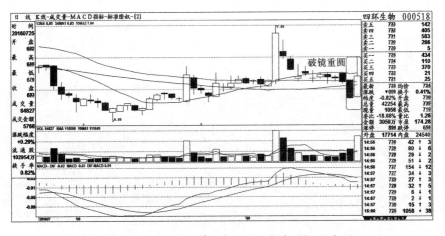

【破镜重圆】是一波行情的起涨点，轻仓试探（图三）

股市是混乱的，但却是有序的。我曾天真地想，能否用数学或物理模式揭开某些股市现象？但事实告诉我这纯属异想天开。不过，人的心理和行为留在盘面上的轨迹，或许更能接近股市涨跌的临界点。

股市有取之不尽的财富，也有防不胜防的伤害。如果交易依然不受任何东西的制约，被套或者亏钱的事是经常发生的。由于人们的认识不够深刻，缺乏有效的监督，所以，股市里的悲剧永远不会绝迹。

有人已经染上股市多动症，不管赔赚，每天总要交易几笔。买得早吃得饱，情况有变不知跑。扭转这种被动局面，先要找到一个接近市场的交易方法，然后再完成从感性交易到理性交易的转变，做到该买的时候买、该卖的时候卖。当交易行为受到制约之后，财富才会滚滚而来。

四环生物这只股票，在【破镜重圆】出现之前，曾给过三次买入机会。一是 8 月 15 日的【红杏出墙】，由于 13 日均线没有走平，而且离 55 日均线较近，故买入时机不好。二是 8 月 22 日的【一阳穿三线】，由于它的涨幅不够，加上成交量不予配合，也不是好的切入点。三是 9 月 7 日的【红衣侠女】，由于它出现在前期的成交密集区，引来大量抛压，加上当天阳线过大，所以依然不能进场。尽管它出现了三次买入机会，但由于这样或那样的原因，都没有给出一个理直气壮的进场理由，表面看似错过了机会，实则回避了风险。实盘中遇上模棱两可的机会要主动放弃，管住自己的手就等于管住了自己的金库。

第二天，股价高开高走，但成交量没有呼应，不能加仓。

第三天，股价高开低走，当天收缩量假阳线，加仓理由还不明显。

第四天，股价平开高走，成交量温和放大，这时候【均线互换】完成了，半仓跟进，之所以不能重仓出击，是因为股价面临前期高点的压制。

第五天，股价低开高走，放量突破 9 月 7 日形成的高点，主力终于给了一个重仓出击的机会。至于明天股价是涨是跌，主力早已胸有成竹，而我们自己还傻傻地去猜，猜对了就把自己当成神，到处自吹自擂；猜错了就不再吱声，仿佛什么事情也不曾发生。此时此刻，该追加资金了，人们反而退缩了，多数人会观望，只有极少数人敢于大单跟进。

只要股价继续上涨，或者顶部形态不明显就不妨多捂一天，不要总是自己吓唬自己。至于盘中加仓还是减仓，完全取决于形态目前所处的位置，绝对不是自己的主观想象。

第六天，股价高开，稍作下探即被主力直线拉了上去，两波封停，走势极为强悍和抢眼。

看着涨停的股票，除了兴奋，也有不安，因为这个涨停板留下的缺口，正好是一个【狗急跳墙】的离场信号。欣慰的是：这个涨停板比 5

月 16 日的高点高出 1 分钱，所以才没有引来抛盘。不要小看这 1 分钱，这 1 分钱彻底解放了成交密集区所有套牢盘，持股者在场内终于安静下来。相同的形态，出现在不同的位置，它的市场意义是不一样的。从成交量看，抛售的不是太多，基于这种考虑，暂且持股待涨。

10 月 11 日，股价高开低走，主力的几次上攻都不理想，与昨天的走势简直判若两人。而且下跌有量，上涨无量，暗示主力开始将筹码悄悄易手，为更顺利地实施派发，上午接近收盘时，聪明的主力一度把股价推上涨停板。

然而好景不长，下午开盘不到 10 分钟，涨停板被撕开一个口子，主力几次努力回补，但都没能奏效，股价走势一波弱于一波。只要有接盘主力就给，交易清淡时，主力又会把股价往上拉一拉，行家们心照不宣，纷纷收拾行装。【一剑封喉】见证了主力的整个交易过程，清仓出局。

成功的交易，不在于挣多少钱，而在于每一笔交易都能严格地执行交易指令。特别是卖出形态出现后，抛出的决心会更加坚定。

从【破镜重圆】到【一剑封喉】，7 个交易日，涨幅超过 40%。见图四。

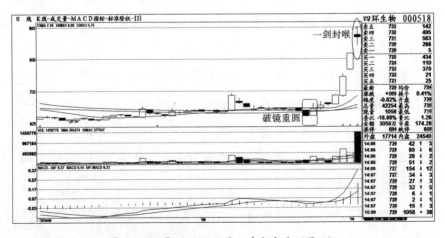

【一剑封喉】是见顶信号，清仓出局（图四）

　　每一次成功操作，既不是先知先觉，也不是神机妙算，而是严格执行交易指令的结果，只有忠于主力发出的每一个指令，方能一次又一次化险为夷。每一次交易失败，都是因为自己想法太多。

　　除非万不得已的时候，尽量不要满仓操作，因为那是在铤而走险，是一条阴冷的捷径，弄不好是要翻船的。

　　有一次，我曾重仓过一只股票，却吃了主力的骗线，当时被急速下跌的股价打晕了，脑子里一片混乱和迷茫，那感觉就像被疯狗恶咬了一口，而你又不能去咬它。心里窝着一团火，弄得我坐立不安，酸楚中透着几分无奈，孤独中又寄托着希望。明明知道自己错了，但就是不愿认错。一拖再拖损失越来越大，最后连走的勇气都没有了。

　　由俭入奢易，由奢入俭难。生活中是这样，炒股也是如此。该轻仓时轻仓，该重仓时就重仓。既不能平均使用资金，也不能时时都是重仓。

　　3. 顺威股份（002676）。该股除权以后，股价绕着均线系统，悄无声息地走出一波填权行情，尽管走路的姿势不够优美，但股价的涨幅还不错。

　　炒股一定要有耐心，特别是主力在横盘时，股价上下就那么几分钱翻过来覆过去地折腾，性子急的要么被逼疯，要么被弄成抑郁症。资金量大的只能被动参与，小资金最好不要去自寻烦恼。

　　【破镜重圆】出来后，本应走出一波行情，但主力弄得雷声大、雨点小，地皮刚湿，云便走远。主要还是均线系统的反压，聪明的主力不会强行突破，而是顺手挖了个空头陷阱，最后干脆把大门一敞，来去自由。当门可罗雀的时候，股价开始悄悄上移。

　　主力一番骚操作之后，股价高开，稍作下探，便立即来了个驴打挺，转身就往上蹿，主力把股价高高举过头顶，然后用力把它钉在涨停板上。

主力用的这招叫【一阳穿三线】，是 135 战法的经典攻击形态，"拼命三郎"中的老二。它的出现，标志着主力蓄谋已久的攻击队形已经展开，机会稍纵即逝，重仓出击。见图五。

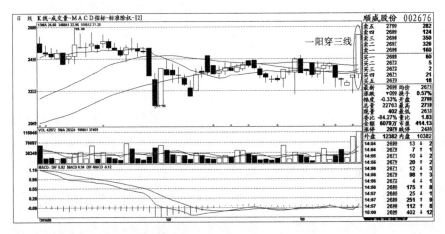

【一阳穿三线】是 135 战法中的经典攻击形态（图五）

股价轮不着我们去说三道四。眼下这个【一阳穿三线】，表明主力已经介入，拉升意图相当明朗，只要位置不高，大胆跟进就是了，动作稍有迟疑，财富在你眼前闪一下就没影了。

在实盘交易时，我们会面临许多挑战，既有技术上的，也有心理上的，既要考虑股价的位置，又要考虑股价的方向，但更重要的是考虑进场时机。

有人炒股并非拥有鹤立鸡群的智慧，而是一种天不怕地不怕的邪乎劲。如果有一天他挣钱了，那纯属瞎猫碰见了死耗子，绝对不是操盘技艺长进了。有的人性格正好相反，他们谨小慎微，一颗怯生生、不分辩、随时受惊吓的心脏，携带着半愉悦半呆滞的表情，因为他们不会一下子就把资金用完，所以他们死得比那些胆大的人稍慢些。

第二天，股价突破前期成交密集区，从盘口看，主力刻意在教唆散户抛盘，有点常识的人就知道，这是秃子头上的虱子——明摆着的嘛，主力帮你解套，肯定不是为了拴住自己。此时此景，我们该怎么做呢？场内的要沉住气，反正已经套了这么长时间，不在乎再捂几天；场外的要大踏步地冲进来，积极参与"打土豪、分田地"的抢筹竞赛。

第三天，股价低开，肯定是主力刻意制造恐慌，顺势而下的股价顺便捎带出零星筹码。然而，大幅递减的成交量分明在说，不知股票金贵的人们，已经错把黄金当黄土扔了，假如一只股票里面没有主力控制局面，鱼龙混杂的各种力量肯定会乱成一锅粥。

该抛的时候一定要抛，该捂的时候一定要捂。什么叫该？该，就是既要看到股价的上限，也要看到股价的下限。什么是股价的上限？阶段性高点就是股价的上限。什么是股价的下限？阶段性低点就是股价的下限。从这个意义上说，股价的上限和下限在一定条件下是可以转化的，这个条件就是股价质变的节点。

股价以缩量阳线收盘，与前一天那根阳线并列组成一个不规则的【双飞燕】，说它不规则，因为它存在着两个明显的缺陷：一是出现的位置偏低，二是昨天的阳线回补了缺口。从理论上讲，【双飞燕】出现后，股价大约还有15％的上涨空间。

在【双飞燕】上加仓，或许是一步好棋，但也是一步险棋，遇上恶意的主力，可能就是一步死棋。

第四天，股价低开低走，如果不能在短时期内把股价拉回，就要考虑择高出局。好在主力还算利落，时间不长，就把股价盖过【双飞燕】，然后越飞越高，最后飞到涨停板上去了。

第五天，主力已拉出第6根阳线，高手们开始获利回吐，聪明的主力顺势而为。从目前的位置看，股价还有上涨空间，减掉一半仓位，为参与下一波拉升争取主动。

第六天，又是一根缩量阴线，尽管这个【一石二鸟】不够规范，但主力的意图已经实现了。

第七天，股价低开低走，如果就这样一直探下去，很可能形成一个小浪子，然而【均线互换】的确认，表明股价的上升通道已经被主力打开。

在即时图上，股价慢悠悠地下滑，这时，突然有几笔大单稳稳托住下跌的股价，表明主力不想在 28.70 元以下让人们捡到更多的筹码。看懂主力意图后，知道该怎么做了吗？赶紧把前天抛出的筹码再悉数捡回来。

主力往往在一只股票里面兴风作浪，但好把式难唱独角戏，光他一个跳独舞还不行，若要把股价推上去，还须煽风点火，吸引跟风盘，若是无人喝彩，主力只能是自拉自唱。拉动股价，就像一群牛进院子，总有个带头的。我们要做的是：得风扯篷，遭雨扯伞。

第八天，一开盘，股价就高举高打，然后强势封停。选对了股票，又选对了切入点，主力就如同在往你兜里塞钱，不要都不行。

炒股的悲剧莫过于不知道自己是怎样赚的钱，也不知道自己怎么亏的钱，丰富的想象力已经把我们搞得一塌糊涂，好像始终就没有清醒过，总是抱着希望无奈地挣扎着。炒股不是变魔术，但它需要技术含量。所以，当你的功力达不到炉火纯青的时候，不要总是期待奇迹的出现。

都说股市挣钱容易，谁知道挣钱的路上还有这么多坎坷和风雨；都说股市充满传奇，谁能看见股民身上还有斑斑血迹？所有的股市赢家都是人前风光，人后孤独。凡是挣钱的事都不容易，不管炒股还是做实业。成功之前有代价，代价之后是成功。

但凡努力终会有结果，而结果的满意度取决于最初的选择方向。凡事都想知道，结果被整得五迷三道，只有把自己比别人少付的努力加倍地补上去，主力才会对你刮目相看。

第九天，股价高开高走，延续昨日盛气凌人的走势，一路快马加鞭直奔山顶。然而，就在股价离涨停板只差1分钱的时候，主力突然掉过身来，对着接盘就是一阵猛砸，刹那间，泥沙俱下，哀鸿一片。

快刀下面无硬木，既然主力把【一剑封喉】的绝招都使上了，说明后果很严重，清仓出局。见图六。

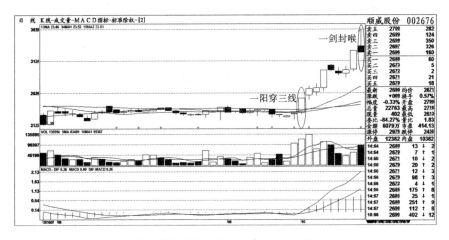

【一剑封喉】是见顶形态，清仓出局（图六）

股价从【一阳穿三线】的 25.54 元，到【一剑封喉】的 32.58 元，9 个交易日，涨幅 27.56%。

这些年，我只专注地做了一件事，那就是研究和实践股价涨跌的节点。对每个节点既充满期待，也担心失败，因为每个节点都是独一无二的。交易时需要根据股价的具体位置做出不同的资金布局，同时又要根据股价的具体变化采取不同的跟变措施。

从亏损到盈利，究竟有多长的路要走？按指令交易，就是一步之遥。没有对过去错误的彻底否定，还是一如既往地凭想象买卖，盈利就是一个永远也到达不了的目标。如果说股市是个地雷阵，那么炒股就是一个排雷方法，不能总是凭着勇敢去穿越雷区，这样不仅赚不到钱，弄不好还会把自己炸得血肉模糊。成为高手需要一定的条件，沦为亏损大王一定有明显的弱点。

4. 国中水务（600187）。2015 年股灾，主力也没能独善其身，股价从 11.37 元一直跌到 3.98 元，跌幅 65%。望着那惨不忍睹的模样和苟延残喘的股价：依旧是萧索满月寒风刺骨，依旧是踌躇满志唯欠东风一度，依旧是遥望主力股切地盼望着大阳的出现。

盼星星盼月亮，终于盼来了陈胜与吴广。在主力的指导下，股价从 55 日均线上腾空而起，然后一鼓作气越过前高点，霸气十足地封住涨停板。调集资金，重仓出击。这是 135 战法"拼命三郎"中的老大【揭竿而起】，是主力大规模进场的标志，在这里奋不顾身地跟着主力向前冲，即使当不成英雄，起码不会成烈士。

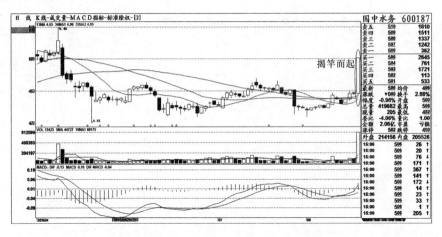

【揭竿而起】是经典攻击信号，重仓出击（图七）

有人说，这种强势股只有复盘时才能发现，第二天开盘即停，根本买不进去。也许你说得对，但凡启动行情都是突然袭击，如果功底差反应慢，银子就与你无缘了。在【揭竿而起】出现之前，难道主力一点动静都没有吗？只要看盘仔细，就能发现主力的蛛丝马迹：最先出现的是【红杏出墙】，其次是【黑客点击】，最后是不规则的【一阳穿三线】，随后股价重新站上 55 日均线，而不断变化的量能，表明行情一触即发。

放跑该股的原因有三个：一是不会识图，看不懂主力在做什么；二是耐心不够，发现了却给盯丢了；三是当时满手全是套牢的筹码，自顾不暇，哪里还有重仓出击的力量啊！

有时候，即使发现了该股也不敢跟，因为被套怕了。实践证明，凡是按主力指令进场的，亏钱的时候少，剩下的就是赚多少的问题。

在探索股价规律的过程中，要坦然接受那些意外伤害。当然，不是每个人都能体会到这种切肤之痛，虽然也曾用灿若星月的眸光眺望未来，也曾用临风咏絮的才思撩动心怀。股票交易对人的综合素质要求很高，除了技术上的，还有心理上的。"你的忍耐力有多强，你的成就就会有多高；你的承受力有多大，你的成功就有多大"，乒坛女将邓亚萍如是说。

第二天，缩量封停。开盘即停的一字板，如果提前预埋单，运气好的有可能会成交，但这样的好运不一定轮上我们。在这个除了成功别无信仰的股市，钱成了人们的唯一追求，不管有没有赚钱能力，都想进来发一笔意外之财。客观地说，在方法不当的前提下，不是所有的努力都有回报，也不是所有的梦想都能实现。

梦想不能无休无止地去追逐，而是要千方百计地让它落地。所以，要不断地计算着梦想与现实之间的距离，一生入梦、终生不醒是不行的。长长人生，短短花季，要让你的奋斗尽快结出硕果。

对男人来说，坐几年牢，知道什么叫是非；炒几年股，知道什么叫赚钱不易。痛苦是男人的营养，经历的磨难越多，他就越坚强，将来就越有成就。

磨难铸就性格，挫折增长才干。炒股是一个承重的过程，需慢慢适应，不要指望别人替你减负，即使你运气好，有师傅把你领进门，但修行还是要靠各人。但有梦的地方就有辉煌，越是艰苦的环境就越是有奇迹的出现，在逆境中依然不放弃初心的人，最终都能实现自己的宏伟目标，而那些从来都没有经历过不幸的人，反而是人生中最大的不幸。

心理学家马斯洛断言：一位音乐家必须作曲，一位画家必须绘画，一位诗人必须写诗，否则他就无法安静。职业投资人都怀有一种虔诚信念、一种超越自身的境界去对待每一个形态和每一个指令。

第三天，股价依然缩量封停，表明大部筹码依然在主力手里。有时候，我们总觉得了解主力太少，正是这种真真假假的乱局，才使得股市妙趣横生。假如有一天，主力不再装神弄鬼，股价不再上蹿下跳，股市将会变得十分无聊。对于那些技艺不高的人群来说，他们对自己不懂的东西总是心存敬畏，正是这种敬畏的心理被心怀叵测的主力一次又一次地利用。

第四天，股价以涨停板开盘，中间几次被打开，每次撕开缺口，成交量都会争先恐后地往外跑，股价不跌，派发依旧，表明主力的置换技艺已经达到炉火纯青的地步。不管主力怎样瞒天过海，高高在上的缺口已经使主力原形毕露，接着就是【狗急跳墙】了。

急雨惊风势汹汹，电闪雷鸣破苍穹。天昏地暗思潮涌，清仓出局意从容！见图八。

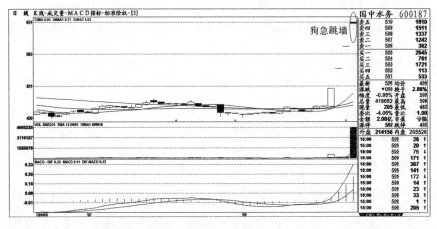

【狗急跳墙】是见顶形态，清仓出局（图八）

股价从【揭竿而起】时的 5.06 元，风雨兼程 4 个交易日，到【狗急跳墙】出现时的 6.71 元，涨幅 32.6%。

我们都有过由赢变亏的经历，而且也记不清多少次了，为什么卖点出来了就不知道走？如果说股价继续上涨，不走还说得过去，问题是看着资金不断缩水却无动于衷，因为总想着股价会重新涨上去。这究竟是心态问题还是技术问题？这个问题搞不清楚，到手的利润会退回。为什么一次次脱离险区，又一次次走进险境？只有对上蹿下跳的股价不再抗拒，方能从千变万化的形态中汲取营养。

这些年我们是怎么一路血雨一路腥风、一路艰险一路挫折冲杀过来的，承受了多么巨大的精神压力和肉体消耗，谁能用一个词语把它准确地表述出来？

5. 宝鼎科技（002552）。按 135 战法进行交易，不需要什么大智慧，但需要足够的耐心和绝对的忠诚。在指令面前，既不能头脑发热，也不能当木头人。在没有形成自己的交易方法之前，股市面前装傻充愣，只会加速自己的灭亡。

【一阳穿三线】是 135 战法中"拼命三郎"中的老二，是主力大规模介入的标志性买入信号，重仓出击。

实战中不只是交易指令的金贵，还有对主力的忠诚，执行指令反映的是技能的熟练程度，而忠诚主力则是责任和担当。交易时留下的伤疤之所以至今隐隐作痛，是因为压根就没有真正用心去抚平它，所以，只能把有些疼交予心、揉进泪。

第二天，股价高开高走，冲高回落后锐气大减，主力不但失去上攻的兴致，而且股价还跌破昨天阳线一大截。主力有恃无恐打压股价，持股者纷纷逃离，只要稍动点脑子就能看明白，主力昨天刚刚进场，今天就迅速出局，主力瞒天过海，显然是在制造恐慌气氛，让人们在惊慌中丢掉筹码。这时候，如果反其道而行之，将会怎样？

第三天，股价高开高走，昨天卖掉的肠子悔青了，但已经没勇气再买回来。衡量一个人的操盘水准，一是看他对进出点位的把握，二是看他及时跟变的能力。上午临近收盘时，股价突然跃起，然后迅速封停。

第四天，开盘价就是最低价，主力攻势凌厉，不大一会儿，主力轻车熟路地把股价送上涨停板，然后十分惬意地欣赏风景去了。

炒股好比一条长长的路，命运之神在每个路段都会设置一些障碍，有的设在路的前端，有的设在路的后端，有的设在路中间，它对每个要通过的人都是公平的。不要在操作不顺的时候悲观绝望，也许过了这道坎，前面就是一马平川；也不要在操作顺利的时候得意忘形，也许预埋的路障正在前方等着你。只有懂得了珍惜，才能练就坚韧。

在交易时要处理好限制与自由的关系，没有指令就绝对不动，不管是买进还是卖出都是如此。一旦我们进入进退有据的交易轨道，安全系数就会大大增加，而且前方肯定有一个大大的精彩等着我们。

亏钱的时候，蹲下身体抱抱自己。不是所有的委屈都可以呐喊，也不是所有的想法都能实现。所以不与自己过不去，因为一切都会过去；不与往事过不去，因为它已经过去；不与现实过不去，因为还要过下去。

第五天，股价高开高走，然后如海豚冲出水面似的吻了一下涨停板，这个缺口已经是第二个跳空缺口了，事不过三，总不能把自己埋在第三个缺口里吧，把股票埋在涨停板上，主力愿意收走就收走，拿不去就盘中再择高走人。

10:07，当股价再次冲击涨停板时，预埋单被主力收入囊中，这就是预埋单的好处。如果发现涨停板被打开再去卖，不一定卖到高位，经验和技术各有千秋，要结合并用。

【一剑封喉】发出离场信号，即使盘中卖不了高点，收盘前按形态把股票卖掉也是正确的。见图九。

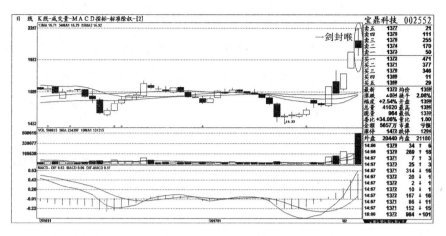

【一剑封喉】是见顶形态，清仓出局（图九）

　　股市这棵大树之所以越来越茂盛，就是因为周围聚集着巨大的营养，这些营养源于我们犯下的错误。我们平时思考最多的不是别人是如何赢钱的，而是看别人是如何把钱弄没的。股市的本质就是让少数人赢利，让多数人亏损，凭什么你就是那赢利的少数人？总结那些亏损的人犯了什么样的错误，实战中不去碰这些错误，然后你才能开始赚钱。

　　但凡在股市里流传下来的交易方法，一定有它生存的基因。那些在股市赢利的，不是因为他把主力打败了，而是借助主力的力量实现了自己的梦想。如果动不动就被主力收拾了，一是说明你的基本功不过关，二是说明你与主力的沟通不畅。正确的做法是，积极参与主力组织的各种活动，而不是有意对抗主力，如果你不想死得难堪，最好不要有杀死主力的想法。

　　炒股有时很寂寞，那种寂寞是心灵深处寂寞，你找不到知音，也不知该向谁诉说，有时很难用言语表达，而寂寞从开始注定要用一生来承担，但这种寂寞却有着长久的价值和旺盛的生命力。

　　人的空虚不在于人的孤独，而在于心的寂寞；人的智慧不在于观察，而在于分辨；人的辉煌不在于炫耀，而在于冷静地凝结。股市高手不在于赚了多少钱，而在于练就了一整套生存技能。

6. 烽火电子（000561）。该股经过充分整理以后，股价从 55 日均线上【揭竿而起】，这个攻击形态是 135 战法"拼命三郎"中的老大，主力启动行情时通常都会用到这个招牌动作，在这里重仓出击，跟着主力一起冲锋陷阵，一般都不会空手而归。

第二天，股价高开高走，然后两波封停。所以，对目标股一定要盯紧，稍不留神或动作迟了，自己千辛万苦挑出来的股票就变成了别人的财富。

一小时后，盘口封单越来越小，莫非主力要砸开涨停板？股市里什么事都有可能发生，只有你想不到，没有做不到的，股价越过前高点，解放了套牢的人群，也许场内的想出来透透气，或者是主力刻意制造恐慌，当然，这都是瞎想，但逐渐减少的封单并不是什么好兆头，先做减仓处理。

越是不想看到的事情越是要来，涨停板还是被主力无情地砸开了，成交量鱼贯而出，好在股价跌幅不大，仿佛都在主力的控制之中。

135 战法的特点是：以形态为依据，无条件执行买卖指令。如果学了 135 战法，交易中不按系统给出的提示进行操作，财富同样与你无缘。有时候我觉得吧，信佛就不要信道了，因为不管是佛教还是道教，都是劝人修身养性、积德行善的。炒股亦然，不管用哪种方法，只要适合自己，就要把它学懂弄通，同样能带来收益。这个知道一点，那个也知道一点，结果哪点都不精，这种人吃亏最大，因为他们的钱都被股市一点点地给蚕食掉了。正确的态度是：努力掌握一种方法，在此基础上再去博采众长，然后再去完善目前使用的方法。

2 月 8 日，股价低开 3 个多点，如果没有头天那个缺口，今天的低开还是个不错的买进机会。

低开的股价尽管没有继续下探，然而上攻的欲望也不强烈，主力用了一个多小时才把股价硬拉死拽到昨收盘价以上，然后，主力懒洋洋地躺在沙滩上边晒太阳，边想撤退路线。

下午开盘不久，股价有过一波强劲拉升，遗憾的是，在股价离涨停板只有7分钱的时候，主力突然停住了脚步，顺势回落后再也不见了那种争先恐后的上攻欲望，长长的上影线把【一枝独秀】衬托得高高在上，加上【晨钟暮鼓】的友情提示，清仓出局。见图十。

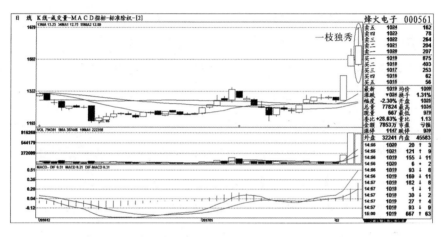

【一枝独秀】是见顶信号，清仓出局（图十）

一个完美的形态在眼前晃来晃去，我们视而不见，等到股价涨起来之后才追悔莫及，已经于事无补了，这样的事情经常伴我们左右。假如主力重新给我们一次机会，还会犹豫吗？但它仿佛昭示着散户与股市之间最终的命运。错过了买点，就错过了财富，即使再念念不忘，却不会再有回音。

那些失去的形态，等不来的渴望，全都住在缘分的尽头；那些该来的挡不住，该走的留不下，炒股最不开心的是：想象力远远超越自己的实际能力。

散户成熟的八大标志：①不看涨幅榜了；②不在盘中选股了；③不给别人推荐股票了；④不代别人理财了；⑤不借钱炒股了；⑥遇到问题能独

自处理了；⑦有决定输赢的勇气了；⑧不与市场斗狠，不与主力争利了。

7. 莱茵生物（002166）。股价在【海底捞月】的节点上【揭竿而起】，然而这个【揭竿而起】不规范，上攻时没有跳空缺口，把它视为刚毅型【红衣侠女】也许更合适。不管归到哪个形态，但都是进场的信号，重仓出击。

第二天，股价高开，然后，主力弯下腰与昨收盘价耳语了一下，便心急火燎地开始向上攻击，股价上升至7个多点的时候，冲高受阻，【一枝独秀】清晰可见。行情刚启动，立马就结束，有点想不明白，然而，形态确确实实是个见顶信号，置之不理显然不妥，抛出1/4，以观后效。

第三天，股价低开高走，三波封停，上攻时既有节奏，也有气势。只是盘口的封单越来越少，不管涨停板是否被撬开，再抛出2/4，先把大部利润锁定，然后再去欣赏主力演绎以后的行情。涨停板最终还是被打开了，第二个【一枝独秀】出现了。

第四天，股价大幅低开，然而开盘后却使着劲往上拉，成交量很配合，股价却不买账，这是第三个【一枝独秀】了，事不过三，清仓走人。见图十一。

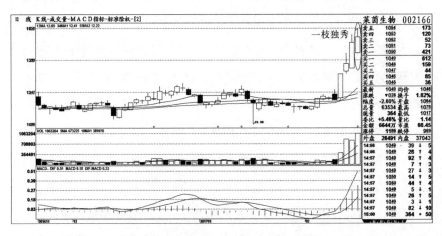

【一枝独秀】是见顶信号，清仓出局（图十一）

说股票头头是道，做股票笨手笨脚。自己买错了股票，却说主力是骗子。不会变通又自视甚高，被套住了，又自欺欺人说该股有重大潜在利好。都说有本事的人脾气大，可有人既没本事但脾气却不小。这就是为什么做了这么多年的股票，依然不见长进的原因。

许多人长年在股市摸爬滚打，不是没有赚钱的机会，而是赚了钱不会获利了结，到最后眼睁睁看着自己的利润被一波波风浪掠走，除了过了一把纸中富贵的瘾，剩下的就是后悔。股市变幻莫测，但股价在上涨和下跌之前，事先都会出现某种形态，只要认得形态的市场意义，操作上就享有主动。135战法的所有卖出信号，都意味着股价已经到了阶段性高点，应及时出脱持股。然后根据股价目前所处的位置，再决定是否接回来、接多少。

8. 南京港（002040）。在【红衣侠女】出现以后，股价的上涨并不顺利，主力用时一个多月，向上拓展的空间不到30%，而且，自从不规则的【一剑封喉】出现后，主力气势汹汹地把股价打回原点。主力的一招压价逼仓，让有利润的纷纷退回，让胆小的人仓皇出逃。一言以蔽之，让场内的持仓者惊慌失措，令场外的持币者迷惑不解。主力的意图实现后，不规则的【一锤定音】也出来了，从此，股价走势变得明朗起来。由此可见，形态说明一切，纪律决定输赢。进退失据，是要吃亏的。

从图上可以看到，一组很不起眼的【蚂蚁上树】，把股价推到55日均线附近，表明主力拉升前的热身已经完成了。

12月16日，股价突然从55日均线上【揭竿而起】，它是135战法中的经典攻击形态，重仓出击。

12月19日，股价高开，瞬间下探，然后转身上攻，在前高点附近，主力异常凶猛地封了涨停，厉害了，我的主力。

12月20日，股价走势与前天如出一辙，甚至连细节都一样，它给我们的启示是：人或者主力都有自己的习惯，而且习惯一旦形成，短期内很难改变。比如【一剑封喉】出现，股价下跌无疑；【一锤定音】出现，股价止跌的概率加大。这是主力的操盘习惯，我们该不该尊重主力的习惯？

12月21日，股价涨势依然，只是高开的幅度越来越小，比如，【揭竿而起】出现当天，股价高开2.8%，第二天高开5.22%，第三天高开3.8%，今天仅有1.8%。有一个细节需要特别关注：前两天的盘中回调，股价均不回补缺口，今天不仅补了缺口，而且还跌破了一大截，尽管主力依然以涨停报收，但外强中干的面目越来越明显了，仓位重的就获利了结吧；仓位轻的，等明天主力开始驱赶的时候，择高出局。

12月22日，股价只是象征性地高开了一点点，上涨到8个多点的时候，股价突然掉头，然后一路追杀下来，股价从上涨8个点到下跌4个点，盘中振幅12.53%，形态同样是经典的【一剑封喉】。经验丰富的，在股价冲高回落时趁势抛出；按指令操作的，收盘前抛出也是正确的。

从【红衣侠女】到【一剑封喉】，再从【揭竿而起】到【一剑封喉】，不论是进场信号还是出局形态，都清晰可见，只要不是太贪，基本上都能把利润锁定。见图十二。

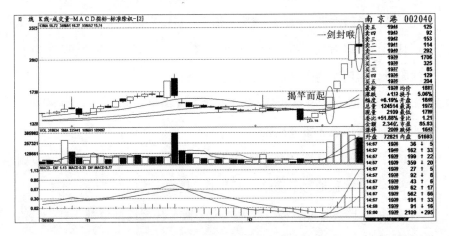

【一剑封喉】是见顶信号，清仓出局（图十二）

　　人们对主力的感情可谓爱恨交织，没有主力的股票，股价就会变成死水一潭；有主力的股票，主力又在变着花样折磨你，让你度日如年，钱难赚。就洗盘而言，也是怪招频出：有的长阴掼下，有的小阴慢磨。反正主力是下定决心，不把你折腾得肠胃倒置、头晕目眩，不乖乖地交出手中的筹码决不罢休。

　　主力是一只股票中的老大，但它更是一个精明的商人。诚然，商人在古代相当长的一段时间内，一直是受到鄙视和厌弃的，至今仍有"无商不奸"之说。可见，古时候的商人地位被踩得太低，今天却又被抬得太高。今天流行的价值观，便是商人的价值观。所谓成功，便是金钱的成功，从大里来说，看你坐什么样的车，从小里来讲，看你抽什么牌子的烟。而那些成功人士，也早就抛弃了"土豪"这样土里土气的头衔，换上了"社会精英""著名企业家"的新装。我虽然不经营实体经济，但我知道，当制造者得到的利润远远小于贩卖者得到的利润，当股票的市场价格远远高于它的实际价值，当劳动和收获在不同的人身上呈现出巨大的反差，那么这中间一定有问题，也一定会出问题。

　　9. 中昌数据（600242）。该股停牌5个月，持有该股的自认倒霉，在这期间只能自寻平衡。复牌第一天，或许被关疯了，开盘就来了个下马威，变态的【一剑封喉】，不分青红皂白地见人就打。第二天，股价继续低开，人们不知道该股在关押期间遭了什么难，逼得股价非要跳楼不可。从递减的成交量上分析，除了不明真相的散户在逃，主力只动口没动手，仅仅是虚张声势。多头排列的均线系统不支持股价破罐子破摔，已经上翘的三线明确告诉散户保持克制。

　　主力再不敢明目张胆地假摔了，股价低开高走，随后轻松地吃掉前日阴线，表明【一石二鸟】被确认，同时又是不规则的【破镜重圆】，复合攻击形态也鼓励我们进场，重仓出击。

　　该股有过一段火箭式拉升，也许燃料被耗尽，股价的爬升速度渐渐缓慢下来，时刻注意股价的行进方向。

3月23日，股价高开低走，犹如上升的火箭突然在空中爆炸，不规则的【独上高楼】冒着浓浓的黑烟，股价翻着跟头往下栽，再不跳伞，恐怕就机毁人亡了。清仓出局。见图十三。

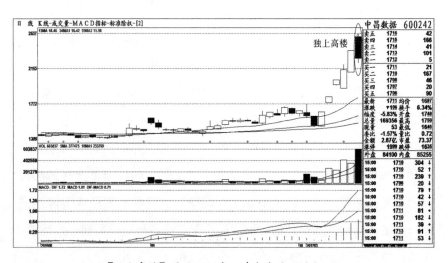

【独上高楼】是见顶形态，清仓出局（图十三）

从【破镜重圆】到【独上高楼】，6个交易日，涨幅48.86％。

散户在生活里都很实际，然而在股市里又偏偏不按实际行事。有时候，明明知道是见顶形态，就是不肯抛出股票。眼睁睁地看着利润随着时间的流逝而流失，那些曾经的财富犹如秋日的树叶，徐徐飘落，最终被主力的铁蹄无情地踩入泥土。

这种事情在交易中还不止一次，而且在每个人身上都发生过。在没有赚到钱之前，不要奢望过正常人的生活。既然不想认命，那就得去拼命。所有的技术，战术都和主力的命运紧紧连在一起。纯粹为了钱而去炒股，最终都亏得一塌糊涂。为什么？因为你从来都没有把主力放在眼里。

当我们抱怨自己运气不好的时候，却唯独没有意识到自己拥有一种能够改变自己的力量，一旦意识到并且开始运用这种力量的时候，你就可以改变过去的自己，使它朝着你所期望的方向发展。那时候，危机四伏的股市会变得机会丛生，充满苦涩的投资会变得甘甜，那些曾经使你恐惧的东西统统转化为成功的动力。

套牢者都是想挣大钱的人，亏损者总是那些喜欢抄底的人，前者想入非非，后者自以为是。

第四章　$

加仓与补仓

　　加仓，是指买入形态确认后或股价有效突破以后进行的资金追加，属于在盈利的单子上加码，实战中经常使用。

　　加仓时，需要多少资金？原则上不超过资金总额的 4/16。假如 100 万资金，扣除提前预留的 20 万准备金，加仓的数量应为 20 万，可以一次性加，也可分几次加，资金总量不能突破 20 万。

　　加仓，如运用得好，资金增值很快，用得不好，容易使资金搁浅。因此，加仓应谨慎。

　　补仓，是指资金被套后，当股价处于跌无可跌时，又有明确的止跌形态，可用部分资金展开的自救，属于在亏损的单子上补仓。

　　补仓时需要多少资金？原则上不得超过手中持有股票的数量。比如，手里有 1 万股股票，补仓量只能等于或小于它。

　　补仓在实战中用得较少，是遭遇突发利空，所持股票意外被套时不得已才采用的自救措施。

补仓，绝对不是为了降低持仓成本，而是解救资金尽快脱离险境。补仓补得恰到好处，资金就会形成一种合力，对整个资金也是一种有效保护；补得不好，容易使资金怀沙自沉。

一般讲，在上涨途中不做差价，因为处于拉升的股票，盘中的回调幅度有限，多数时候抛出去后接不回来。短线技术不过关的，最好忍住利益的诱惑，耐心等待卖出信号的出现，这样不容易把股票弄丢。

操盘水准能达到心随股走的，反正闲着也是闲着，顺势做做差价，能及时跟变就不妨试试。如果知道自己是吃快餐的命，压根儿就不要存吃满汉全席的心。有些事情猜到了开头，未必就能猜到它的结尾。炒股属于高度的知行合一，滥竽充数不会坚持太久。当形态不明显时，你可以装傻，但千万不要充愣。装傻最多失去一次差价的机会，而充愣则会两面挨耳光。

当我们没有理由说服主力的时候，最好不要夸大自己的想象力；当我们没有足够的力量战胜主力的时候，要想着打不赢就跑。

📊 经典案例

1. 四川美丰（000731）。【均线互换】完成以后，表明股价的上升通道已被打开，股价随时可能拉升，然而主力反其道而行之，采用压价逼仓战术，对场内浮筹进行清洗。

如此一来，主力把股价启动的临界点定在【梅开二度】这个节点上，基于股价报收阴线，可适当逢低吸纳。

随后，股价沿着13日均线不慌不忙地走着，当散户都感到无聊的时候，于是，主力就开始搞起了恶作剧，9月12日股价突然低开低走，这种意外调整具有突发性，但纯属主观上的故意。在这里进行补仓有点早，因为股价跌幅有点小，但今天的低开是一个低吸机会，在【梅开二度】跟进的，可以适当补仓。主力采用【一石二鸟】震仓，就是动静有点大。

第二天，股价重新站上 13 日均线，这根缩量阳线可视为对【一石二鸟】的确认，不足是成交量没有响应，有底仓的可以考虑加仓。

主力连拉 6 根阳线后，出现上攻受阻的上影线，这时应主动减仓，具体减多少呢？如果该股是你的主仓，减上 1/3，最多不超过一半。

主力采用【浪子回头】对获利盘进行了清理，注意看它后两根十字星阴线，缩量不创新低，形态特征是【金屋藏娇】，由于出现的位置不对，所以只能叫【浪子回头】，这两个形态的最后一根阴线虽然都是缩量不创新低，但有区别。【金屋藏娇】的缩量不创新低，股价可能涨，也可能不涨，但继续下调的可能性不大；而【浪子回头】的缩量不创新低，表明股价已进入调整的尾声，若有量能的配合，股价随时都可能涨起来，况且它还是 13 日均线上的【浪子回头】，上涨概率更大。

9 月 30 日，股价平开，下探低点比前日低点还高 1 分钱，说明主力不想再坠落下去了，自古就有"浪子回头金不换"之说，开始加仓，加多少？当时卖出多少，现在就加多少，遇上确定无疑的攻击形态可适当放开买入比例，但进去的资金一定要让它带着利润出来，哪怕只有 3 个点。

上涨态势明朗以后，让预备队出去扩大一下战果，但用完之后应尽快让它归建。众人拾柴火焰高，一会工夫，主力就把股价送上了涨停板。

【浪子回头】的第二天，股价高开高走，顺势回落后一直在均价线附近窄幅振荡，我们猜不透主力在想什么，但图表上的这个缺口，着实让人心里不踏实，因为它是个【狗急跳墙】的离场信号，虽然位置不高，而且股价刚刚起动，先把预备队撤回归建，再去欣赏主力的表演。

2016 年 10 月 11 日，股价低开高走，成交量略有减小，形态是

【一枝独秀】＋【晨钟暮鼓】的离场信号。见图一。

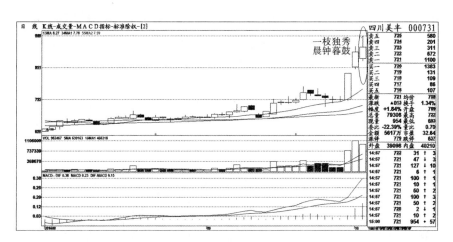

【一枝独秀】和【晨钟暮鼓】是见顶形态，清仓出局（图一）

实战中，我们会参与各种攻击形态，但要记住，如果第二天没有出现预期的结果或者形态遭遇失败，应明智地选择出局，耐心等待下一个买点的出现，不要抱怨以前所做的一切，有些亏损是不可避免的。精心研制的导弹还有可能在空中意外爆炸，更何况变幻莫测的K线乎！珍惜当下不会吃死亏。不管是买进还是卖出，反正都已经过去了，还较什么劲呢？明天还没有来，焦虑又有何用？真正的恐惧不是亏损或套牢，而是自己的想象力，不管什么事情，只要放得下拿得起，都会变得简单起来。

只要交易，就会出错，有时是自己的粗心，有时是主力的刻意陷害。前者在所难免，几乎人人都犯；后者关乎人的涵养，吃骗线是常态，关键看你如何对待。对主力既不要仰视，也不要俯视，而是平视，唯有平视才能把主力看得清楚，这样就不至于被主力随便忽悠。

10月20日，股价第一次回调到13日均线附近，适量低吸。

10月25日，股价低开，而且开盘价是当天的最低价，股价重新站上13日均线，然后有效吃掉【浪子回头】的最后一根阴线，加仓。收盘后发现这个光头光脚的大阳线有点太笨拙了，如果用在【揭竿而起】或【一阳穿三线】行情启动还情有可原，确认上升途中调整形态就有杀鸡用牛刀之嫌，这种看似强势的上攻，股价第二天回调概率极大。历史的经验值得注意，主力就像一个精明的生意人，送给你一根大阳线，接着就甩出一串阴线先把利润蚕食掉，接着，大阴线一个接一个往下砸。尽管你以手掩面不忍相看，但许久没有缓过气儿来，总觉得有一种末日来临的感觉，两眼昏花，头晕耳鸣，心跳加速，真的快要撑不住了，主力拼着老命往外逃，你却躲在里面苟延残喘。

10 月 26 日，股价高开高走，顺势回落后简直判若两人，我们刚才说的情况有可能重演，可能是"创新高必回调"的魔咒突然显灵，但不管什么原因，先抛出大部仓位，用实际行动证明我们服从主力的调整，收盘时，不规则的【一剑封喉】发出离场信号。见图二。

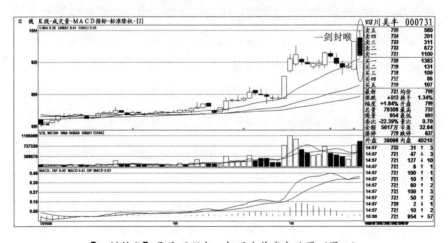

【一剑封喉】是见顶形态，起码应作减仓处置（图二）

虽说股价的回调没有击穿上次回调的低点，但 4 天下滑 13 个多点，跌幅也不算小。资金量在 100 万以下的，最好不要参与调整，且不说赚钱多少，主力所用的非人手段，简直把你折腾得死去活来。坚持进退有据，能减少很多烦心事。资金量大的实在没有更好的办法可选，除了做些加减仓的处理，大部分时间都要忍气吞声地陪着主力装疯卖傻。所以，当一波行情做完，大赢之后要休整就是这个意思。

10月31日，股价基本上止跌了，开始轻仓试探。

11月1日，重新站上13日均线的股价，有效吃掉回调时的最近一根阴线，半仓跟进。

11月2日，股价高开高走，但冲高回落后却不想上来了，后来索性下滑了一程，被拉上来时，股价精准地落在开盘价上，一个赤裸裸的【一枝独秀】暴露在山顶上，显得那样的没羞没臊。从涨幅看，行情显然没走完，但形态是个离场信号，但凡见顶形态，即便可能卖错也要卖，清仓出局。见图三。

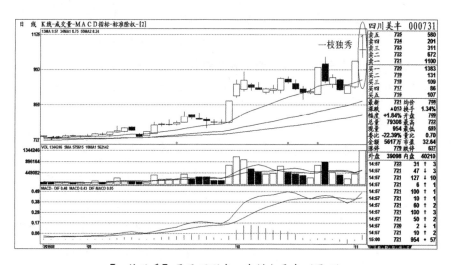

【一枝独秀】是见顶形态，卖错也要卖（图三）

今天刚把股票卖出去，主力第二天就来了个涨停板，仿佛故意和你作对。但千万不要生气，谁是官头谁说了算，轮你当官头，兴许你比主力还会玩！

昨天卖出的，看着红灿灿的大阳线，嫉妒之火又会烧起来，那些卖掉又忍不住重新买入的，当【金蝉脱壳】出来以后，你是走还是留呢？

坚持进退有据，严格按指令交易，我们的使命就算完成了。至于赚多赚少，完全由市场去决定，而不是我们说了算的问题。

2. ST亚太（000691）。谁都不愿意参与股价的整理，因为，参与整理风险大，还挺磨人，有时就是再小心，也会意外地被主力拉进海里泡个澡。所以，不要轻易满仓，而且要留足预备队，亏吃多了就慢慢变得聪明起来了。

股价经过充分整理以后，13日均线上穿55日均线，股价收阳线，这是不引人注意的淑女型【红衣侠女】，初次相见，它不显山不露水，迈着猫步，优雅着往上挪。【均线互换】完成以后，步子会逐渐加快，当股价有效越过第二个高点以后，主力开始迅速跑了。

股价经过1周努力，终于上涨了几个点，但也把【一枝独秀】给引了出来，如果不及时减仓，即使这几个点的利润也会被没收了。

【一枝独秀】的第二天，股价缩量跌停。主力故弄玄虚，小题大做。我总觉得，这样的调整是否有点极端？不管主力葫芦里装的什么药，现在是该考虑补仓的时候了。

第三天，股价依然低开低走，主力象征性地弯了一下腰就转身上拉，根据持仓情况，可以适当加仓。炒股不能急，看明白后，就陪着主力玩。

在股价的行进过程中，无论是减仓信号、加仓信号，还是补仓信号，主力都给得很及时，之所以不敢与庄共舞，是因为心里没底。为什么没底？基本功不扎实。

主力做起盘来有板有眼，令人佩服。股价连拉7根阳线以后，出现【一枝独秀】的离场信号，哪怕股价明天涨停，现在也要走，这是135战法的规矩。见图四。

财富是一个缓慢的积累过程，只有完成量变才能引起质变。不能总是抱怨股市的不是，应对自己的所作所为进行反思。如果再继续执迷不悟，股市先把你整疯，主力再把你整蒙。

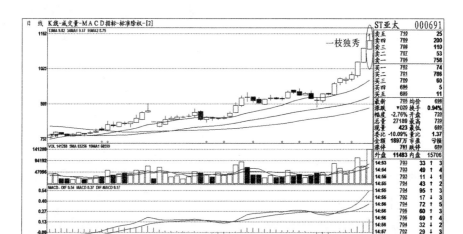

【一枝独秀】是见顶形态，清仓出局（图四）

读过冯友兰先生的《中国哲学简史》以后，我分明感受到一种明亮的光芒直达心底。冯友兰以学贯中西、纵横古今的视野，对中国哲学进行了系统而深入浅出的讲解。他说，这世界上有各种人，每一种人都有那一种人所能达到的最高成就。从事政治的人，有可能成为大政治家；从事艺术的人，有可能成为大艺术家。但是职业上的成就，不等同于作为一个人的成就。专就人本身来说，最高成就应该是什么呢？中国主流哲学家的答案是，内圣外王！内圣，是指修养的高度；外王，说的是人的社会功用。只有具备最高精神成就的人，才最适合为王。字字珠玑，穿透内心，一个有深度的灵魂，是要遭遇思想的探索和人生的磨砺的。

3. 引力传媒（603598）。在该股的走势图上，【破镜重圆】发出进场信号，一切命令听指挥，半仓跟进。

4 天后，股价突然高开 5 个点，这并非股价加速上扬的标志，而是主力行将调整的开始。因为，但凡这种高开通常会形成三种形态：一是高开低走，形成【独上高楼】；二是高开高走，然后以涨停报收，形成

【狗急跳墙】；三是高开低走，大幅下探再转身上攻，最后以涨停板报收，形成【拖泥带水】。无论出现哪种走势，都是离场形态。从【破镜重圆】到【独上高楼】虽然涨幅只有 8 个多点，但毕竟是个调整形态，把它们理解成震仓或许更接近实际，因此，在这里做个减仓处置还是必要的。

开盘后，主力引导市场主动抛盘，那阵势大有炸平庐山之势，只是主力在狂轰滥炸时露出一个不易察觉的破绽：13 日均线上穿 55 日均线，形态为【海底捞月】上的【黑客点击】，只是这个黑客以【独上高楼】面目出现，显得有些吓人罢了。

为了配合主力的做盘，把昨天减掉的筹码，在昨收盘 21.77 元买回，即使股价跌停了，由于前期有浮盈，所以也亏不到哪里去。

行将收盘的时候，主力把股价又往上拉了拉，然而，这根巨大的阴线依然给人一种黑云压城城欲摧的恐惧感。

【独上高楼】的第二天，股价依然低开低走，而且给人一种要将场内浮筹赶尽杀绝之气氛。不过，13 日均线已经大踏步地越过 55 日均线，主力很可能在这里利用【一石二鸟】震仓，不妨在 55 日均线附近挂个预埋单，运气好，会有 3 个点的差价进账。

【独上高楼】第三天，成交量迅速放大，【一石二鸟】震仓成功，并且开始新一轮的攻势，加仓。

【一石二鸟】第二天，股价低开低走，然后用力转身挺举，当股价放量突破【独上高楼】的高点时，【均线互换】完成了，它标志着主力把上升通道打开了。

第三天，带量封停，持股待涨。

第四天，涛声依旧，不过涨停板被打开，而且差 1 分钱就封不住了，这是一个不易察觉的调整信息，适当减仓。

第五天，股价低开 4 个多点，开盘后继续下探，经验表明，这是一个低吸的机会，把昨天减掉的再买回来。

股价下探 7 个点时跌速开始减缓，随后，主力转身向上猛拉，时间不长就把股价拉成红盘了，股价顺势回落后，攻势大减，把另一半股票抛出，锁定当前利润。

记得刚入市那会儿，自己既没技术，也无太多资金，只是凭着勇敢就准备在股市捞其财了。刚开始挺新鲜，这看看那瞅瞅，可是走着走着就走不动了。等自己想出去的时候已经很难了，这个难，不是来自危机四伏的股市，也不是来自主力的四处追杀，而是自己的盲目和任性。什么都不懂，所以谁说的都对；什么都不懂，所以什么股都敢碰。猜错了就去赌，赌错了不敢认输，除了人性上的护短，还是相信股票会涨起来，但后来越套越深时，心里会有一种悲凉感，会有一种委屈和义愤，甚至感到命运的不公。这时候，不会再抛出被套的股票，而是和主力死磕，到最后，股票死了，人还活着。

曾经有很长一段时间，我一直在等待，却又不知道自己在等待什么。只是隐约觉得，那个被称为"运气"或"奇迹"的东西能发生在自己身上。这个念头刚刚一闪就溜走了，因为这是不可能的，股市里，从来没有因为凭运气好而成大器的。人间正道是沧桑，所有的成功都要经历数不清的磨难。岁月的苍凉无奈，总是无时无刻地在股市里上演。但无论岁月如何改变这个股市，作为跟随者的我们只要坚持进退有据，就不会为一点蝇头小利而迷失自己。

人往往在贪欲中失去财富，在忙碌中失去方向，在怀疑中失去机会，在计较中失去行动。

第六天，股价又是低开，但没有创下新低，说明主力又开始画图了，随着股价的缩量上攻，【晨钟暮鼓】发出离场信号，清仓出局。见图五。

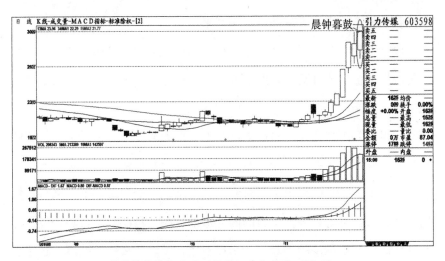

【晨钟暮鼓】是见顶信号，清仓出局（图五）

第七天，股价低开低走，而且开盘价就是最高价，主力一不做二不休，索性把股价砸在跌停上。不过，那根阴森的大阴线是【暗度陈仓】，是主力驱赶获利盘时的撒手锏，由于这根阴线很恐怖，致使很多人敬而远之。不管我们的判断是否正确，务必在这根阴线上接回 3/16 的筹码，因为，【暗度陈仓】之后股价还有新低，所以不能在这里大仓位介入。

【暗度陈仓】的第二天，股价低开高走，暗示主力不愿继续下探了，再买回 3/16 仓位。

【暗度陈仓】的第三天，股价依然是低开高走，把剩余的资金全部兑换成股票。

【暗度陈仓】的第四天，股价低开 4 个点，暗示股价又要调整了，尽管开盘后股价的上攻劲头很足，但是股价又是差 1 分没封住，这究竟是阴谋还是机会？主力已经送给我们一次机会了，得意不宜再往。

股价顺势回落后，主力失去了进攻的兴致，形态为【一枝独秀】，又到了与主力说再见的时候了。见图六。

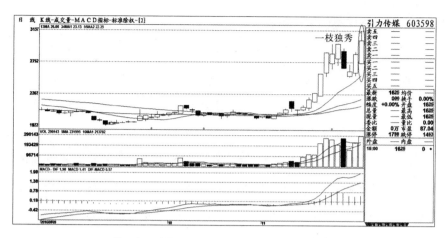

【一枝独秀】是见顶信号，清仓出局（图六）

方法不当，实盘时资金就统不起来，技术上也合不起来，交易也就活不起来。股市里横空出世的股票寥若晨星，多数都是循序渐进的。有耐心，就能守得云开见月明。

混迹股市这些年，既见证了中国股市6000以上的高点，也感受了大盘在1000点以下几度徘徊。股市没有新鲜事，不是涨来就是跌。炒股就是摸着石头过河，这个石头就是形态，这个河就是均线，把均线和形态组合在一起，再加上成交量的配合就是一个完整的交易系统。从某种意义上说，光知道这些还不够，重要的是在行动上跟上主力不断变换的步伐。

我们改变不了股市，也改变不了主力，那就无条件地与主力保持一致，死心塌地地做主力的铁杆盟友。如果既不能强，又不能弱，那就只有毙也。

4. 中关村（000931）。该股先有一小波涨幅，虽然成绩不突出，然而歪点子却不少，也许主力觉得收集的筹码差不多了，可以发动一波行情，于是，在光天化日之下，完成了对空头陷阱的构筑。在走势图上，先是出现不规范的【红杏出墙】，随后走出跨年度的【蚂蚁上树】，我们知道，在股价回踩的第一根或第二根阴线时，可以轻仓试探。

失落身外之物，而不致失去自我的人，肯定会获得更多的机会；然而不曾失落任何东西的人，却会因为找不到自我，而最终失去一切。一时失败并不可怕，失去自我才令人担忧。有时候，不曾有过挣扎的考验，付出的代价更大。

缺乏股市磨难和坎坷，缺乏对焦灼、挣扎、绝望等的身临其境的体验的人，不会成为专业投资人。然而，所有的苦难，必须在"生命可承受的范围之内"。心理学表明：人类天生具有一种自愈能力，它能治疗人们在生活中受到的各种精神上和肉体上的创伤。

杨绛说：上帝不会让所有幸福集中到一个人身上，得到爱情未必拥有金钱，拥有金钱未必得到快乐；得到快乐未必拥有健康，拥有健康未必一切都会如愿以偿。保持知足常乐的心态才是淬炼心志、净化心灵的最佳途径。一切快乐的享受都属于精神，这种快乐把忍受变为享受，是精神对物质的胜利，这便是人生哲学。

随后，股价形成阳克阴之势，半仓跟进或重仓出击。

1月13日，股价低开高走，然后以缩量阳线报收，形态为低位的【笑里藏刀】，相同的形态出现在不同的位置，其市场意义是不一样的。这里的【笑里藏刀】，只是示其形，并不达其意。观望。

1月16日，股价高开高走，主力顺势回落后并未展开新的攻势，而是拼着命地下滑，13日均线直逼55日均线，【海底捞月】呼之欲出，主力拉升之前刻意在这里打压，显然是为了驱逐获利盘，不管主力是怎么想的，根据目前的状况，应该主动在55日均线附近挂个预埋单，不管成功与否，都要有这个低吸意识。收盘前接到主力通知：恭喜你中签了！

1月17日，股价的开盘价就是最低价，开盘后，主力马不停蹄地一路上攻，加仓，用实际行动融入主力的大反攻。

　　股市是个挣钱的地方，为什么多数人不盈反亏？因为他们没有一个比较接近市场的理念，没有正确估价自己的优势与弱点，所以，很多与主力背道而驰的方法给我们带来了灾难性的结果，它不仅掠走了我们的财富，也给予我们相关的人带来痛苦与不幸。

　　人只有能够控制自己的时候，才能正确运用头脑所产生的巨大力量，然后，睿智地使用这股力量把事情做得恰到好处。这个巨大的力量不纯粹是技术，也包括投资理念和操盘纪律。由于股价的方向不会按照我们的想象去发展，所以，只能改变自己的思维模式，跟上股价变化的节奏。"心随股走，及时跟变"表面看似乎是一个空洞的口号，实际上它能证明你的操盘水准，决定你的投资成败，希望每个人都能理解这八个字的含义与分量。

　　1月18日，股价高开后稍作下探便转身上攻，放出几年来最大的量，令人匪夷所思的是，如此天量竟然连个涨停板都封不住，这本身似乎已经说明问题，难道又是"司马昭之心，路人皆知"的老套路？图上的【狗急跳墙】见证了这一切，清仓出局。见图七。

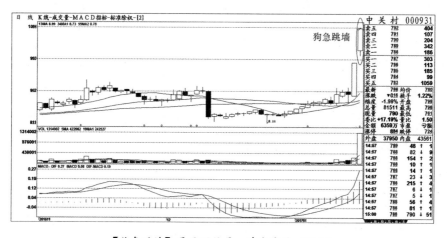

【狗急跳墙】是见顶信号，清仓出局（图七）

　　从【蚂蚁上树】回踩时的轻仓试探，到【蚂蚁上树】确认后的半仓跟进，从 55 日均线附近的补仓再到【海底捞月】的重仓出击，前后买入 4 次，在资金的使用上有条不紊，充分展示了资金所释放出的巨大能量。在见顶形态出现以后，是一次性清仓处理，还是适当减仓，对于资金的分散与集中，我们可以慢慢品味，直到悟出它的奥妙为止。

当我们把脑子里的想法付诸现实时，有时连自己都不会满意，这种想象与现实的落差折射出的是能力上的错位，只是我们不愿承认。有时候看明白一点，有时又有点儿懵懂，自己的判断力总是那么模糊。然后是纠结、沮丧，或者就在一半儿沮丧、一半儿亢奋的那种颠三倒四的状态里面瞎转。不要让买前焦虑、买后抑郁成为我们的常态。其实，发现问题，解决问题，它不仅仅是一个面子问题，而是一个态度问题，但更是一个能力问题。

"唯劳作者才得食，唯不安者得安宁"，这是克尔凯郭尔的《恐惧与战栗》里的一句话，它形容的是一个人精神世界的状态，我们在股市里有太多的困惑、太多的危机，没有一个绝对安宁的灵魂。

在没有找到适合自己的方法之前，炒股绝不是一个养家的手段，而是一种沉重的负担，备受折磨的灵魂会伴随我们走过一天又一天；有了自己的交易方法之后，就不会再去等待事情的自行改善。

5. 徐家汇（002561）。股价经过充分整理以后，目前已经初具【三线推进】的态势，远远望去，日趋收窄的股价犹如静静卧在铁轨上的巨龙，只要轻轻按一下电钮，整装待发的股价就会风驰电掣般飞奔而去。

不经意间，股价开始放量上攻，几个回合下来，股价克服重重障碍，直奔涨停板，重仓出击。

令人不安的是，涨停板很快被打开，虽经数次努力，但都没有把股价重新推上涨停板，主力不差钱，拉个涨停应该不是问题。谁知道股价冲上涨停板以后，飞行器双发失效，主力没有采取任何补救措施，而是任凭股价自由滑落，原来主力要的就是这种滑翔感。

　　第二天，股价低开低走，我们又误吃主力骗线了，只是无须惊慌。一是股价位置不高，二是股价的上升通道已被打开。主力采取压价逼仓走势，旨在恐吓性地驱赶，沉住气，且看主力下回如何分解。

　　第三天，股价继续压价逼仓，但嚣张气焰小了许多，可考虑在55日均线附近补仓。所谓补仓，就是资金被套后，在均线系统处于多头排列的前提下，股价处于跌无可跌或下方具有明显支撑时对被套资金展开的自救，所用资金不应超过手中所持股票数量。由于性质上属于在亏损的股票上进行的补单，因此，补仓要谨慎。眼下，我们只能在55日均线附近伏击一下主力，不管伏击是否成功，实战时都要有这种埋单意识。设伏成功后，发现主力采用【一石二鸟】进行震仓，主力通过去库存，将浮码清理了出去，对主力的虚晃一枪，我们虽惊出一身冷汗，却也有了补仓的机会。

　　第四天，股价依然低开低走，但没有再创新低，说明主力的震仓意图已基本实现，继续下探又担心场外资金与他抢夺筹码，于是，主力转身向上拉升。当我们确认股价开始向上攻击时，可以利用预备队进场扩大一下战果，主力财大气粗，凡是跟着他冲锋陷阵的，每人奖励1个涨停板。

　　看川剧变脸，总会想起股市的涨涨跌跌，变化多端的K线一会红了，一会又绿了，弄得人们紧张兮兮的。现在看懂了主力变脸，也就明白了股价涨跌的奥秘，再交易起来也便当了许多。

　　第五天，股价高开高走，然后缩量封停。这时，应考虑让预备队撤回归建，不能因为股价的盈利效应而把它当成主力去使用。

　　第六天，主力再次慷慨奖励持股者每人1个涨停板。

　　第七天，股价高歌猛进，带量封停。当天的成交量属于历史天量，形态是【狗急跳墙】见顶信号，清仓出局。见图八。

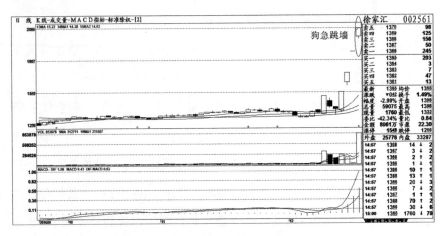

【狗急跳墙】是见顶形态，清仓出局（图八）

等待等待，思量如海；进退指令，何日来哉？闻一多在诗歌《奇迹》中写道："我等，我不抱怨，只静候着一个奇迹的来临。"既然认可135战法，就要忠诚和专注于它的每一个指令。没有股票时，我们有行动的自由，有股票以后，所有的行为必须听从主力的节制。

严格按指令操作，成功率会大大提高。然而上蹿下跳的股价，却掩盖不住内心的忐忑，屡禁不止的胡思乱想不但亵渎了指令的威严，也给自己带来了莫大的伤害。

当梦想驶入股海，指令就是航行的舵。当技术被股市洗净铅华，化茧成蝶的时候，留在我们脑子里的只剩下阴线和阳线了，它们的不断变化，及时地向我们发进退指令。

6. 西藏天路（600326）。突然在某一天，【一阳穿三线】发出进场信号，半仓跟进。

【一阳穿三线】是经典攻击形态，遇上它通常都是重仓出击。那么，我们为何要半仓跟进呢？一是均线错位，各条均线的方向还没有达到上攻前的各就各位；二是形态出现的位置和选择的攻击时机不对。所以，即使碰上这样的经典攻击形态，也并不意味着你财源滚滚身价倍增，因为一个完美形态的出现，它的每个环节都应堪称完美，无懈可击。所以发现它的细节有明显瑕疵时，同样不能重仓出击，细节决定成败。

【一阳穿三线】出现后，股价继续整理了 1 周后才开始攻击，这时候，只能适当加仓，依然不能重仓出击。这是因为，【均线互换】尚未完成，上升通道还没有打开，但凡上升通道没被打开的，股价上涨的持续时间不会太长。客观判断股价位置，认真对待形态的每一个细节，会少吃很多骗线。

2 月 9 日，股价高开高走，上升时轻而易举地摆脱前高点的束缚，径直奔向涨停板。缩量，表明抛盘的少，起码大部筹码依然锁在主力手里，放心持股。

2 月 10 日，股价强势依旧，随后快速封停。但眼睛的余光告诉我，盘口的封单正在快速减少，说明主力利用涨停板派发筹码，涨停板很可能被砸开，仓位轻的全部扔掉，仓位重的减持大部。不要总想着发财，风险随时都会找上门的。

这种担心很快就应验了。好在我们已经提前采取了措施，如果等涨停板被打开再卖，肯定卖不到高价，如果在收盘前卖出，心里总是很纠结，机会都是在犹豫中一再错过。

股价以【一剑封喉】报收，成交量告诉我们，主力在这里派发不少，这个比昨天大出 4 倍成交量的【一剑封喉】，已是暗藏杀机，如果继续严防死守，煮熟的鸭子又要飞走了。

请注意一个细节，该股的 34 日均线上穿 55 日均线，理论上讲，它的上升通道已被打开，只是这个【均线互换】是蹩腿型的，因此，它不但不是买进信号，反而是卖出时机。凡是在蹩腿型上进场的，都会留下一个残缺的故事。

炒股需要注意的几点：一是把握精准的进出时机，既不能早也不能晚，而是刚刚好。二是把握形态的位置，它既需要技术作辅助，更需要大量的实战经验。着重理解"相同的形态出现在不同的位置，其市场意义是不一样的"的含义。三是懂得资金布局，既不能让自己撑死，也不能把自己饿死。知道什么时候买进，买多少；知道什么时候加仓，加多少；知道什么时候减仓，减多少；知道什么时候清仓，而且清仓以后多长时间不能再买回来。一言以蔽之，要懂得资金与筹码在什么样的情况下是可以互换的，知道在什么情况下对资金进行分散与集中。当把这些问题都一一解决以后，那就是名副其实的职业投资人了。与此同时，要花大量时间对控制心态进行训练，做到"不以物喜，不以己悲"，这样"心随股走，及时跟变"才会在交易中不留下任何痕迹。

炒股看似一买一卖，简单得就像看图说话；细细说来，它又是一个复杂的系统工程，它涉及技术，还有心态控制，不管哪个环节出了问题，赚钱就成为泡影。只要我们的想象力不是太丰富，准能获得大赢小亏的结果。

从【一剑封喉】到【梅开二度】买点的出现，股价一步一个脚印地走过了30个交易日，假如在【一剑封喉】出现时不卖，现在还会持有吗？交易时有两种常态：一是打死都不会动的，二是一天不动就会死的。其实，赚钱的秘诀是：该动的时候动，不该动的时候不动。见图九。

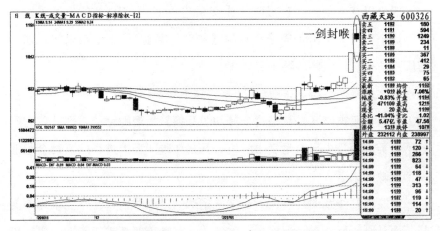

【一剑封喉】是见顶形态，清仓出局（图九）

7. 大庆华科（000985）。谁都知道心浮气躁赚不到钱，然而真能静下来等待机会的人却很少。有钱时，老子天下第一，谁的话也听不进去，能听进别人话的时候，几乎所有的财产已经过户到别人名下了。

当股价还处于空头推进时，成交量极度萎缩，主力收集筹码的意图非常明显。有时为了洗掉获利筹码，消磨散户意志，当然有时候也会用少量筹码作图，比如，股价上蹿下跳，一会儿浮到浪尖，一会儿又沉到谷底，但股价始终在窄幅波动。即使股价由空头推进转到多头推进以后，主力把股价的波幅也会控制得很好，从盘口看，上档的抛压显得很轻，下档的支撑也非常有力，种种迹象都在表明，主力已经建仓完毕，正在等待拉升时机。如果你发现了主力的意图，可小单买进，以防把股票跟丢。

均线系统从空头排列到多头排列，需要很长时间，在空转多的过程中，谁耐不住寂寞，谁在下跌通道里瞎折腾，那一定是活得不耐烦了。在没有任何进场形态时买入的，赚钱的愿望十之八九会落空。在有明确的进场形态，知道买入就能赚的依然无动于衷，一是早就弹尽粮绝，二是已经吓破了胆。

其实，任何股价的上涨，主力事先都会做大量工作，我们可以不去关注股价的整理过程，但不可以不关注股价质变的节点。

炒股的人分三种类型：一是拍案而起的。不知从哪里得到某股票涨的消息，脑袋一拍买进再说。二是拈花惹草的。一会看这只股票不错，买一点，一会又看那只股票不错再买一点，他们在众多股票间跳来跳去，在这只股票上付个定金，在那只股票上缴个消费税。三是随波逐流的。这种人耐性极好，而且对主力极为忠诚，主力指到哪里他们就打到哪里，而且无怨无悔。他们心里憋屈，但笑到了最后。

股价经过整理以后，【梅开二度】悄悄给出进场信号，不足是：量够了价不够，轻仓试探。

2017 年 1 月 3 日，股价开盘后瞬间下探便转身上攻，不管主力意图怎样，但上攻的态势已经摆出来了，那就不能视而不见，适量加仓。所谓适量，就是所用资金不能超过资金规定的额度。

1 月 4 日，股价开始温和放量，表明发动机已经点火，请系好安全带，股价随时就要发射了。

1 月 5 日，股价低开低走，随后转身上攻，在成交量的支持下，主力突破近期高点，直奔涨停。

我们与主力在同一片天空下，主力沐浴着阳光，我们却迎着风霜；我们和主力在同一条道路上，主力不慌不忙，我们却心如鹿撞！我们打马如飞一路追寻，只盼主力能驻足片刻，看看道旁不断变换的影光！

得与失，一如收获与耕种。同时也在等待着严冬万物萧条的来临，等待着炎炎夏季对人类万物的火热的拥抱。

1 月 6 日，当股价上升到 7 个多点的时候突然掉头向下，俯冲后再也找不到爬升的动力，股价开始折返，不规范的【一枝独秀】也证实了这一点。蓝蓝的天空飘着雪花，漂亮的皮鞋露着脚丫，与主力邂逅是个神话，不听招呼立即拿下。见图十。

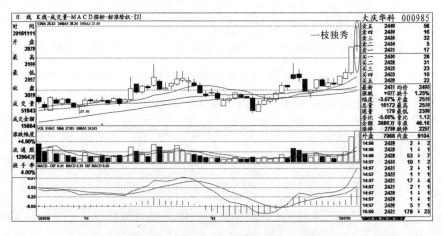

【一枝独秀】是见顶形态，清仓出局（见图十）

股市犹如一个漏斗，得到了，失去了，循环往复，以至无穷。如果选择了股海弄棹，纵然眼前一片汪洋都不见，也要等待它白浪滔天。盈亏轮流转，形态是关键；是劫还是缘，最后看落单。

8. 海亮股份（002203）。在该股的走势图上，【浪子回头】发出买进信号，轻仓试探。

既然有进场理由，且位置不高，为何不多买一点？起码要半仓跟进吧。一是看似形态为【浪子回头】，实际为【一石二鸟】，因为【浪子回头】的第一根阴线是假阴线，况且是【一剑封喉】的调整形态。当然，不管它是【浪子回头】还是【一石二鸟】，当它的最后一根阴线被吃掉时都可以买入的，只是它的形态不规则，故在入货比例上保持适度。二是【均线互换】尚未完成，在上升通道还没有被打通前，行情一般不会走太远，千万不要小瞧了34日均线，没有它的配合，再厉害的主力也制造不出惊天动地的大牛股来，关注细节，小心驶得万年船。

2月17日，股价小幅低开，然后小幅波动，从萎缩的成交量可以看出，主力在故意逗我们，别扫主力的兴，逢低吸纳，积极应和主力互动。

2月20日，【均线互换】完成，由于34日均线与55日均线数值相等，加上成交量没有放出来，再观望一天为好。

2月21日，股价带量越过近期高点，表明主力要动真格的了，加仓。

2月22日，股价高开低走，而且盘中根本没有再回抽的意思，主力想干什么，我们不清楚。根据股价目前的走势可推演出三种结果：一是高开低走，形成【独上高楼】；二是打下来再拉上去，形成【拖泥带水】；三是稍作下探，再转身上攻并以涨停报收，形成带缺口的【狗急跳墙】。但不管哪一种都是见顶形态，明智的选择是，盘中择高走人。见图十一。

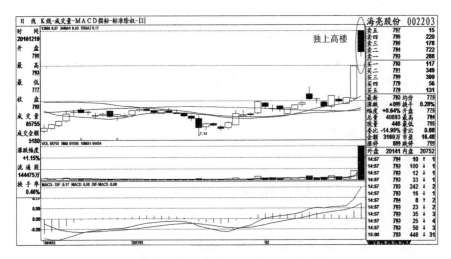

【独上高楼】是见顶形态，清仓出局（图十一）

　　每个人的生命里都经历过，有时苦难像皑皑白雪一样直刺你的眼，有时幸福又像灿烂的阳光一样紧遏你的内心。所以对待投资中的那些坎坷、磨难，抑或好运、财富，都应该泰然处之，它们共同构成了生命的昼夜，缺一不可。

　　记得小时候，我们盼着长大，长大了就可以不用被父母、老师管着了；长大了我们觉得还是小时候好，羡慕小孩的无忧无虑、天真烂漫。有一份轻松的工作，嫌挣钱少；挣钱多了，又嫌没有业余时间。身体好的时候拼命挣钱；病倒了才明白，只要身体健康，钱多钱少都无所谓。上班的时候，嫌工作苦累繁忙，想着有一天退休就好了；退休了，却又觉得日子好无聊。想想我们的人生，看看我们的生活，几乎遍地都是钱锺书说的"围城"现象。

　　9. 海尔智家（600690）。经过主力不懈努力，13 日均线上穿 55 日均线，股价收阳线，【红衣侠女】发出进场信号，半仓跟进。

　　2017 年 2 月 28 日，股价高开高走，刚越过前期高点就掉头向下，"创新高必回调"的幽灵时常盘旋沪市 A 股，这天的形态是【一剑封喉】的离场信号。令人不解的是：上升通道刚刚打开，股价还没怎么涨，行情就要结束了？股价之所以在这时候调整，肯定事出有因，我们也不去猜该股到底是马还是牛，主力给出的指令是出局，先撤出来。

随后，主力用了一组阳线【三剑客】清洗浮筹，同时对技术指标进行修复。从该股的走势看，股价不温不火，属于慢牛型【红衣侠女】，它走势温和，行情持续时间长。这种走势表面看似波澜不惊，其实主力很有实力，一招一式看似随心所欲，实则没有超级耐心的主力做不出这样的盘来。股价在震荡中盘升，主力边吸边洗，既要赚取差价，又要推高股价。由于主力在推高股价的过程中很少拉出涨停板，所以很难吸引人们的眼球，但股价最后涨得令人难以置信。像这种慢牛走势的个股市场上很普遍，只是不如刚毅型【红衣侠女】涨得快。实际上，慢牛型走到最后，其上涨幅度并不比刚毅型小，所以在实战中，一旦发现慢牛型个股应毫不犹豫地买入，跟进后要克服浮躁心理，不为股价短期波动所动，耐心持有，直到出现明确的卖出形态再出局。

慢牛型【红衣侠女】出现以后，股价始终沿着13日均线毫无规律地拉着小阳小阴踽踽而行，以走一步退两步的惊人耐力考验着持股者的涵养。

主力都有这样的耐心，时机不到，宁肯再多整理时日，只要13日均线不上穿55日均线，该股就没戏；只要【均线互换】不完成，所有的行情都是短命的。炒股不能性子急，越急越出错，越出错越赔钱。

3月10日，股价低开低走，然后转身站上13日均线，又到了该加仓的时候了，加多少呢？数量控制在资金总额的3/16左右，但买进去的股票，一定要想着退出来。跟庄光心随股走还不够，还要及时跟变。

3月16日，冲高回落的股价失去了继续攀爬的乐趣，给出的提示是不规则的【一剑封喉】，记着把手里的股票卖出去，然后在13日均线附近再把股票买回来。

随着技术的熟练和经验的丰富，我们要根据股价的波动，试着和主力进行互动，这种互动要保持经常，不能三天打鱼两天晒网，融入主力这个实体以后，还要做到一切行动听指挥。

技术易学，用时很难，眼高手低是主要原因，还有放不下自己，假如我们心甘情愿地与主力同呼吸共命运，结果一定比你想象的好很多。

3月20日，股价轻轻地抚摸了一下13日均线，适当低吸。3天后，主力开始放量，加仓。

简单是对深刻的领悟，越是简单的东西，就越能体现本质。追求简单，需要相应的功力、自信的底气、牺牲的勇气。简单，就是对本质的揭示和对规律的把握。驭股之道也需要删繁就简，去掉多余的欲望和妄求，你的交易就会变得谦和而高贵。

只要能沉下心就会发现，股价涨多了就会下跌，跌够了就会上涨，关键在于对位置的判断和进出时机的把握。

4月26日，股价高开高走，创出除权后的新高，然而不规范的【一枝独秀】发出离场信号，仓位轻的获利了结，仓位重的适当减持。见图十二。

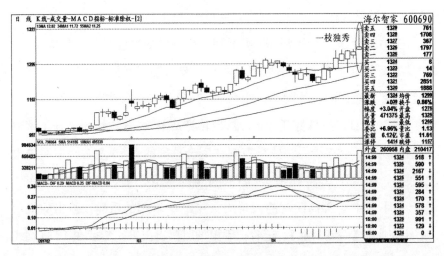

【一枝独秀】是见顶形态，清仓出局（图十二）

在股市这个大舞台上，每天都上演着各种喜剧与悲剧，常年混迹股市的我们，每天都在扮演着不同的角色。但不管如何努力，都不可能成为某只股票的主角，我们的使命就是给主力当好配角。既要买得进去也要卖得出来，动作上要与主力同步。买得进去是本事，卖得出来是智慧。买得进卖不出会产生两种后果：一是赚钱的股票卖不出去属于纸上富贵，只有落袋为安以后才算真正赚的钱；二是亏钱的股票卖不出去会造成资金沉淀，长时间背负会把自己压垮。从这个意义上说，只有买得进去又卖得出来的人，才配给主力当配角。

记得第一次去证券公司那天，交易大厅里人头攒动，熙熙攘攘，以至于连个下脚的地方都没有。我被包裹在水泄不通的人流中，踮起脚看着正前方大屏幕上不断变化的数字，两眼在不停地搜索，却不知在找什么。

老股民说起股票来头头是道，听得我如醉如痴。当我知道一点炒股的皮毛后才发现，他们都是信口开河。我从未怀疑过他们在自欺欺人，只是在想，如果他们真像自己说的那样神乎其神，起码该被请进大户室了，为什么至今还在散户大厅里晃悠？我知道被他们忽悠了，但也恍然大悟，人总要给自己找个台阶下，总要找个理由活下去。说与做是两回事，这种害人害己的事最好不做。那些背离股价规律的所谓经验，对于实战毫无意义，最终也必将把他们拖入万丈深渊。

面对疲弱的大盘，一个女股民说："现在的股市像阳痿的老公，抛弃他吧，有点舍不得；厮守吧，天天受气。好吃好喝伺候他，期望能冒点阳气，刚看他勃起，衣服还没脱完，又不行了。"众人纷纷表示赞同。女士接着说道："关键是你刚穿好衣服准备去约会时，他又在后边拉你的衣服，有反应了，你再等等。"

4月28日，股价高开低走，随后带量下跌，像这种慢牛爬升的股，虽说涨得有点慢，但后劲却相当足，操作这样的个股一定要有耐心，短线功力好的，盘中顺势做做差价，短线技术不过关的，索性捂住不动。不过慢牛股的调整也不会太深，只要觉得有利可图，就应该考虑把先前卖出的再找个适当的机会接回来。

炒股就像一次旅行，多数人的口袋会被掏得干干的，更不会留下任何痕迹，只有那些饱经磨难却依然前行的人，才能领略到不同的风景，回归于生命原本的宁静。

又经过一个多月的爬升，股价的涨幅又一点一点地升上来了。6月12日，股价缩量，形态是不认真辨认就认不出来的【一枝独秀】，麻雀虽小，五脏俱全。【一枝独秀】再小巧，但调整的性质不会改变，主动减持。见图十三。

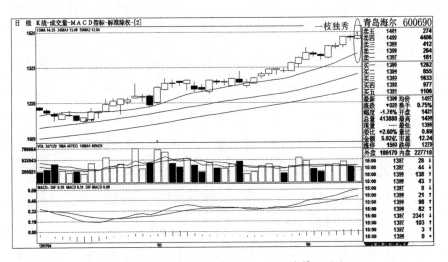

再小的【一枝独秀】也是调整信号，主动减持（图十三）

做股票需要阅历和识见；但凡能持续获利的，一半在于按指令交易，另一半要看主力的心情。不要因为主力没有按着自己的想法走就拒不执行指令，也不能因为按指令交易吃了点小亏就耿耿于怀、怨恨主力，其实，离开了主力，所有的一切都是无米之炊。不管你是散户还是高手，不要以为你买了股票就可以随意行使主力的权力。

在拉升途中，主力采用【浪子回头】进行震仓，看来效果不错，成交量一天比一天少，特别是最后那根阴线躲在下影线里面不出来了，说明该走的都走了，不想走的打死都不会投降，基于此，可以把先前减持的股票再如数地接回来了。

6月21日，股价高开低走，盘中轻松击穿34日均线，但瞬间就被拉了回来，养精蓄锐的主力终于拔下充满电源的插头，随后，大步流星地站上13日均线，适当加仓。

6月27日，股价创出填权以来的新高，主力躲在昨日上影线里窃窃自喜，那种【笑里藏刀】的奸笑声令人不寒而栗，部分人连惊带吓地跑了出来。

从技术上分析，青岛海尔的行情似乎还没有走完，只是目前有点疲惫。从【红衣侠女】出现至今，主力用了88个交易日，涨幅超过50%，然而股价始终没有进行过一次像样的调整，而且这个【笑里藏刀】与前期高点形成掎角之势，也就是我们常说的双头，为安全起见，躲躲也好。见图十四。

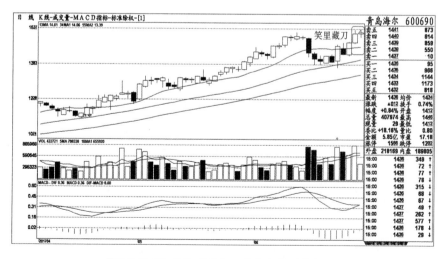

【笑里藏刀】是见顶形态，清仓出局（图十四）

中国不是一个高福利国家，房子、车子、教育、医疗和养老问题，对绝大多数人来说，都需要通过工作或创业来解决。有人觉得股市挣钱快，能早日推进目标的实现。其实，情况并不是这样的，要把股票做到专业，要靠炒股来养家，需要掌握相关的知识和时间的历练。一个人连镰刀都不准备，能指望把稻子都割下来么？

一切不用心体会的形态都是在玩火，一切不按指令去交易的行为都是在玩命。

第五章
减仓与清仓

减仓，是指股价在总的上涨趋势不变的情况下，出现在阶段性高点或前期密集成交区附近时，而对股票进行的减仓处置。

减仓，既是锁定利润的手段，也是防范风险的措施。减仓不仅在阶段性高点上使用，也在当天形成的高点上使用。

减仓，每次减多少？假如100万资金，扣除提前预留的20万准备金，如果是阶段性高点，就减掉股票总数的8/16；如果是当天高点，就减掉股票总数的3/16，也可根据具体情况灵活处置。

清仓，是指股价经过大幅上涨以后，依次见过3个高点，能确认行情终结时而对手中股票所做的清仓处置。一般讲，对清仓的股票，一年内不再触碰。因为行情结束后，主力的主要任务是派发，假如拉升用了20天，派发通常需要半年。在股价的回归过程中会有反弹，但那是主力为了更好出货，短线技术不好的，最好不要参与，弄不好会把千辛万苦赚来的利润又原封不动地还给主力。

减仓与清仓的相同之处是，两者都在见顶信号出现时抛出股票，锁定前段利润；不同之处是，减仓时卖出的股票，在调整结束后还可以再买回来，比如，股价回落到明确的支撑位或出现明确的止跌形态时都可以再买回来，如果抛出的股票没有在适当的时候接回来，说明功力还欠火候，技术还有待提高。清仓则不同了，抛出的股票，原则上一年之内不再碰它。

其实，卖股票最愁人，担心卖出后股价继续涨怎么办？但凡135战法的卖出形态，卖错也要卖，这是原则。也有人担心，如果卖出了股票，股价不跌怎么办？主力说，你可以论输赢，但无权定对错。该想的不去想，不该想的硬是钻牛角尖。

说到底还是没有自己的交易方法，心里没底。有自己的方法，就能按提示进行相应的操作，有时虽买不到最低也卖不到最高，但都能动在股价质变的节点上。

交易系统有两个作用：一是能有效地克服思维上的紊乱状态。由于系统具有相对的稳定性，因而不会随便发出买卖信号；二是能有效地控制行为上的盲目状态。所有的指令都是量变的结果，按指令交易，出错的概率低。

📊 经典案例

1. 光力科技（300480）。该股停牌，复牌用时半年。复牌后股价开盘封停，盘中被打开，最后以【拖泥带水】报收。理论上讲，相对低位的见顶形态，以恐吓为主，股价不一定真跌，然而主力说，这只是你的想法，我可不这么认为。

第二天，股价冲高回落，成交量鱼龙混杂，一时半会还分不清哪些是主力抛的，哪些是散户扔的，但有一点可以确认，在光天化日之下主力与散户争利了。昨天刚拉了个涨停，今天却要弃庄出逃，确实令人匪夷所思。主力这样做就是让你看不到事物的真相，然而，形态会告诉你股价的来龙去脉。

第三天，股价低开低走，主力变本加厉地砸盘，还真能震出一些筹码，看看下面的成交量就会恍然大悟，这是故意做给散户看的，旨在制造紧张气氛，引诱散户乖乖交出筹码。

第四天，股价低开，但没低过昨天的最低价，而且今天的开盘价就是最低价，主力意图昭然若揭，可以进场了。主力早已料到这一点，迅速把股价拉起来，然后径直奔向涨停板。【一阳穿三线】往主力身边一站，真的好威武。

第五天，股价高开低走，把股票卖出一半，这时的减仓，属于提前锁定部分利润，如果股价跌幅大就接回来，不大就继续观望。

第六天，股价依然低开，盘中寻低点把昨天卖出的再接回来。高抛低吸玩的就是心跳，脑子反应要快，动作也要快。

第七天，股价高开高走，顺势回落时，股价下探得太深，虽说最终将股价拉了回来，但形态不是【拖泥带水】，也称不上【一剑封喉】，只是成交量大得吓人。有时候，越是这种带量的四不像形态，回调的概率就越大，减仓一半。从位置上看，以后还有机会。

第八天，股价低开，冲高回落后，主力异常果断地把股价砸到跌停板上。不管明天是否继续跌停，现在先接回 3/16，看看主力的守仓底线到底在哪。

第九天，股价低开了 3 个多点，把另外的 5/16 再接回，股价稍作下探便转身向上拉，财大气粗的主力瞬间又把股价送上涨停板，从【一阳穿三线】那天起，股价的 3 个涨停板，其成交量一个比一个大，注意细节的变化。

第十天，股价继续低开，然后放量上攻。最后的形态是不规范的

【一枝独秀】，只要是见顶形态，不管它规范不规范、位置高与低，都应该有减仓意识，然后在明确的离场信号出现时清仓出局。

从【一阳穿三线】进场到【一枝独秀】出局，总共交易 7 次，其中买进 2 次，卖出 5 次。做短线刺激但很累，弄不好还得赔钱。究竟是做短线还是做波段，应根据自己的实际情况去定。俗话说，吃饭穿衣亮家当。建议：没有金刚钻，就不揽瓷器活。见图一。

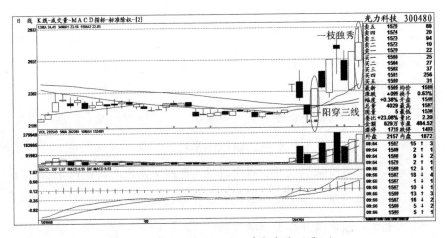

【一枝独秀】是卖出信号，清仓出局（图一）

玩短线不懂得进出点位，有时就容易把黄金当成黄土给扔掉；知道进出点位，黄土就会变成黄金。

为什么事先制定的完美计划，实战时却带不来完美的结果？一是计划严重脱离实际，二是情况变化后没有及时变更计划。

有人说，有些股市高手已经到了随心所欲的地步，其实，这种随心所欲是建立在对股价运行规律的认知和技术的日臻成熟之上的，是无数次历练以后与主力达成一种默契。

2. 长航凤凰（000520）。该股见底后，主力控制着股价在 55 日均线附近不露声色地把玩着，复盘时遇上这样的股票就在场外观望，没有明确的进点，就先不去凑热闹。

今天主力兴致不错，股价低开高走，【一阳穿三线】发出买入信号，这根阳线是对【海底捞月】和【浪子回头】的确认，形态的性质弄明白了，买股票就有依据了，半仓跟进。

第二天，股价低开高走，这根带量中阳线的上影线有点长，由于它出现在前高点下方，所以不能将它视为【一枝独秀】，持股观望。

第三天，锐减的成交量，表明只有散户在抛。后来不知什么原因，该股莫名其妙地停牌了。

股市是公平的，它把苦难撒向我们的时候，也给我们准备了等量的回报。所以，当我们与苦难不期而遇时，不要去排斥它，而要坦然接受。想想我们小时候，哪个不是从跌倒中慢慢学会走路的？即使长大成人，这样的生命方式也没有多大改变。炒股如果不摔几个跟头，不被主力打晕几次，恐怕至今也找不到财富藏在什么地方。但凡能从股市里找到财富的，20％来自技能，80％来自耐心与探索。

"弓过盈则弯，刀过刚则断。"凡事不能强求，在没有交易指令的时候，就耐心持币等待；买进股票以后，没有卖出信号，就不妨在里面再等一会。等待是一种能力，更是一种境界。

经过漫长等待，该股以涨停复牌，盘中有过打开但又被封住的经历，但股价创了新高，形态是【拖泥带水】见顶信号，为安全起见，先卖掉5/16，明天股价继续上攻再买回来。如果股价开始调整，把剩下的3/16再卖掉。

复牌的第二天，股价低开，冲高回落后已失去上攻欲望，主力的调整意图已经非常明确，盘中择高点把另外3/16股票抛出。当股价再次下滑时，成交量也不甘寂寞地参与其中，股价一度被砸到跌停板上，轻仓试探。

复牌的第三天，股价依然是低开，向上攻击时成交量不给配合，这种虚浪拉升意味着股价以后还会有反复，把昨天买的抛出去，在资金上争取主动。卖出后应在 55 日均线附近挂预埋单，伏击一下主力。

非常不幸，派出去的伏击队竟然遭到主力的反伏击，股价一度被砸在跌停板上，继续轻仓试探，跌停板很快被打开，股价迅速被拉上去，买进当天处于获利状态，但不要忘记把昨天低吸部分抛出去。高抛低吸的核心，就是抢攻不抢点、低吸有条件。在 55 日均线附近预埋单则属于后者。

复牌的第四天，股价低开低走，只是跌速已经慢了下来，继续在55 日均线附近挂预埋单，成交就占主力点便宜，不成交也没有损失。

很幸运，两次伏击都奏效，接着股价吃掉昨日阴线，由于量能不足，这根阳线还不能视为对【一石二鸟】的确认，这时应主动减持，让卖出的这部分资金对场内的股票形成一种有效的保护。

复牌的第五天，股价低开 1 个多点，转身上攻的时候动作很熟练，但力量显得有点力不从心，那根长上影线表明股价上攻受阻，清仓出局。见图二。

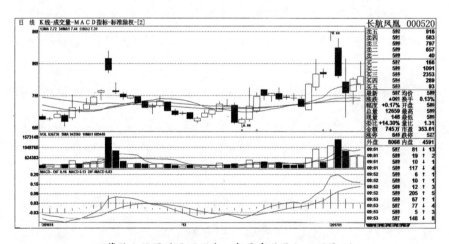

不管什么位置的见顶形态，都要有敬畏之心（图二）

我是个比较偏执的人，至今亦然。为了做成一件事，会不惜一切代价。例如把 K 线当小说读，把股价的涨与跌当成规律去研究。是沉静的个性促成了执着的钻研，还是执着的钻研养成了沉静的个性？我说不清楚，只是觉得，从自己的过错中吸取教训是聪明，从别人的过错中吸取教训是智慧。尤其在股价下跌时，困惑、颓废与骂街，还不如斩仓更有价值。不善于总结经验的人必败，不善于汲取教训的人必亡。

毛泽东是我国伟大的马克思主义者，伟大的无产阶级革命家、战略家、理论家，他的智慧主要来自马克思主义哲学和中国历史，来自长期的革命实践，很了不起。他的《矛盾论》和《实践论》是对马克思主义哲学的继承和发展，在我最苦闷、最难熬的时候，这两篇文章教我学会了思考问题、分析问题和解决问题的方法。我运用这个原理逐渐找到了股价的运行规律，然后运用具体的形态对股价的涨跌进行概括与描述，虽然135战法属于技术范畴，但这种技术揭示了股价涨跌的本质。这些从错综复杂的图形中提炼出来的买卖点，能够使人更加一目了然地理解股价波动的实质，经过大量实战验证，不断地去补充和完善技术要素，从而使每个形态更具实战价值和可操作性。

毛泽东说："有了学问，好比站在山上，可以看到很远很多东西；没有学问，如在暗沟里走路，摸索不着，那会苦煞人。"他还语重心长地说："读书，一要读，二要怀疑，三是提出不同的意见。不读不行，不读你不知道呀。凡是人都是学而知之，谁也不是生而知之啊。但光读不行，读了书而不敢怀疑，不敢提出不同看法，这本书算是白读了。"

3. 通达股份（002560）。该股经过一波下探之后，终于出现【一锤定音】的止跌形态，我们知道，它是135战法中5个见底形态之一，在这个形态上买股票会不会立即涨说不好，但再跌下去的可能性很小，轻仓试探。

买进以后，股价不再探新低了，但也没有涨多少。这时心里会很纠结，但再纠结也不能妄动，况且，股价也没有给出卖出信号，坚信耐心一定等来奇迹。在郁闷的时候，主力突然高兴，于是送个一字板；正当你乐得合不拢嘴的时候，主力又送个涨停板。但不能光顾着高兴，这个

【拖泥带水】尽管位置不高，但却是带量的！从【一锤定音】到【拖泥带水】，股价涨幅已超过30％，为安全起见，仓位轻的先获利了结，仓位重的要做减仓处置。

1月25日，主力果然来了个惊天动地的走势，股价低开低走，截至收盘已形成一根大阴线，从股价的位置看，主力采用【暗度陈仓】清洗获利盘。

一般情况下，【暗度陈仓】之后还有新低，如果依然对该股有兴趣，可考虑在55日均线附近把股票再接回来。

1月26日，量价皆无兴致，且看主力如何演绎后续行情。

2月3日，春节后的第一个交易日，股价依然低开低走，顺势摸了一下55日均线后就转身上行，主力的屈身一蹲，表明股价的调整结束了。之前没有在【暗度陈仓】处低吸的，或没有在55日均线附近设伏的，现在可以半仓跟进了。

2月6日，股价缩量封停，用时10分钟，给人一种后劲十足的感觉。

2月7日，股价高开高走，冲破前期高点以后，顺势回落，"创新高必回调"魔咒再次显灵，而且出现【一剑封喉】的见顶信号，哪怕它以后是跨世纪黑马，现在必须清仓出局。见图三。

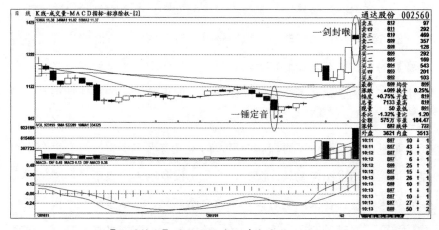

【一剑封喉】是见顶形态，清仓出局（图三）

4. 西部建设（002302）。主力用了6天时间把一个【串阳】给做好了，这个【串阳】相当金贵，因为它是跨年度的。主力不辞劳苦，股价在55日均线上方【揭竿而起】，这是135战法的老大进场时的招牌动作，它给冲锋陷阵的以信心，给跃跃欲试的以勇气。总之，在这个形态上，不管是重仓出击还是满仓买进，都是应该鼓励的，但决不允许袖手旁观或傻傻地观望。见图四。

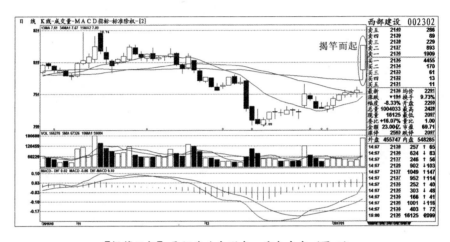

【揭竿而起】是经典攻击形态，重仓出击（图四）

第二天，股价高开高走，然后携量突破前期整理平台后以涨停板报收。

第三天，股价低开3个多点，如果没有这一波的拉升，这个低开应该是个不错的进场机会，然而，拉升中的低开，本身就意味着调整，"创新高必回调"的幽灵再次发出减仓信号。有人说，这天的形态正好是【红衣侠女】，同时也是【九九艳阳天】。请仔细看一下，说它是【红衣侠女】，股价离节点太远了；说它是【九九艳阳天】，从技术上讲也该进行回踩了。所以，股价冲高时减掉12/16的仓位，不管明天主力怎么折腾，心里就不慌了。

第四天，股价低开低走，主力心口一致，说调整就调整，下掉的股价再也没有抬起头。主力采用【暗度陈仓】清洗获利盘，先在这根阴线上买一点，因为【暗度陈仓】之后，股价还有低点。

第五天，集合竞价时股价低开，然而开盘后却是高走，当股价刚刚摸到【暗度陈仓】腰际时瞬间滑落下来，既然追涨找不到依据，那就在13日均线附近低吸，说不定主力突然高兴还扔个红包过来。

第六、七天，股价连续两天封涨停。

第八天，股价高开高走，顺势回落后雄风已经不在了。【一剑封喉】发出见顶信号，清仓出局。见图五。

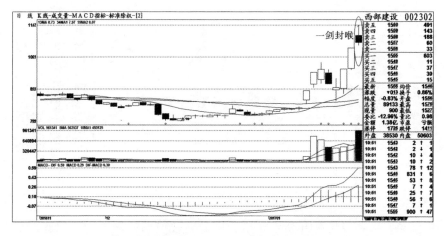

【一剑封喉】是见顶信号，清仓出局（图五）

两百多年前的中国处于清朝的鼎盛时期，GDP比美国高1倍以上，按今天的话来讲，美国是全球的贫困地区。但是，当时的美国人选择了独立，颁布了宪法。美国人就这样一代代地坚持，到目前为止，美国已经换了40多任总统，但国家的基本制度没有改变过，华盛顿领导制定的美国宪法没有改变过，即使他死了，美国人依然按照宪法做事，目前美国的GDP排在全球第一。而中国这两百多年来不断地在选择，如果我们当时选对了一种制度，坚持一种经济发展的方式不变，再加我们的起步条件比美国好，那我们现在可能就是全球第一。因为我们不断地在选、不断地在改，所以我们的优势迄今依然没有发挥出来。

5. 金瑞矿业（600714）。该股在淑女型【红衣侠女】出现以后，股价并没怎么涨，生性多疑的主力采用两组【浪子回头】对场内浮筹进行清理。【浪子回头】被确认以后，半仓跟进。接着，对前期整理平台发起攻势，然后以迅雷不及掩耳之势迅速攻克该山头，从成交量看，多空双方交战并不激烈，说明进攻的主动权一直掌握在主力手里，上对了车就应直达目的地。

第二天，股价高开高走，然后缩量封停。只是留下的缺口有点大，好在位置不高，否则，起码要考虑减仓了。

第三天，股价高开 6 个多点，如果不能迅速封停，股价将会展开一轮调整。结果开盘价就是最高价，盘中择高卖出一半。从位置上看，这个【独上高楼】是股价的第二个阶段性高点，调整结束后还可以买回来。

股价调整 4 天后，11 月 1 日，主力吞掉【浪子回头】最后一根阴线，表明新的攻势已经开始了，把先前抛出的筹码再捡回来。

11 月 7 日，连拉两个涨停板的主力又把股价送上第三个涨停板，然而，涨停板后来被巨大抛盘砸开了，主力第一个冲了出来，【一枝独秀】加不规范的【狗急跳墙】，双双催促迅速离场，清仓出局。见图六。

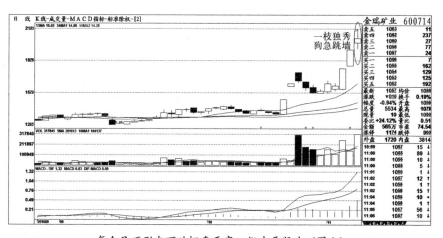

复合见顶形态下跌概率更高，抛出要坚决（图六）

　　股市属于有天赋的人，也属于认真的人，更属于在拥有天赋的领域认真钻研的人。人的能力可以有大有小，但不可以不敬业。

　　职业投资人不是磨去棱角变得世故而实际，而是从不声张的稳重与大气，是洗尽铅华的从容与大度，是历经磨难后的坚定与自信。

　　近代中国积弱积贫，由于没有强大的国防，成了任人撕咬的肥肉，要使新中国成为谁也啃不动的硬核桃，真正站得住，不受人欺负，就要有尖端武器。当年，在国内经济困难、物资匮乏的情况下，毛泽东决定研制"两弹一星"，因此，在 1958 年 6 月的军委扩大会议上他指出："原子弹，没有那个东西，人家就说你不算数，那么好，我们就搞一点，搞一点原子弹、氢弹，我看有 10 年功夫是完全可能的。"

　　原子弹研制出来后，但进行试验却要冒很大的风险，因为美国多次发出要打击中国核基地的威胁，为此，中央军委提出了两个方案：一个是"发展技术暂不试验"，一个是"不怕威胁尽早试验"，毛泽东一锤定音，"要尽早试验"。于是，1964 年 10 月 16 日，中国第一颗原子弹爆炸成功。

　　中国是世界上最大的汽车产销国，但是每年我们主要的钱都花在购买国外制作的发动机和汽车配件上；中国是世界上最大的空调生产国，但空调的压缩机和制冷剂大多是进口的；IT 技术现在发展迅猛，但无论操作系统还是芯片技术，我们都受制于人。

　　为什么核心技术都是国外的？因为，运用拿来主义马上可以获利，谁还愿意沉下心去研究技术？但历史一再证明，少走的路终究要补上，核心技术没人卖给你。好在中国已经意识到这一点，如今迈步从头越，而且目前已经形成赶超之势。中国人并不笨，来看一个事实：

　　与美、英、法相比，从第一颗原子弹到第一颗氢弹，美国用了 7 年零 4 个月，苏联用了 3 年零 11 个月，英国用了 4 年零 6 个月，法国用了 8 年零 6 个月，而中国只用了 2 年零 8 个月，比最快的苏联还快了 1 年零 3 个月。

炒股也是同样道理，为什么几年以后，别人一直在盈利的单子上加码，而你却一直在亏损的单子上补仓？人的智商都差不多！是你的功夫下得不够，是心浮气躁急功近利，沉不下心来思考问题，没有把握核心技术。但凡在股市赚钱的，都有一套属于自己的交易方法，人的命运的改变，不是靠运气，而是对规律的领悟和对方法的精确把握。

6. 共达电声（002655）。经过一波拉升，特别是【狗急跳墙】出现以后，股价犹如老太太过年，一年不如一年，因此，面对所有的见顶形态，我们要有敬畏之心，绝对不能在见顶形态出现时置之不理或无动于衷。见图七。

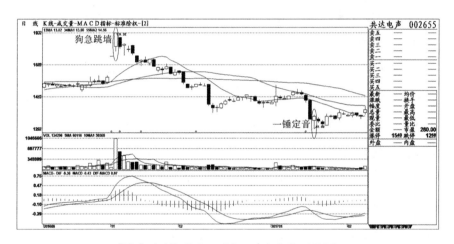

【狗急跳墙】是见顶形态，清仓出局（图七）

股价连续下跌 3 周之后，55 日均线没能挡住怀沙自沉的股价，拦截宣告失败。

下跌途中，股价先后遇见了【分道扬镳】和【一箭穿心】，然而，它们都哭丧着脸，甚至连个招呼也不打。持续下跌的股票，撕裂了所有持股者的心，就主力而言，好像已经没有兴风作浪的念头，也失去了跃起问鼎的锐气，场内的由疲惫、颓唐归于平静，只有日月星辰、春秋四季照常更替。可怜之人必有可恨之处，谁让你不在【狗急跳墙】出现时清仓出局呢！

股价经过长期下跌以后，图表上终于出现了【一锤定音】的止跌形态，表明股价的下探暂时结束了，可是，股价的反弹空间又有多大呢？尚需拭目以待。

从图上可以看出，股价犹如裹着脚的老太太，上涨时有气无力，甚至连55日均线都没敢碰一下，继续亡命天涯。

2017年1月17日，股价迎来了第二个止跌形态，也许【一锤定音】是阳线的缘故，股价没有再创新低，可以适当关注了。

股价从【狗急跳墙】时的19.32元，到第二个【一锤定音】出现时的12.02元，跌幅37.78%，用时48个交易日。历史的经验告诉我们：逃顶要快，抄底要慢。

苏轼的友人王定国有一名歌女，名叫柔奴，眉目娟丽，善于应对，其家世代居住京师。后王定国迁官岭南，柔奴随之，多年后，复随王定国还京。苏轼拜访王定国时见到柔奴，问她："岭南的风土应该不好吧？"不料柔奴却答道："此心安处，便是吾乡。"苏轼闻之，心有所感，遂填词一首，这首词的后半阕是："万里归来年愈少，微笑，笑时犹带岭梅香。试问岭南应不好？却道：此心安处是吾乡。"在苏轼看来，偏远荒凉的岭南不是一个好地方，但柔奴却能像生活在故乡京城一样处之安然。从岭南归来的柔奴，看上去似乎比以前更加年轻，笑容仿佛带着岭南内化的馨香，这便是随遇而安，并且是心灵之安的结果了。

7. 大华股份（002236）。该股经过半年的整理，55日均线基本走平，13日均线开始上翘，2017年2月8日，【红衣侠女】发出买进信号，轻仓试探。

为什么【红衣侠女】出现后，既不是半仓跟进，也不是重仓出击？因为，一是股价离节点稍远，股价可能还会反复；二是34日均线尚未上穿55日均线，上升通道没有被打开。

自从【红衣侠女】出现后，股价就不再涨了，有人说形态失败了，其实不然。我们知道，【红衣侠女】分4种类型，只有刚毅型的爆发力强，上升速度快，其他类型基本上都要等【均线互换】完成以后才会慢慢涨起来。看盘仔细，一般都不吃亏。

股价调整1周之后，开始缓缓上移，加仓。3天后又出现调整信号，减仓。然而在减仓的时候，【均线互换】完成了，遇到买点和卖点同一天出现，应执行哪一个？卖。

1周后股价重拾升势，再买回来。

3月7日，股价出现【一剑封喉】的调整信号，一切行动听指挥，卖。

3月9日，股价有止跌迹象，再买回来。

3月13日，股价放量上攻，且把【一剑封喉】收于帐下，然而主力用力过猛，形态像【明修栈道】，股价又刚刚超过前高，"创新高必回调"的幽灵再次附体，减仓。

主力极有耐心地用【走四方】清洗盘中浮码后，3月20日，股价重拾升势。

主力连拉5根阳线，【一枝独秀】发出离场信号，清仓出局。见图八。

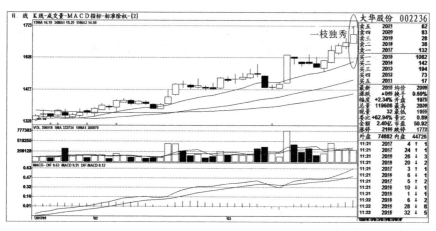

【一枝独秀】是见顶形态，清仓出局（图八）

8. 开尔新材（300234）。该清仓时不清仓，谁有股票谁遭殃。2017年1月5日，继【一枝独秀】后，【过河拆桥】再次发出离场信号，如果依然执迷不悟，很快就被主力砸晕。

股票交易由于没有做空机制，所以，人们绞尽脑汁地琢磨着如何买进，对卖出似乎不是那么上心。日复一日，形成"买股票不用教，卖股票教不会"的顽疾。这种陋习一旦形成，改起来非常难。按指令交易，有时并不随心，也正是这种制约，才使我们躲过了很多风险。

从图上可以看到，【过河拆桥】出现以后，股价展开一段断崖式下跌，躲在里面严防死守的哭都来不及了。断崖是山的伤口，也许会有壮丽的瀑布，然而此时此刻，恐怕你没有心情欣赏这种风景，如果你是空仓，那心情肯定不一样了。

主力拉升时不要命，出货时却不要脸。也许在主力看来，只有丧尽天良，才能满足欲望，这就是主力的本质。见图九。

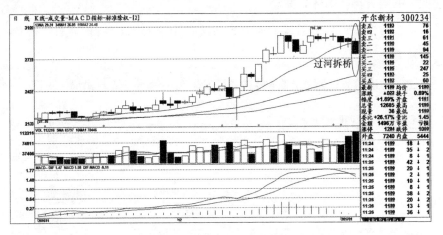

【过河拆桥】是离场信号，清仓出局（图九）

从业余到专业，除了理念上的转变以外，重要的是要完成从情结到细节的转变。只有完成从情结到细节的转变，才说明你已经能够客观地对待每一个形态和每一个细节了，无论是买与卖，基本不受情绪的支配。严格执行交易系统发出的每一个指令，既是一种坚持，更是一种信仰，这种信仰是执着的、宁折不弯的，是虔诚存在于心中并终身恪守的。

9. 汇嘉时代（603101）。但凡炒股之人，最好养成股价在上涨途中不抛股票的习惯，因为短线技术不过关，卖出的股票很有可能接不回来。拉升途中的震仓确实不好把握，但不要自己吓唬自己，没有出现见顶形态就匆忙卖出股票，更是错误的，但也不要助长贪婪心理死捂着不放。正确的做法是：守株待兔，耐心等卖点出来。散户的通病是：等买点心急，等卖点心慌。

该股经过一波疯狂的拉升之后，出现【拖泥带水】的离场信号，而且是涨停板被打开的【拖泥带水】，表明股价回调的概率更大，清仓出局。

清仓出局以后，要空仓一段时间，因为这个见顶形态的高点是35.48元，而上一个见顶形态的高点是35.50元，不要小看这2分钱，稍有不慎就会惹一身臊。从股价整体上看，主力人为地构筑了一个双头，不仔细瞧，很容易被疏忽。

第二天，股价低开低走，一度带量跌停，这根阴线是主力利用【落井下石】这个损招，锁定套牢盘，然后再慢慢出货。跌停板之所以又被打开，主力想告诉你，这属于正常回调，让你安心持股。随后，主力连续两天拉出阳线，这时，你会沾沾自喜，觉得不卖是对的，股价不是又涨上去了吗？主力要的就是你这种自信，让你死心塌地地替他锁仓，自己却心安理得地派发。

在股价的下跌过程中，卖出形态出现过5个，依次是：【拖泥带水】【落井下石】【过河拆桥】【分道扬镳】【一箭穿心】。主力的派发是一个过程，如果在第一时间没有卖出去，在接下来的日子里依然可以择高点卖出。

从【拖泥带水】到【一锤定音】，我们见证了股价下跌的全过程，眼睁睁地看着股价从 35.48 元一点一点地跌到 20 元，资金缩水是痛苦的，股价探底时是难熬的。下跌时间为 50 个交易日，跌幅为 43.63%。事实告诉我们：谁对见顶形态置若罔闻，谁就会付出惨重的代价。而且，我还告诉你，在下跌通道里抢反弹，死得更难看。

清仓看似简单，不就是把股票全卖了吗？但清仓以后不买股票，实则艰难。经验表明，不会空仓就赚不到大钱。见图十。

有时候股价的长期下跌，使得资金越套越深，心里会变得焦虑不安。我在想，既然这个股票不能给我们带来利润，那又何必还在这里苦苦挣扎、死死抗争，这不是在浪费金钱和生命吗？每个散户都会有不堪回首的记忆，有些事现在看起来很蠢，而当时深陷其中的我们并不这样认为。当然，被套以后每个人心里都感到很沉重，有业绩方面的、有家庭方面的、有生存方面的，这些压力有时会把人压垮，甚至把人逼疯。

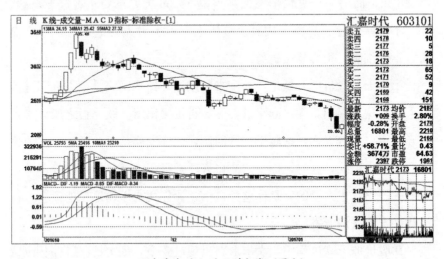

不会空仓的人赚不到大钱（图十）

一个人要走过多少弯路、隐藏多少伤痛，才能展示自己不屈的意志？一个人要亏多少钱、忍受多少折磨，才能找到股价涨跌的秘密？

毕竟，最终将我们锤炼成为股市赢家的是那些艰难时光，每一次亏损，都会在灵魂深处种下财富的种子，然后成为支撑我们走下去的力量。

如果你也走在迷茫的路上，此时伤怀而不知所措，我希望你能明白，世上没有什么地方比股市更能锻炼人了。如果没有穿越漫漫的黑暗，没有撕心裂肺的过往，就永远不懂【揭竿而起】的意义，也自然不会迎来【九九艳阳天】的绚丽多彩。

10.　东方创业（600278）。该股自从出现【一枝独秀】的见顶形态以来，主力经过3个月的拉锯式出货，终于出现【一阴破三线】，说明主力的去存库已进入尾声。以后的股价离开了主力的呵护，通常会变成自由落体运动。先前由于这样那样的原因还没有卖出股票的，【一阴破三线】就是让你出逃的最后通牒。这次匆匆一别，说不清猴年马月才会重逢。但凡知道这根阴线的市场含意的，寒气逼人的【一阴破三线】一定让你脊背上冒出冷汗，在主力的威逼下，该股已变得垂头丧气、满脸铁青，这时再不抛出，以后可供卖出的机会是少而又少难而又难悬而又悬了。见图十一。

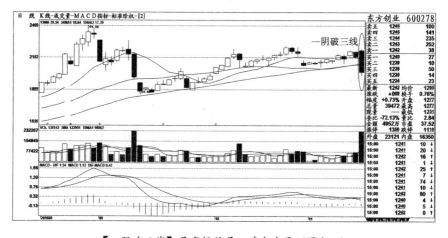

【一阴破三线】是离场信号，清仓出局（图十一）

若想获得炒股的经验，就要不断地解剖自己。在深刻反省的过程中你会发现，我们的性格上存在着很多缺陷，比如任性、主观、放纵等，但我们总是包容自己，总是对自己的缺点视而不见，甚至认为这种个性不会妨碍什么，然而正是这些不良个性，阻碍着我们的判断力，破坏着成功的良机。

人群为什么会分贫富两大阵营，过去我一直没有想明白这个问题，到了股市，对这个困扰多年的问题终于有了一个明确的答案：能力。能，就是要把握事物的规律；力，就是要有耐心和毅力，做起事来不惜力。普通人之所以是普通人，就是因为没有特殊的技能；散户之所以是散户，就是因为心太散，资金又太分散。

【一阴破三线】出现 3 天之后，主力再次沉重地宣布，凡是没有冲出去的，现在可打乱建制，分散【突出重围】，不管采取哪种方式，只要能活着出去就行。

12 月 12 日，左路军冲出去一部分，主力继续围剿场内残部。

一个月以后，右路军集中兵力，成功跨越 55 号封锁线，暂时摆脱了主力的围堵。

5 月 24 日，辎重及勤杂人员已经到了退无可退的境地，决定背水一战，结果损失惨重。股价从 22.62 元缩水到 11.34 元，半壁江山已经易帜。

无视离场指令，死活不听主力指挥的，即使最后不被主力五马分尸，也会个个成为高位截瘫。

但凡在【一枝独秀】或【一阴破三线】清仓出局的，一年之内最好不要碰它，这一年权当给自己放了假，带着家人出去消磨一下时间。

在股价下跌的过程中，我们将依次见到 3 个低点，而且下跌通道中的股价，每一次反弹都是一次难得的逃命机会。

即使见到第三个低点以后，也不许使用大量资金进行抄底。股价也许不会再创新低，但立即上涨需要新能量的配合。况且，筑底是一个过程，需要足够的时间去修复技术指标。135 战法中的 5 个底部形态，只是告诉你股价的调整已经进入尾声，什么时候重拾升势，需要主力重新营造形态，需要均线系统的多头呵护。见图十二。

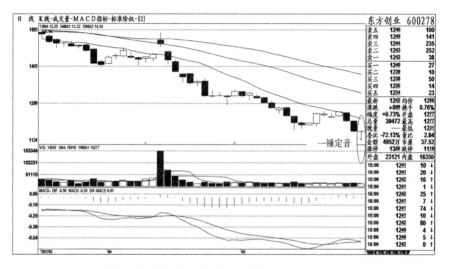

【一锤定音】是止跌形态，适当关注（图十二）

11. 丰元股份（002805）。该股属于次新股，发行价为 5.80 元，如果不是申购中签，很难在该股上获利。该股上市以后，主力一鼓作气连拉 22 个涨停板，当涨停打开时，股价已经从 5.80 元飞到了 61.81 元，打新股比卖毒品利润还丰厚。涨停打开又封上，形态是【拖泥带水】的离场信号。两千多万的流通盘，这天的换手率竟然达到 71.56%，主力已经不是在抢钱，分明是在掠夺了。我们知道，【拖泥带水】之后还有新高，不过 500 股赚得也不少了，就趁主力封着涨停板，赶紧扔给他算了，没准明天不对劲，又节外生枝了。

股价见了新高后，开始踏上漫漫回归路。

一个月之后，股价回调到 0.382 的黄金分割位时，得到 55 日均线强有力的支撑，随后展开一波强劲反弹，当股价升至 0.5 的黄金分割位时突然不再涨了，离上个高点仅差 0.15 元，如果先前没有在【拖泥带水】上把股票抛出，现在的【一枝独秀】同样是个离场机会。从股价整体趋势上看，主力为最后的派发刻意做了个双头。此时此刻，如果还不卖出股票，脑袋一定是进水了。见图十三。

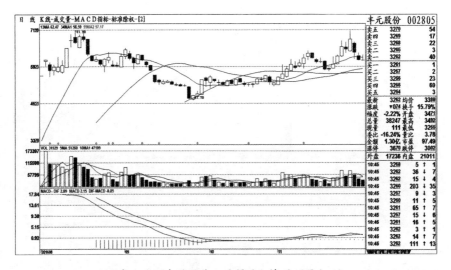

形成双头形态的股价，跌得更加惨烈（图十三）

当【一枝独秀】再次发出离场信号，如果还有什么多余想法，曾经的发财梦就会破碎。从图上可以看出，仅仅 1 个多月，股价就从 71.84 元跌至 35.25 元，跌幅 55.11%。

你可以委屈、可以痛苦，但不要让主力看到你的脆弱。在股市里很多机会转瞬即逝，像在车站告别，刚刚还相互拥抱，转眼已各自天涯。很多时候，股价走着走着就变了，盯着盯着就看不见了，看着看着就倦了，刚刚买进去就被套了，刚刚卖掉就火箭发射了。见图十四。

挑战主力是危险的，不听主力调遣是致命的。识图关过了以后，要下大力气处理好与主力的关系。"国小而不处卑，力少而不畏强，无礼而侮大邻，贪愎而拙交者，可亡也。"意思是，国家弱小却不懂得放低姿态；自己的实力不行，对实力雄厚的邻国没有丝毫无畏惧之心；不懂礼仪却肆意冒犯强悍邻国，贪婪固执却外交拙劣，这是要亡国的。在处理与主力的关系时，韩非子这段话值得深思。

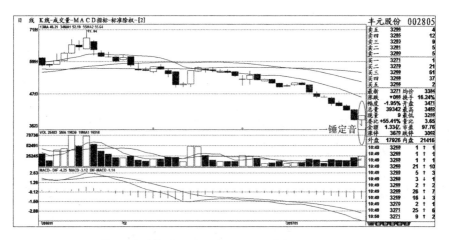

【一锤定音】是止跌形态，可适当参与（图十四）

此后，股价一路反弹到 56.60 元，直到把【拖泥带水】拽出来才算罢休。本轮反弹高度 66.20％，短线技术好的，也收获不菲。

从图表上不难发现，这个【拖泥带水】是下跌通道中第二个高点，不管是从前有没有卖出，还是最近抢反弹进去的，当【拖泥带水】的离场信号出现时还死乞白赖赖着不走，曾经的利润又会悄悄地回到主力的口袋里。

杨朱曰："智之所贵，存我为贵；力之所贱，侵物为贱。"前句是，而后句非。侵物以存我，贵贱何如？才智如嗜血之利器，不伤人，则伤己。锋刃两端，孰执一是？越是有技能的人，越是不随便滥用。

杨朱又曰："生，万物之所异也；死，万物之所同也。生则有贤愚贵贱，是所异也；死则有臭腐消灭，是所同也。"如此说来，人生到底有多少拥有不能失去，又有多少拥有是可以随时丢弃的垃圾？

　　主力很执着，但更固执。自从【拖泥带水】出现以后，主力第二天就开始【金蝉脱壳】了，经过 3 个月持续下探，股价总算见到了下跌途中的第三个低点。

　　有人问，既然 3 个低点都见到了，是不是可以抄底了？不是。股价从 71.99 元跌到第三个低点 25.51 元，跌幅 64.55％。超过 0.618 的黄金分割位，当然，不排除股价反弹的可能性，但现在认定这就是底还有点早，不管股价跌多长时间，也不管股价跌幅再大，只要没有【红杏出墙】出现，就无法确认股价的底部。该股 5.80 元的发行价，即使主力现在清仓大甩卖，每股仍有 20 元的利润，更何况跌不言底。按形态进退，一般吃不了大亏。见图十五。

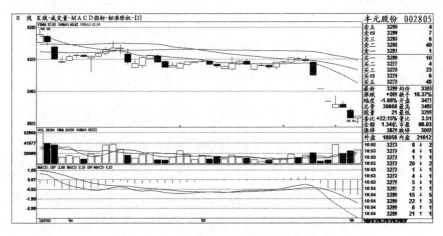

止跌形态出现可小单低吸，但不能大规模抄底（图十五）

　　该买时就买，该卖时就卖，每一个犹豫不决的挣扎，都是对资金的最大浪费。

　　按指令操作看似简单，但执行过程中却异常艰难，决定输赢并非指令的真假，而是执行者在它面前的反应。

炒股只会说庄短，何不回头把自量。今天贪它一斗米，明天失去半年粮。

第六章
满仓与空仓

满仓，是指该股上市以后从未涨过或近些年涨幅不大，而目前又有明确的买入形态，然后动用全部资金而对该股展开的一次满仓操作。

空仓，是指股价经过大幅拉升，见到 3 个阶段性高点以后所做的空仓处理，或对处于单边下跌的个股而采取的空头等候。

哪些股票可以满仓买入呢？一是该股近年来从未涨过或涨幅不大；二是股价经过长期下跌和充分整理以后，根据形态出现的位置分期分批地买入，直到把资金用完为止。但凡满仓的股票，一般要有大盘的配合，而且是前期整理时间足够长，起码该股没有恶意炒作过或有潜在利好。

哪些股票可以空仓呢？一是在行情透支的股票面前要空仓，二是均线系统处于空头排列时也要空仓。满仓易空仓难，不会空仓就赔钱。

阻碍我们赚钱的不是主力，而是理念上的模糊和行为的放纵。一个职业投资人，需要花大量时间去认识和把握股价规律，然后形成符合自己的交易风格的方法和操作纪律，它意味着你不能过正常人的生活，甚至要比别人多付出几倍的努力才行。一个异想天开而又无法自律的人，很难实现这个艰难跨越。

📊 经典案例

1. 宝通科技（300031）。该股经过充分整理以后，出现一个复合买入形态：【海底捞月】＋【红衣侠女】。这个【海底捞月】用时 37 个交易日，【红衣侠女】又是从不爱出风头的淑女型，所以，它们的出现并未引起人们的注意。复盘时发现它们只是窃喜一下，并不打算大张旗鼓地跟进。第二天逢低小单吸纳，权当进场挂个号，但在【均线互换】完成之前要建仓完毕。满仓的原则：不做为做，不做胜做。意思是：建完仓就把股票往地窖里一扔雪藏起来，盘中既不做高抛低吸，也不做分段计息，而是等行情走完后清仓撤离。满仓的资金必须是自己的，这个钱至少三至五年都用不着，退一步讲，即使这个资金被全部搁浅，也不会影响自己的正常生活。任何时候都不要借钱炒股，它会让一个本来很优秀的人变成人见人恨的赌徒。

【均线互换】完成以后，股价沿着 13 日均线不温不火地向右上方挪移，即使后来的整理，主力也是不温不火，股价始终没跌破 55 日均线，主力的良苦用心，由此可见一斑。

也许该股碰上狗屎运了，竟神奇地躲过了那场股灾。只是这种躲过并非主力的先见之明，而是 6 月 10 日恰好停牌。由于该股前期涨幅不大，始终没有进入急拉状态，表明它的行情还没走完。所以，即使复牌以后，股价不但没有补跌，当天还以涨停报收。尽管盘中数次被打开，但每次都被主力重新封住，当日量是一年来最大的，毫无疑问，主力在这根巨量上置换出去不少筹码，为了以后更顺利派发出货，主力最后依然选择了涨停报收。

有时候，卖股票根本不关注股价的位置，直到抛出才追悔痛惜，重新买进又缺乏勇气，那一刹那，你会感到失去财富的痛心和想象的卑微。炒股只会量庄短，何不回头把自量。今天贪他一斗米，明天失去半年粮。

股市潮水汹涌，形成大片漩涡。有时候，我们以为这些漩涡会吸走冬天，就能不动声色地释放盎然春意。后来发现，只要是进出点不当，很难实现赚钱的愿望。

有些股，似荷，只能远观；有些股，如茶，可以细品；有些股，像风，不必在意；有些股，是树，安心依靠。只有那些具备【三线推进】态势的，或近年来都不曾涨过而目前又有进场形态的股票，才是这样的树。炒股就像一场修行，只有心柔顺了，钱才会款款而来。

一次做了个梦，梦里主力对我说："我能玩得起，也能收得住。我可以专一到让你惊讶，也可以疯狂到让你害怕，请不要站在你的角度来审视我，我怕你看不明白。"醒来，惊出一身汗。炒股，一半是披荆斩棘，一半是急流勇退。然而人偏偏有一种天生的惰性，总想着吃最少的苦，走最短的路，要最大的收获。

虽然有些事情，主力可以替你做，但无法替你感受，而缺少了这段心路历程，即使你赚了钱，终将不能锁定利润。所以，该你走的路，一定要自己去走，别人无法替代，比如复盘、选股。

当我们自以为是的时候无法理解主力，当我们懂得主力的时候，荷包已经被股市掏空了。我们总在绞尽脑汁地寻找炒股绝招，却忽略了与主力沟通的技巧，真正读懂主力，先要学会识图。三百六十行，行行不容易，行行有规则。

随后，股价进入急拉段，连拉 3 个涨停后又出现一字板，在高位留下这么一个缺口，形态属于不规则的【狗急跳墙】，这不是好兆头，仓位重的不能再犹豫了。

【狗急跳墙】的第二天，股价高开低走，形态既不是【独上高楼】，也不是【暗度陈仓】。【独上高楼】通常以涨停板开盘，而【暗度陈仓】出现在这里，位置明显偏高，成交量偏大。主力为了更顺利地派发，并没有把股价打到跌停，也许是给持股者以希望吧。第二天，主力果然报收一根缩量的阳线。

第三天，股价仍以涨停板报收，此时此刻，持股者高兴还来不及了，早把卖股票的事忘得一干二净了。

第四天，【一剑封喉】发出离场信号，清仓出局。见图一。

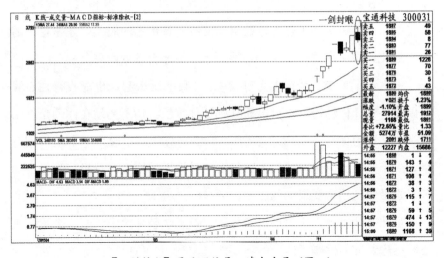

【一剑封喉】是见顶信号，清仓出局（图一）

也许你会说卖出形态不规范，没错，它的上影线不够长，成交量也不够大，但有一点要清楚，不管主力是出货还是调整，只要它的身影一现，股价都会跌。当我们把握了大量的规律性东西以后，就没必要用自己的想法去验证形态的市场属性。

当然，在【一剑封喉】出现的时候，能把股票全部清空是很难的，因为，你担心股价继续上涨，如果第一时间没有把股票抛出去，以后更不会再抛了，你会等待几天前曾经见过的那个价位。

做多需要技能，做空需要毅力。当股价调整几天后，有人会重新买进去，这时候，他也分不清主力是整理蓄势，还是反弹出货。一般讲，一波行情从启动到结束，股价会依次见到 3 个高点；行情结束，股价经过高位震荡，去库存的任务基本完成以后，在股价的回归过程中我们也会依次见到 3 个低点。

该股从【海底捞月】＋【红衣侠女】开始启动，到【一剑封喉】行情结束，用时 97 个交易日，涨幅 259.06％。

卖完股票以后，要空仓休息，不要再急急忙忙买进其他股票，部队打了胜仗之后，都会养精蓄锐一段时间。该股从启动到结束，用了 97 个交易日，股价回归所用时间只会多于拉涨时间，而不会是少于。现在，我们一起看一下股价的下滑过程。

从图上可以看出，股价跌破 13 日均线以后，主力为避免更大的抛盘，在股价下跌 26.75％后止跌反弹。随后股价向上反弹 25.7％，表面看，股价的下跌幅度与它的反弹幅度差不多，但股价的实际差别已经很大了。比如，下跌 26％，需要反弹 40％才能解套。股价反弹的高度，通常没有见顶形态出现时卖出的价位高。因此，见离场信号就走人，不要等反弹再出局。如果没有在前期将股票抛出，在反弹高点卖出就不能再犹豫了。

第一个低点出现后，股价的反弹高点为 12 月 16 日的【一枝独秀】，如果在这里依然不抛，就要跟随主力去见股价的第二个低点了。从图上可以看出，股价经过 21 个交易日的下探，迎来复合止跌形态【日月合璧】＋【一锤定音】，这时候，股价的跌幅为 47％，但股价仅仅上涨了 4 天反弹就结束了，43.8％涨幅，反弹力度不小，但要解套，股价需要涨 70％。

第一个反弹高点为 33.12 元，第二个反弹高点为 26.52 元，相差

6.6 元，反弹高点一个比一个低。由此可见，遇见卖出形态，不管亏盈都要坚决卖出，不要等股价反弹时再抛出，因为，反弹高点永远不会高过前期见顶形态的高点。

如果抱着侥幸的心理，没有在第二个反弹高点抛出，你将见证股价下跌的全过程，第三个低点很快就会与你不期而遇。股价经过 19 个交易日的下探，遇上【一锤定音】，股价止跌了，可我总觉得第三波的跌幅不够，它比第二个低点少 1.32 元，仿佛夹生饭似的。既然止跌形态出来了，就不能再有其他想法，因为形态说明一切。

该股从上涨到下跌，股票从满仓到清仓，又从清仓到空仓，股价的兴与衰，我们看了个清清楚楚、明明白白。在以后的交易中，该满仓的时候不要吓唬自己，该空仓的时候不要自作多情。见图二。

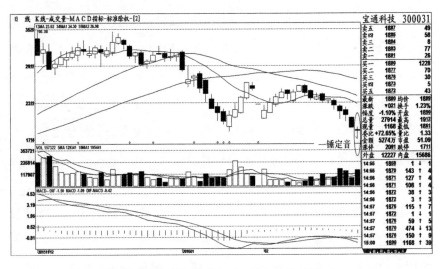

【一锤定音】是止跌形态，可适当关注（图二）

有时候，即使止跌形态出来后，如果没有成交量或大势的配合，股价也走不远。做股票的不能长一颗作家的脑袋，因为想象力越丰富亏损就越多。

美国在阿富汗抓拉登的经过很有意思。它的基本配置是 3 个人为一组：一个组织打仗，一个负责通信，一个负责武器。现代战争基本上都是这个模式，前端非常机动、非常分散，靠互联网调动中央后台，而后台的支持系统和指挥系统非常庞大，像 3 人的战斗小组，后台的支持系统大概需要 5000 万美元，特种兵每人的基本配置是 20 万美元。

美国政府做出决策以后，就开始进入执行阶段，他们照着卫星拍下的照片盖了一栋房子模拟拉登的藏身之所，然后找了 60 个特种兵，事先不告诉他们是什么任务，让他们在这个房子里训练了 40 天，最后这60 个人蒙着眼睛都能找到每个地方，而且完全是靠肌肉反应来射击。平时射击时，看见目标后大脑要反应一下，才扣扳机。肌肉反应就是看见目标就自动瞄准、自动开枪，专业到极致了。

那天晚上天很热，直升机降落时，螺旋桨产生的冲击力和向上的气流使直升机一下倾斜了，结果撞到了地上，指挥部确认没有人伤亡后，继续执行任务，每个特种兵头上装有一个摄像头，能把画面传回白宫，所以后来我们能在网上看到击毙拉登的镜头。在那么黑的情况下，这些人从一楼开始往上攻，只要看到一个人影，立马开枪，完全是肌肉反应。拉登从一个房间里出来，看见人以后刚想往回走，"砰"的一枪被打中心脏。这时候又是百密一疏，这帮人没带尺子，没法儿测量倒下的这个人的身高，马上报告给白宫。最后，他们把尸体装进专用袋，运到了航空母舰上。

什么叫专业？整个行动计划在 30 分钟内完成，实际用了 39 分钟。

于是，想起过去的自己，什么技能和训练也没有，竟然敢在股市里横冲直撞，最后光赔偿主力的精神损失费，就把一个本来很殷实的家推向贫穷的边缘，把一个视金钱为粪土的人逼得走投无路。

在那段灰色的日子里，虽然是穷困潦倒，但我在绝望中寻找着希望，在危难中保持着勇气，在探索中保持着信念，我用意志让自己的生命重新燃起火花。

如今有了自己的交易方法，反倒意识到一种可怕的危险，现在打死我也不会和主力死磕。

该股经过几次拉锯式的震荡，起色并不大。横盘 4 个多月以后，老谋深算的主力选择在这一天展开攻势，一定是有讲究的。股价突然高开高走，盘中带量突破近期高点，看阵势似乎要开始一波新行情，然而主力猛冲了一番却败下阵来，那根长长的上影线闪着寒气。【狗急跳墙】和【一枝独秀】同时露出狰狞的面目。

这个复合形态，在上午出现它是进场信号，在下午出现就是卖出形态，因此，一定要等形态趋稳后，才考虑是否买卖。

假如你有这只股票，在见顶形态出现时要敢于大胆抛出，况且，该股累计涨幅超过 6 倍，此时此刻，更要坚定卖出的决心。先把利润锁定。见图三。

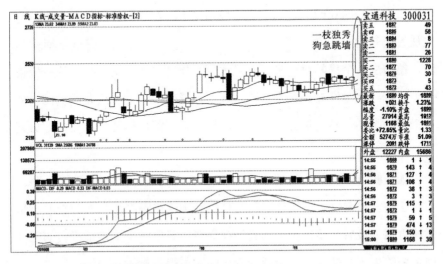

任何卖出形态出现股价都会跌，要小心（图三）

我们曾渴望逮住大黑马，到最后才发现，进退有据才是锁定利润最好的办法。

我们曾期盼别人的认可，到最后才知道，亏盈是自己的，与他人并无关系。

我们曾计较付出的回报，到最后才懂得，只有方法得当，才能够稳步获利。

2. 博云新材（002297）。该股曾有过从 7 元拉至 18 元的战绩，之后，主力展开过一次大的清洗，股价又从 18 元回落到 11 元附近，当持股者感到绝望，纷纷抛出时，股价却突然不跌了，而且相继出现【红杏出墙】【蚂蚁上树】【黑客点击】，特别是【均线互换】完成以后，如果上一波行情没赶上，当主力把上升通道打开以后，我们就可以逢低建仓，直到买到自己满意为止。

在未来的日子里，股价沿着 13 日均线顽强地向上攀升，盘中轻松越过前高点和成交密集区后一路前行。

图表上，不规则的【黑客点击】出现以后，目前的股价已是第三个阶段性高点了，表明行情已近尾声。特别是第三个高点出现以后，半月之内，股价在相对高位相继出现 3 个见顶信号：第一次是 5 月 27 日的【金蝉脱壳】，第二次是 6 月 2 日的【拖泥带水】，第三次是 6 月 15 日的【过河拆桥】。该股的主力有先见之明，在股灾之前已经两次提示人们离场了，然而，贪婪的人们把风险早就忘得一干二净了。主力在顶部区域几次出现离场形态，而股价不跌，原因在于主力是为了出货而不是深化行情。

【过河拆桥】出现之前，主力已经给过两次卖出信号，再抱侥幸心理，恐怕就事与愿违了。其实，对顶部的 3 个卖出信号，不管从哪个卖出信号抛出都是正确的，不能重犯过去的错误。从图上可以看出，【过河拆桥】以后，股价开始断崖式下跌，再强大的心脏，也经不起主力如此捶打啊。见图四。

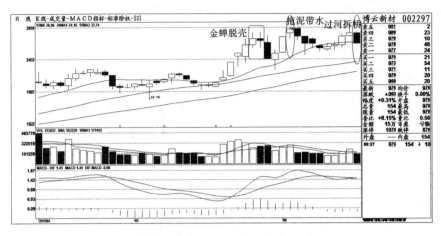

【过河拆桥】是卖出形态，清仓出局（图四）

从此以后，让我们戒掉随意买卖的坏习惯，宁肯孤单，心不再乱，你会发现：空仓的日子天空会特别的蓝。

那些闻名遐迩的投资大师，不管他们的投资风格还是人格魅力，冥冥中总有一种力量在吸引着我们，我虽然并不觉得自己有可能成为那样的人，但总是希望跟那些伟大灵魂能更接近。

我不信佛教，但我承认存在决定意识。坚信形态说明一切，纪律决定输赢。同时做股票如果不保持低调，肯定就耐不住寂寞做事情，对股市不能光有一份期待，还要有一份坚持。一个从不把自己命运交给别人的人，在股市却不惜以生命来捍卫指令的尊严。

3. 顾地科技（002694）。我们知道，【红衣侠女】分4种类型，最初喜欢刚毅型的，因为它涨幅大、获利快，但责任与担当也大。后来又慢慢喜欢上淑女型【红衣侠女】，它不张扬，又很低调，所以很难引起人们的注意，不过，一旦走近它就会发现，这种性格温顺、说话柔声细语的个股，从行情启动到结束，与它的性格一样来也轻轻、去也轻轻，别看它身材瘦小，能量却大得很。

我们注意到，在【三军集结】的时候，淑女型【红衣侠女】也藏身其中，满仓操作就是选择那些不显山不露水，又有形态陪伴的个股。在建仓时，坚持逢阴必买，逢低必买，但每次入货要保持适度，直到把资金用完为止。

天涯或者海角，我都把你追随，不离不弃；千里或者万里，路遥不是问题，深情如昔；三年或者五年，我一定要找到你，矢志不渝。

满仓操作要具备四个条件：一是该股前期涨幅不大；二是买入时一定要有形态；三是日线和周线应有共振；四是持股要有"不动如山"的定力，任尔东西南北风，我自岿然不动。

从图上可以看出，自从淑女型【红衣侠女】出现以后，股价一直沿着13日均线不露声色地向上爬升，这时候，不管股价走了多长时间、涨幅大小，只要不急拉，行情就不会结束。

12月13日，股价高开高走，【一石二鸟】敢在这么高的枝上栖身，一定要有神力保护，这个涨停板标志着股价已经进入了急拉状态，行情已经到了尾声，静等主力的出局指令。

12月14日，股价高开高走，然后顺势回落，但回落的股价已是雄风不在了，场内的要注意了。

作为职业投资人，要把重复性的东西规范化，用纪律去约束交易行为。认真对待主力的每一个指令，交易时心要诚。凡是不按指令交易的，要心甘情愿地接受主力的惩罚。另外，买入时注意形态的细节和资金的相互保护，不过多担心股价的涨跌。经验是与主力长期磨合的产物，算计主力往往会遭到主力的疯狂反扑。交易失利要敢于面对现实，既不抱怨，也不赌气，认真查找失利原因并及时改正。交易顺利时，容易使人飘飘然，如不及时引起警觉就要出大事。认错是一种觉悟，纠错是一种能力。

图中这根K线是个四不像，它没有【一剑封喉】那么咄咄逼人，也没有【独上高楼】那样居高临下，更没有【金蝉脱壳】那样阴险毒辣。实盘时遇见这样的形态又该如何处理？卖不忍心，留又不安。先看它的 Y 值：14.96 元，说明股价已进入顶部区域，对于涨幅超过200％、见顶形态又不太明显的个股，最好的方法就是获利了结，起码要做减仓处置。见图五。

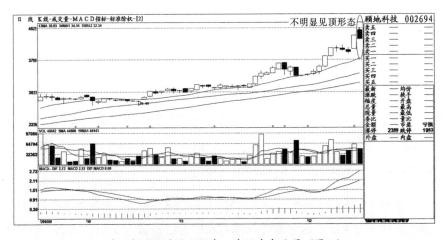

对不太明显的见顶形态，先做减仓处置（图五）

人畏火，知避之，则能保全。人轻水，常戏之，则溺。股票是虚拟货币，看得见，摸不着，所以经常吃亏，还噩梦不断。

"互联网＋"刚刚成为热词，很多人就奢望成为马云和刘强东了。其实，在任何一个行业取得成功，都是一场熬人心血的持久战，不是几个回合就能实现心中的梦想。成群结队聚集在股市淘金的人们，他们也曾站在股市的风口浪尖，为何始终把握不住股价质变的节点？那些数不清的交易，哪一次属于进退有据？几乎所有买卖都是在"浮躁的心，不安的手"的情况下完成的，最终才发现，炒股赚的每一分钱都是长期历练的结果。

4. 银河磁体（300127）。且不管股价是怎么涨上来的，只说【狗急跳墙】卖出信号出来以后，如果不做清仓处置，先前的利润就会一点一点地还给主力，甚至出现不盈反亏。当股价出现见顶形态的时候，要坚决卖出；当均线系统处于空头排列的时候，就坚定不移地空仓等候。实践表明：不会空仓的人锁不定利润，经常抄底的人全是捐委会主任。见图六。

有人说，在股市赚钱很难，我告诉他，那是你还没有悟出道来。悟出道以后，赚钱的速度比你想象的要快。既然认定了炒股，就赶紧让自己上道，尽早结束滥竽充数的尴尬局面。混迹股市这些年，亏吃多了，多少也算有了一点悟性，写出来供大家参考：

一是学。人常说：没文化，真可怕。可文化到底是什么，是学历，是经历，还是阅历？其实，文化包含四个方面：①根植于内心的修养。在股市要摆正自己的位置，学会与主力进行沟通。②无须提醒的自觉。有一个交易方法，该干什么不该干什么要心中有数。③以约束为前提的自由，遵守交易规则。④为主力着想的善良，只要你还在交易，任何时候都要做到令行禁止。

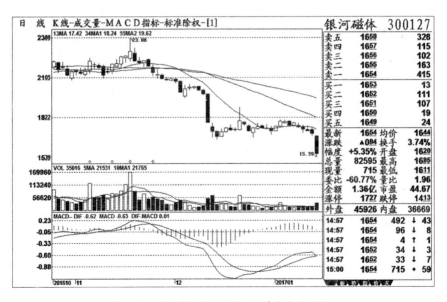

均线系统呈空头排列的时候，应学会空仓（图六）

二是玩。人如果没有生存技能，没有赚钱本事，短暂的人生也并不好熬！过自己想过的日子就是好日子，要自己想要的活法就是好活法。它和官位、财富没有必然联系。炒股，目前对我来说，它既不是工作，也不是负担，而是一种休闲。交易期间可以不买，可以不卖，但一定要看。

漫画家蔡志忠说："我用 10 年的时间名满天下，赚了 1000 万。倘若重新给我选择的机会，我就用这 10 年去看看高山，听听流水，别的什么也不做。"作家王蒙说："我更倾向未成名前简简单单的读书生活。"一些早已体验了世间百味，经历了无数荣誉与挫折，走过了不尽弯路与坎坷的成功人士说出这样的话是毫不奇怪的。然而，那些从来都不曾奋斗过，从未获得过成功的人，却也标榜着平平淡淡才是真，这与成功人士成功之后回归平平淡淡的心境并无共通之处。不成功却也标榜着追求平淡，其实是无能的一种托词。

三是做。炒股没有固定不变的模式，每个人对股市看法不一样，适合自己的就是好方法。但一个好的交易系统肯定对你的交易有帮助，我们的眼与手、大脑与资金都是这个系统的组成部分，所有的一切都在围绕着交易的节奏旋转。人在系统面前失去的是自由，得到的却是财富。

四是悟。看的书多了，交易次数多了，吃亏上当多了，走弯路多了，就会有比较，比较就是"悟"，就是突然有的盘感，知道什么时候该买、什么时候该卖、什么时候该减仓、什么时候该加仓、什么时候该清仓。

五是舍。交易系统给的是卖出指令，就大胆地将股票抛出，不该留的坚决不留，按指令进退，就会省去很多麻烦，懂得舍就会变得很轻松。

有人在追涨杀跌时紧张得上气不接下气，有人忙活半天迎来的却是灾难和意外，甚至是更低的效率和更坏的结果。我们究竟需要用多长时间，需要付出多少血汗才能换来心态的平稳？急功近利这个恶魔根本不会让人们停下来，只要账户上还有资金，晚上睡觉心里就觉得不踏实。

六是了。我看到很多散户在纠结，要么买得早了，要么卖得晚了，缺少一种豁达，每一次交易不一定都很精彩，但在卖点出来的时候，该结束时就结束。

炒股到底赚多少钱就够了？只要房子有了、车子有了，一百万和一千万没有多大区别。人的生存成本并不高，是欲望把我们的心给弄得支离破碎了。只要放平心态，你就会发现，我们所拥有的远远超过我们所需要的。

以上是我混迹股市的 6 点体会，不一定适合你，但曾国藩的人生"六戒"，或许对你会有帮助。

第一戒：久利之事勿为，众争之地勿往。

一直都能获利的事不要做，所有人都到的地方不要前去。前句说，人不可太贪，日中则移，月满则亏，物盛则衰，保持头脑清醒。后句是说，众人争执的地方不要去，容易惹麻烦。《论语》云："危邦不入，乱邦不居。"大家都去争抢的利益，你就不要再凑热闹了。

第二戒：勿以小恶弃大美，勿以小怨弃大恩。

《礼记》云："好而知其恶，恶而知其美者，天下鲜矣。"不要因为主力的缺点就疏忽它的优点，不要因为主力的掠夺就忽略了主力的馈赠。

第三戒：说人之短乃护己之短，夸己之长乃忌人之长。

经常谈论主力缺点的人，其实是在掩饰自己的缺点，夸耀自己的长处，其实是在嫉妒别人的长处。"存心不厚，识量太狭"的人在股市活不太久。

第四戒：利可共而不可独，谋可寡而不可众。

《战国策》云："论至德者不和于俗，成大功者不谋于众。"交易有指令，照着做就是了，用不着和谁商量，征求别人的意见，反而动摇你的意志。

第五戒：古今之庸人，皆以一惰字致败。天下古今之才人，皆以一傲字致败。

因为大家都是普通人，所以勤奋才能成就事业。有才的人更容易成功，但因孤傲自大而败之。

第六戒：凡办大事，以识为主，以材为辅；凡成大事，人谋居半，天意居半。势者，因利而制权也。

5. 新海宜（002089）。在该股的走势图上，【金蝉脱壳】已经两次出现了，如果再不获利了结，以后不管发生什么，都是咎由自取了。

"人并不缺智慧，只是有一点愚昧。"比如，之前我们买入某只股票，总是希望它能涨到某个价位，现在开始明白，那纯属异想天开。再比如，某种形态之所以出现，并非所谓的突然而至、因缘巧合，而是早已埋下种子，只是在形态未现身以前，我们看不清楚。在不了解这些的时候，我们有钱买股票，却不能保证赢钱。

有时候，主力的砸盘无情地碾压着我们的钱袋和尊严，让我们苦不堪言，就像吃到一只苍蝇一样难受。你可能会说，散户和主力太不公平，涨与跌全由主力去操控。我想说的是，所有的钱都是主力给的，为什么不能言听计从？

从亏到赢只有一步之遥，但这是难以跨越的一步，"只认指令，不管输赢"的人才能跨越这实质性的一步。只有对指令没有任何私心杂念的人才会得到主力的呵护。一个人能不能把每周盈利3个点的目标变成现实，除了每天坚持复盘，关键在于他能否一以贯之地把操盘计划坚持到底。见图七。

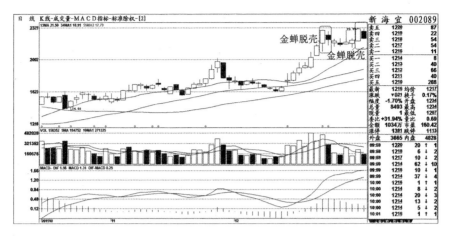

【金蝉脱壳】是卖出信号，清仓出局（图七）

　　股市反映的是整个市场的心理预期，这就无法回避三大定律的影响：墨菲定律、贝勃定律和杜利奥定律。墨菲定律是指，如果事情可能变坏，不管可能性有多少，都会发生。比如中国股市的历次股灾，刚开始是一点一点地下滑，后来变成明目张胆的砸盘，特别是"国家队"奋力救市时，大盘犹如扶不起的阿斗，谁能想到，股市越救死得越快。贝勃定律则是一个社会心理学效应，当人经历强烈的刺激后，之后施予的刺激已变得微不足道。即第一次刺激能缓解第二次小刺激。比如，一只股票深套后，另一只再套时就会变得麻木。杜利奥定律被视为与墨菲定律相反的一个定律，乐观是成功的基石。比如，股价塌方式下跌，可能使持股者面临猝死的命运，但也可能面临新生。因为股价只有在谷底，才能构成对新高的向往。比如，在【马失前蹄】出现的时候，股价的反击力度往往会很大。

　　一个人不管在哪个年龄段，都有自己的辉煌，只是收获各有不同。比如，年轻时，收获青春与活力；成年时，收获成熟与魅力；老年时，收获经验与睿智；暮年时，收获平静与安详。成功时，收获喜悦与快乐；失败时，收获悲伤与泪水。生命的历程，事事必有收获。

　　当温饱不成问题的时候，时间就变成了特殊的消费品，但我不会泡在酒楼茶肆，也不会在歌厅桑拿死磕，我会走遍祖国的天涯海角，不仅会在海滩上晒太阳，也会去横穿沙漠。

　　在人多粥少的股市里，靠炒股赚钱养家的确是一条人烟稀少的路，我并不认为这是一条错路。

　　6. 和仁科技（300550）。现在的新股上市后，连拉几十个涨停板已经不是什么稀罕事，像这种严重透支行情的个股，如果不知道形态的市场意义，一不小心买进去，恐怕要被套一个世纪。

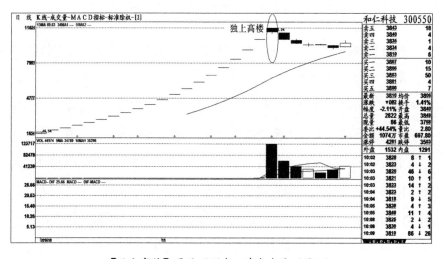

【独上高楼】是见顶形态，清仓出局（图八）

　　该股上市以后，人们就是想不明白，它为什么会连拉 20 个涨停板？从 12.53 元的发行价一直涨到 110.24 元，如果不是【独上高楼】拦住去路，说不定穿过云层，再飞一程。见图八。

　　然而，在【独上高楼】出现后不抛出，即使是中签的原始股，利润也会慢慢丢失，没准哪天还会跌破发行价；【独上高楼】是见顶形态，它出现后，不管以什么理由买进，都会亏得一塌糊涂。【独上高楼】出现以后，不管股价以前是怎么涨起来的，现在它会一点一点地跌下去，出来混，迟早要还的，此话言之有理。

7. 古鳌科技（300551）。说完了和仁科技，再说古鳌科技，它俩同一天上市，同一天见顶。尽管它们一个搞电子机械，一个搞软件信息，业务上风马牛不相及，但它们做到了同日生同日死。也许这只是特例，恰好被我们撞上，然而，当不同的股票出现【独上高楼】的形态，它们的命运又有着惊人的一致，但凡出现【独上高楼】这种形态，股价都会程度不同地下滑，至今仍无一例外，这是股价规律使然。因此，不能对任何个股上的【独上高楼】抱侥幸心理。见图九。

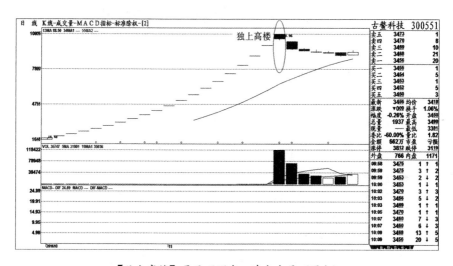

【独上高楼】是见顶形态，清仓出局（图九）

比尔·盖茨几乎把自己的青少年时光都用在了计算机程序开发上，到他大二退学创办微软公司，这期间他编程 7 年，远远超过 1 万小时。据说，当时世界上有盖茨这样经历的人不超过 50 个。因此，当个人计算机进入家庭时代的黎明时刻，能占据有利位置去拥抱第一缕曙光的人，自然非"盖茨"们莫属。

心理学研究表明，人在生活中做好这几件事情，他们的人生就堪称完美。

①保持一颗平和的心态，它是一种精神寄托。

②事业的成功是通向财务自由的途径。

③给家人更多的时间，为孩子提供良好的教育。

④有更多的精力去消费时间，必要时给家族成员提供经济帮助。

⑤交更多朋友，有更深的交情，被更多的人认可。

⑥有良好的健康状况，至少有一部高级轿车。

⑦先立身，次行道，再慷慨助人。

⑧有一处或多处房产，不必为一些意外开支担忧。

⑨在一个无忧无虑的环境中，做着自己喜欢做的事情。

8. 三力士（002224）。该股经过大涨以后，主力为了派发需要，在相对高位反复震荡。有一天，股价高开低走，带量跌穿 13 日均线，13 日均线也由上翘变成了弯腰，表明大部筹码已被派发出去。于是，主力一招【过河拆桥】，闪了。当你遇见这个形态时，不管哪天进的场，不管是亏是赢，都必须果断出局。否则，后果很严重。

经过两周下跌，8 月 1 日见到一个止跌形态【一锤定音】，然而股价仅仅反弹到 55 日均线附近便开始新一轮的下跌。又经过两周下跌，股价由 25.10 元跌至 18.80 元，跌幅 21%，用时 11 个交易日。

股价又经过 4 个月的下跌，出现了第二个【一锤定音】，股价由 8 月 11 日的 21.09 元跌至 12 月 13 日的 14.28 元，跌幅为 28.55%，用时 76 个交易日，股价仅反弹了 3 天，便在 55 日均线处止步。自此，主力开始寻找第三个低点。

股价又下探 1 个多月，迎来第三个【一锤定音】，股价从 17.16 元跌至 13.18 元，跌幅 13.34%，用时 21 个交易日。

该空仓时不空仓，会出现两种结果：第一，先把利润退回去；第二，要缴纳股票消费税。

刚炒股那会，没想过亏钱，也没想过会遭这么大的罪，天真地想买了股票就是等着赚钱，股市里每一只股票，在我看来全是一副黑马相。后来发现，中国股市纯粹靠股价波动来赚钱，如果进出点位不当，亏钱被套就是家常便饭。后来在媒体的指导下，在股市里风雨兼程，在个股中窜来窜去，最后被主力授予"杀富济贫的散财高手"称号。当资金成为新的主宰的时候，新的焦虑也随之而来。一涨就追，一追就套，一套就卖，一卖就涨，一套就急，一急就割，一割就飙，一飙就傻。见图十。

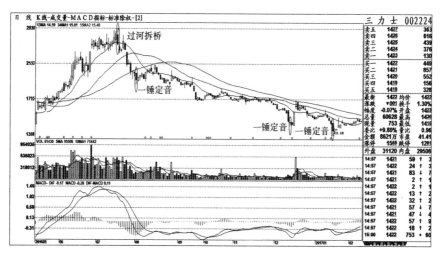

不会空仓的人永远锁不住利润（图十）

赚钱只是短暂的瞬间，被套则是漫长的。容易把自己弄伤的，是对进出点位的模糊不清；在很长一段时间里，我对盈利始终充满着缺憾，由于钱来得太突然，去得也很干脆。

买与卖是个人的事情，只能自行了断，你可以对股价的走势感到失望，但在具体操作上决不能任性。凡是炒股能赚点小钱的人，交易方法总是与众不同。明星是出了名才有钱，炒股是赚了钱才出名。

股市就像一座监狱，进去时容易，出来时难，那些任何准备都没有，却想在股市大捞一把的人可要想清楚，你进来是想住三年还是住五年？炒股不是把所有主力都杀光了，你就能富起来那么简单。每一个伤口都是主力留给我们的耻辱，这种伤害是痛彻心扉的，但千万不要好了伤疤忘了疼。

股价为什么涨，为什么跌？它在上涨或下跌之前会出现什么形态？这些问题搞不明白，就弄不清自己的钱去哪里了！遇到问题先找原因，然后再想解决的办法。被套以后不是死捂，而是先跳出界外，然后再重新寻找进场的机会。

对规律性的东西有了大量的把握之后，就能对股价以后的走势有一个大致预判，但预判不对会加重心理负担，按形态进出要省心得多。

偶尔在股市赚了一点小钱，就把自己当成一匹狂奔的野马，加上冒险心理的驱使，常常对资金的使用会有一种暴力倾向，殊不知一场灾难悄悄而降。

有错误要认真检讨，而不是瞎抱怨。只要不追求完美，就能避免不必要的痛苦。在缺陷中不断成长，最终却"温柔了岁月，惊艳了时光"。

9. 上海易连（600836）。该股在【一剑封喉】的见顶形态出现以后，股价便踏上漫漫无期的回归之路，虽然途中有两次不错的反弹，但终究未能扭转股价的下跌趋势。因此，遇上离场信号，不管是否有诈，都要在第一时间往外冲，逃出之后，先稳定一下情绪，最好保持一定的空仓时间，起码不能在下跌通道中重新买入该股。

当别人的股票在涨，唯独你的股票在下跌，你会不会有换股的冲动？相反，当别人的股票在跌，而你的股票在涨，你会不会忘乎所以？假如这些都有，说明你还很浮躁。从大的方面讲，主力因介入该股的时间不同，导致启动有先后，不过一轮大的行情下来，大部分股票的涨幅都差不多，从这点来说，只要你有耐心，机会是肯定有的。从小的方面来讲，股票进退是有节点的，理解这个很重要。

当股票破掉守仓底线，是期待逢凶化吉，还是小亏出局？如果你选择前者，说明你还有很长一段路要走；如果选择后者，表明你已经融入主力的阵营。通常讲，主力对上涨的股票都会精心呵护，并且不会让股价随意破位，既然股价破了位，说明调整已经不可避免，出局才是正确的选择。

有人认为，凭所谓的技术就能跑赢市场，这是一个天大的误区，所有的股市高手都是对趋势做出正确的判断以后才去寻找波动的节点。一个人应该有血性和自尊，但必须和自己的实力相匹配，否则就是飞蛾扑火。

该股经过 7 个月的下跌之后，迎来了除权，谁知除权后股价接着往下跌，股价从除权时的 13.65 元跌到 7.95 元，因此，再有潜力的股票，也要等一个形态的出现，当然，这需要极大的耐心。见图十一。

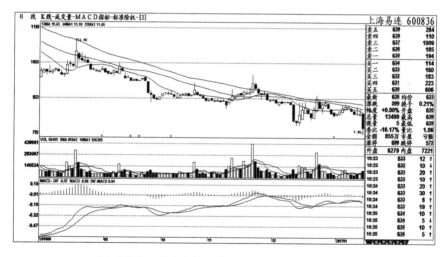

下跌通道中股票个个像猛虎，千万不要碰它（图十一）

当我们掌握了 135 战法以后，原来看似神秘莫测的主力，其实也不过如此。当我们不了解市场和股票的时候，总认为主力神通广大，无所不能；当我们有了失败的教训和技术的积累以后，特别是有了自己的技术分析方法，就会发现，主力操盘和我们没有什么不同，面对变幻莫测的市场，也是战战兢兢、如履薄冰，稍有不慎，就可能导致灭顶之灾。因此，主力使出浑身解数，炮制消息，制造骗线，极力掩饰自己的真实意图，由于主力资金大，一举一动都会在盘面上留下痕迹。如果我们能够按照135战法给出的提示进行适当操作，主力只能把你视为朋友，因为他已经无法再伤害你了。

主力，是散户的天敌，但谁离开它也赚不到钱。在某种意义上，主力也是股市人生的一种激励，是成功之路必不可少的点缀。没有主力的股票，股票就是死水一潭，有庄的股票，股价才会变得波涛汹涌、浪花飞溅。想明白以后，就不再把主力当敌人，所有的机会和利润都是主力给我们的，对这一点要心存感激。

随后，股价开始站上13日均线，由于13日均线没有走平，因此，还不能把它视为【红杏出墙】，股价又经过1周的整理，13日均线终于走平，所以，可以密切关注了。

有时候，关注某只股票，并非立马买进，而是等待股价质变节点的出现。等，固然忍受时间的煎熬，却能避免被主力活埋的悲剧发生。

走势图上，股价高开高走，然后放量上行，主力依次超过13日均线、34日均线和55日均线后，攻击意图昭然若揭，特别是【一阳穿三线】的招牌动作一亮，跟风盘一股脑地往里冲，这可是千年等一回啊，重仓出击。

该股从【一剑封喉】到【一阳穿三线】，用了整整17个月，而本次行情从启动到结束只用了4天。

股市从来都不缺幻想家，即使你心里想得再美，在该买的时候没有买进去，在该卖出的时候没有卖出来，你的发财梦就会像肥皂泡那样很快地破灭。

学会了识图，就知道了每根K线的市场含意，就会减少操作中的失误。天天盯着自己手里那些半死不活的股票是永远无法走出困境的，请扪心自问：为什么买了就套，卖出就涨？如果是切入点不当，说明你没有按指令行事。指令是什么？指令是主力的化身，是规律的体现。我们是谁？是执行者！势单力薄又手无寸铁的我们，除了借助主力的力量去实现我们的愿望以外，我不知道还有什么更好的捷径能够帮助我们改变命运。捍卫指令，就是服从主力的调遣与召唤。我们偶尔也会听到要战胜主力的声嘶力竭的只言片语，那是生命行将结束的哀号，这种哀号就像一个行将就木的人在断气之前发誓不怎么样就死不瞑目一样苍白无力。

2月17日，经过快速拉升的股价出现放量滞涨，这是主力要跑的征兆呀，尽管我们不愿相信这是真的，但形态是【一枝独秀】的离场信号，清仓出局。见图十二。

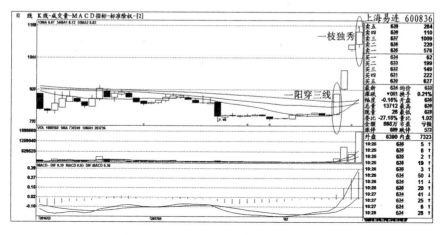

【一枝独秀】是见顶信号，清仓出局（图十二）

10. 创业环保（600874）。该股自从【一枝独秀】的卖出形态出现以后，股价从 19.46 元跌至 7.00 元才罢手。随后长期在 55 日均线附近宽幅整理。短线技术好的，做点差价，也能赚个小钱。

当【红衣侠女】发出进场信号，由于 55 日均线没有走平，说明股价还会有反复，轻仓试探。

后来，股价走势若明若暗，K 线排列阴阳相间。根据股价的位置及其运行时间，目前已初步构成【三线推进】的形态特征。在股价正式启动之前，主力郑重其事地搞了一次压价逼仓，不了解主力意图的人以为是苛刻的逼宫，对知道主力意图的人来说，是一次顶好的低吸机会。

从【红衣侠女】出现到现在，已经 1 月有余，3 月 31 日这天，股价终于出现一根缩量小阳，这根不起眼的小阳，说明主力压价逼仓的战术已经进入尾声，适当加仓。

4 月 5 日，受设立雄安新区重大利好的影响，京津冀概念的股票几乎全线涨停，这时候感觉是不是买少了？但谁都没有前后眼，按形态跟进又突遇重大利好，只是一个意外，但这等好事不会每次都让我们赶上。

4 月 6 日，股价高开 5 个多点，开盘后却选择了下探，当务之急是减仓，而不是去找原因。卖出股票后你会发现，13 日均线上穿 55 日均线，【海底捞月】已经浮出水面，因此断言，股价的下探不会太深。

4 月 7 日，股价低开，下探，转身上攻，没想到这三个规定动作京津冀的主力们也玩得这样老练，以前还总以为这个招数是中小板和创业板主力的专利呢。先把昨天抛出的买回来。

当盘中股价开始冲击昨日开盘价的时候，13 日均线也不失时机地穿越 34 日均线，这样一来，均线系统的多头排列就形成了，主力要动真格的了，重仓出击。

4 月 12 日，主力连拉 3 个涨停板之后，发出【一剑封喉】的离场信号，这是该股拉升以来出现的第一个阶段性高点，主动减持。减多少？总仓位的 13/16。见图十三。

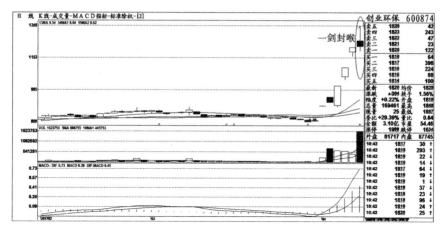

【一剑封喉】是见顶形态，即使主仓也要减掉大半（图十三）

对股价位置的正确判断和对资金的合理使用，是锁定利润的关键。过去，股市曾经让我们去疯，主力曾让我们去狂，但每次买卖都像梦一样。特别是主力伤害了我们还一笑而过，欺人太甚，又无可奈何，实际上是我们愚蠢至极，怪我们有眼不识泰山。如果早点认错就会早点解脱，早点看破就不会再去死磕。就这样死过几次之后才发现，跟不上主力变化的步伐，就永远跻不进财富的王国。如今，对着主力敢承诺，没有指令就候着，股票交易本寂寞，心浮气躁要惹祸。

4月17日，不知道什么原因，该股又被停了几天牌。复牌后股价低开低走，且一度跌停。先买回5/16。其实，主力的性子有点太急，像这样过度清洗只会过早暴露自己的意图，况且，这样的震仓效果并不好。

4月18日，股价低开高走，而且开盘价就是最低价，暗示股价不会再跌下去了，只是量能不够，主力也在观察市场动静，把另外的8/16再买回来。

4月20日，【一枝独秀】发出离场信号，不应该啊，股价没涨多少，离第一个高点也太近了。把它视为第二个阶段性高点也太委屈这个【一枝独秀】了，但是，【一枝独秀】是见顶形态，绝对不能置之不理，减仓 13/16。

4 月 21 日，主力又把股价砸到跌停板上。弱弱地问一下主力：你们把门都堵死了，谁还能跑得出去？只会给你的铁粉一个低吸的机会。而那些买进去就等着赚钱的主，即使再砸下来几个跌停，他们也不会走了，因为早就被凶狠的砸盘吓傻了。不管别人如何议论你们，我先接 5/16 再说。

4 月 24 日，和上次调整如出一辙，又是缩量小阳，股价已经离 13 日均线很近了，不知它的支撑怎样？拭目以待。

4 月 25 日，股价低开，主动在 13 日均线附近挂个预埋单，也就是把另外的 8/16 买回来，结果低吸成功，随后，股价转身上攻，全仓跟进，主力也不含糊，你敢买我敢拉，一会工夫，就把股价封上涨停板。

输时难耐凄凉，交易不能乐业。买也不安，卖也不安，买卖树不起理念，把那些撒欢的野马当作自己追逐的目标，在物欲横流的市场如何做到出淤泥而不染？那就要不被市场诱惑牵着走，不被自己的欲望牵着走，不被道听途说牵着走。

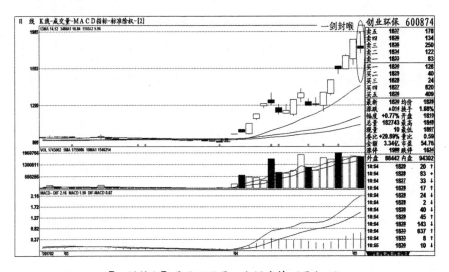

【一剑封喉】是见顶信号，大幅减持（图十四）

5月3日，主力持续拉出5根阳线之后，股价突然大幅低开低走，接着转身向上拉了，上涨4个点时，股价顺势回落，但直至收盘前再也没有响起冲锋号的号角，形态是【一剑封喉】离场信号，这该是第二个阶段性高点了，老规矩，减持13/16。见图十四。

股价回调1周后，重拾升势，把抛出去的再悉数接回来。

5月15日，连拉3根阳线后，主力已是气喘吁吁，但股价依然是高开高走，主力拼尽全力还是把股价勉强封住涨停。看得出主力太累了，在涨停板上刚刚歇了一会，就被盘口的封单撕开了一个口子，这个小口子，把主力置于进退维谷之地。撤吧，担心别人砸盘，守吧，心有余而力不足，结果，主力无奈地把自己架在空中硬撑，形象有点尴尬，属于【狗急跳墙】的离场信号，这是本轮行情启动以来，我们见到的第三个阶段性高点，也就是说，主力要说再见了，清仓出局。见图十五。

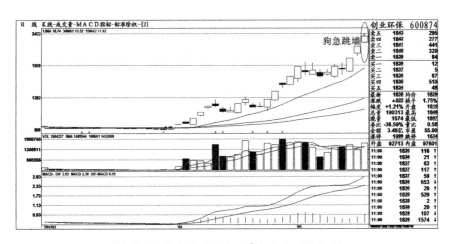

【狗急跳墙】是见顶形态，清仓出局（图十五）

形态至简，交易单纯。买点就是买点，卖点就是卖点。它们犹如一幅水墨丹青，简洁而寓意深远。买点有画意，卖点有深情。与庄本无缘，全凭我有钱；如今随庄去，遮风又挡雨。一个善于动脑又不惜力的人，一个忠于指令而又忘我的人，不仅主力会嘉奖他，股市也不会让他一直穷下去。

人前的潇洒是人后的艰辛换来的，任何一个成功都蕴藏着滴血的悲壮。

第七章 $

分段计息

分段计息，是指从一个攻击形态买进到另一个见顶形态卖出，原则上不做任何差价。它是 135 战法中一种快捷的获利方法。

哪些形态可以按"分段计息"操作？如【红衣侠女】【破镜重圆】等，多买 55 日均线以上的攻击形态，少买或不买底部形态。

分段计息，操作难度高，需要做两个训练：复盘和练点。复盘，就是把两市个股认真地看上一遍，然后把符合某种形态的股票选出来，作为明天的跟踪对象或攻击目标。复盘训练劳动强度高，且枯燥无味，对人的耐力是个极大的挑战，日复一日的坚持，有时会把人搞得很疲劳。所以，多数人不赚钱，都是因为懒，而且都是在复盘训练时夭折的，而不纯粹是被主力挑于马下。换言之，复盘关过不去，成绩不会稳定。道理很简单，你连女朋友都找不着，还指望谁给你生娃啊？复盘除了训练人的耐力，同时训练和培养人的眼力和选择能力。比如，复盘时发现有一大批【红杏出墙】在某一板块出现，那么，这个板块就有可能成为近期的市场热点，当然，我们不可能把这个板块的股票全买回来，只能从中选择几只，这时候，就要考验你的选择能力了，如果训练不达标，你精心挑选的股票有可能是最差的一个。

练点训练，主要是解决知识与能力对接的问题。比如，复盘时发现一个有价值的目标，第二天必须跟踪它，如果有攻击节点出现，就应该大胆跟进。

如果说复盘训练培养的是人的耐力、眼力和选择能力的话，那么，练点训练则是培养知识与能力的对接，是提升操盘水准的重要途径。

分段计息，所用资金的比例是多少？假如 100 万资金，扣除提前预留的 20 万准备金，每次按资金总额的 5/16 去把握，原则上不超过资金总额的一半。也可根据实际情况灵活处置。

分段计息，股价在行进过程中有一个显著特点：K 线基本上都以阳线或星阳线出现，如果行进途中出现阴线或星阴线，说明该获利了结了。

专注和简单是操作的关键。简单比复杂更难做到，只有理清思路，才会把阳克阴、阴克阳摆弄清楚，真正做到专注于简单，你就会创造奇迹。

经典案例

1. 皇氏集团（002329）。该股除权后，曾走过一波可圈可点的填权行情，最后基本上把除权留下的那个缺口给填满了。在此后的半年时间里，股价跌跌不休，直到跌回起涨的原点才罢休。股价跌起来是没有底的，那些死在抄底路上的勇士已经不计其数，然而主力别说给发抚恤金，甚至连个烈士的荣誉称号也不给。因此，抄底要慢，逃顶要快。

随着成交量的温和放大，股价重新站上 55 日均线，但在前高点附近，主力精心构置了一个空头陷阱，当成交量萎缩得不能再萎缩的时候，主力悄悄进入预设阵地，随时准备展开攻击。

当股价站上 13 日均线不久，不规则的【红杏出墙】发出买进信号，由于股价离 55 日均线太近，不知能否冲破它的反压，轻仓试探。见图一。

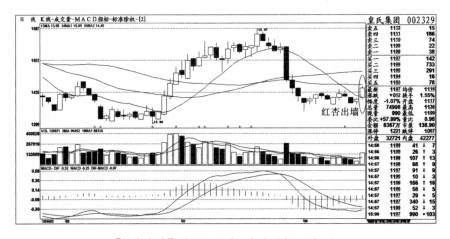

【红杏出墙】是买入信号，轻仓试探（图一）

买进就涨，卖出就跌，是股价涨跌规律使然，并非哪个人的绝技。但凡经年混迹股市又能走到今天的，绝对不是一只胡乱扑腾的菜鸟。染房不出白布，凡是靠炒股养家的，绝对不是等闲的角儿。

第二天，股价在 55 日均线附近缩量徘徊，主力仿佛是在踩点。

第三天，股价平开高走，然后携量上攻，适量加仓。

第四天，股价高开低走，和昨天的高点打了个招呼立即折返，然后，在成交量的配合下，主力一举突破近期高点后长驱直入，少顷，股价被牢牢地钉在涨停板上。

第五天，股价依然高开，回调不补缺口，攻击异常给力，盘中拿下 18.30 元的前期高点后直奔涨停板，但这个缺口是个不安稳因素，好在它出现在前期高点的下方，否则就应视为竭尽缺口了。尽管形态是【狗急跳墙】，由于位置偏低，可以暂时持有。

8 月 22 日，股价高开高走，上涨 9 个多点的时候，主力突然停下脚步，似乎要和谁切磋一下，这是主力削人的前奏，【一剑封喉】闪着寒光，咄咄逼人，惹不起总躲得起吧。见图二。

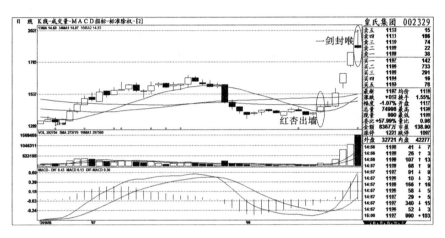

【一剑封喉】是见顶形态，即便可能卖错也要卖（图二）

选对一个形态，选对一个切入时机，然后再等待一个卖出形态，再选对一个抛出时机，一笔利润基本就能够锁定。

起初，我们对主力是陌生的，通过几年交手，彼此打量很久，最终还是彼此接受了对方。我们和主力共处一个矛盾体中，但主力是矛盾的主要方面，拥有最终的决策权，我们是矛盾的次要方面，隶属于主力，否则，矛盾的主要方面就会吃掉矛盾的次要方面。因此，要找准自己的位置，处理与主力的关系，它比寻找黑马更重要。

当然，散户虽弱，但不至于弱得一点获利的机会都没有；主力虽强，但也不是强到可以一挑众散户。只要耐心足够，就不愁找不到主力的空档。我们不和主力争主角，但心甘情愿地做个配角总可以吧。

2. 中航西飞（000768）。2015 年股灾时，主力也没能独善其身，元气大伤的主力破罐子破摔，愣是看着股价跌了整整 1 年，股价也由

48.50 元跌到 15.80 元，跌幅 67.4%。当股价在悬崖边上徘徊时，千万不要去救它，不然的话，救不了主力，摔死的反而是你。

股价经过长期下跌和充分整理以后，它的 13 日均线开始上穿 55 日均线，股价收阳线，是一个复合买入形态：【海底捞月】上的【红衣侠女】。迟来的买点，有如晚点的火车，奔跑得格外迅猛，燃烧得分外惨烈，这就叫好饭不怕晚，半仓跟进。见图三。

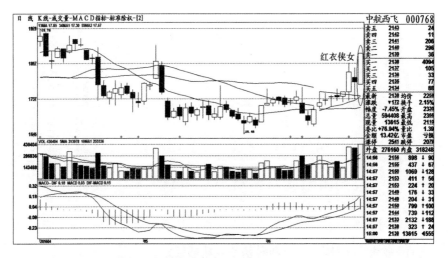

复合买入形态成功概率高，机会不可错过（图三）

在股价横盘时，收获宁静与平和；股价震荡之时，收获焦躁与不安。在股价的潮起潮落之中，收获激情与孤寂；在平淡无奇的炒股经历中，收获跌宕起伏的心潮荡漾；在变化无常的股市中，收获悲喜交加的不期而遇。任何一种经历都是一种收获，任何一段生命都能收获一个故事。

面对数千只股票，如果没有一个有效的选股方法，交易时就会做出糟糕的选择。在没有认识形态之前，面对那些萍水相逢的股票，尽是他乡之客；认识形态之后，就能分清谁是财富之源，谁是害群之马。

第二天，成交清淡，收一根小的假阳线，因为今天的收盘价比昨天的收盘价低 2 分钱。这根假阳线由于位置偏低，所以不能把它视为【节外生枝】。

第三天，集合竞价时股价竟然高于 5 月 5 日的高点，开盘后，股价非常自然地缓缓回落，从成交量上看，场内情绪稳定，说明只是散户在抛。注意这根小阴线，同样不能把它视为【独上高楼】，因为它的位置偏低，没有出现在它该出现的位置上。

股价的涨与跌往往使人失去最起码的判断，但很多人会沉溺其中，不能自拔，一个已经迷失自己的人，又怎能看得清楚股价的真实走势呢？

第四天，股价高开高走，盘中一度冲击 3 月份的成交密集区，由于股价没能站稳 19.80 元，所以，不能把今天的表现视为有效突破。

买股票当天被套，可能心有不安；如果套久了，就会变得心安理得。赢一次，还想赢得更多；输得再多，却总想一次就把它捞回来。

有人发誓要炒股养家，可是连最基本的图形都看不懂，又怎么在股市里混呢？特别是亏了以后，神经变得紧张兮兮的，夜里睡不着，有时闭一会眼，老是纠缠在光怪陆离的梦境里，有时主力对他怒目而视，有时对他狰狞狂笑。半夜惊醒以后，两眼瞪着天花板，常常不知身在何处。这样的状态也能赚到钱？

用意志突破心理障碍，靠纪律控制浮躁的心态；在形态尚未确认之前，一定要耐心等待。无为在歧路，亏损在盲目。买卖按指令，利润能锁定。

第五天，主力高举高打，股价有效突破前期的成交密集区，可以适量追加一些资金，但不得超过规定的额度。

第六天，尽管股价低开，但开盘价就是最低价，在成交量的配合下，攻势一波胜似一波，股价很快被推上涨停板。

这一天，34 日均线上穿 55 日均线，正好是【均线互换】，从理论上讲，它的完成，表明股价的上升通道已被打开，但股价位置离节点太远，所以这个【均线互换】的性质是蹬腿型的。由于它出现的位置不当，可以表述为：【均线互换】完成之日，股价下跌之时，场内的适当减仓，场外的暂时不进。这就是我们对"相同的形态出现在不同的位置，其市场意义是不一样的"诠释。关注形态，更要弄清位置。

第七天，股价跳空高开，然后带量拉升，主力三下五除二就把股价推上了涨停板，但涨停开开合合，主力显得很狂躁，最后干脆撕开一个口子，成交量顺势而下，股价跌落几个台阶后被主力接住了，然后在主力规定的幅度内迈着碎步缓缓移动。盘中发现，主力利用横盘悄悄置换筹码，高位的【狗急跳墙】式的【一枝独秀】发出离场信号，清仓出局。见图四。

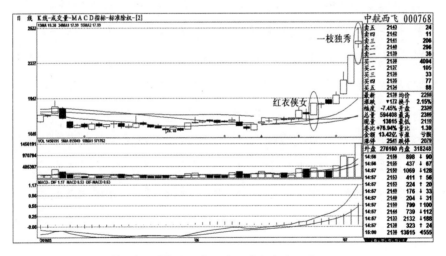

【一枝独秀】是顶部形态，清仓出局（图四）

分段计息是获利速度最快，也是最安全的一种方法。采取这种操作方式要有扎实的基本功，既能在攻击节点出现时跟进，也能在见顶形态出现时撤出。分段计息这种操作模式，不是与主力争利，而是绝对地服从主力。最重要的是内心的坚定，控制住自己的感情和欲望。

人们基本上知道自己在社会中的地位，却搞不清楚自己在股市中的站位。所以老是吃亏又总不服输。造物主创造了人类，也创造了每一个不同的自我。由于每个人的身体状况、智能结构、心理特点以及左右半脑的发达程度各不相同，因此，在股市里境遇也有很大的差别，人只有正确地认识自己，才能避免与主力发生正面冲突。实战中弥漫着浮躁与焦虑的气氛，这种情绪损害了不少人的健康，有时候从容一点、慢一点，或许更能领悟主力的用意。

3. 浙江美大（002677）。该股除权后，股价一直围绕着均线系统窄幅波动。不久，主力又搞了一次压价逼仓，把不该挣钱的统统驱逐出局。随后又整出一个不伦不类的【一阳穿三线】。种种迹象表明，主力近期该有动作了。

主力在完成【一阳穿三线】以后，连续拉出两根小阴，随后又对这个【一石二鸟】进行确认，轻仓试探。见图五。

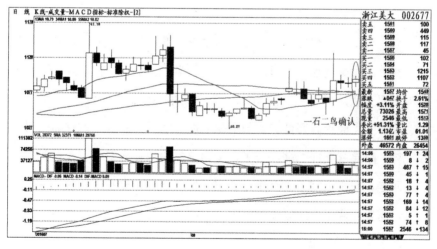

【一石二鸟】被确认以后，可以轻仓试探（图五）

第二天，13 日均线上穿 55 日均线，股价放量突破前期整理平台，股价报收阳线，这是一个【海底捞月】上的【红衣侠女】。

此时的【红衣侠女】为一生中最美丽的年华。它年轻，但不至于幼稚；它成熟，但不至于发酵。她的气质，经过多年股市文化的熏陶愈加显得文静，她的美丽，在岁月的冲刷中越加妩媚。

记得那是很久以前，曾遇上过这样的红衣，那天开盘不久，【红衣侠女】就闪亮登场，实在按捺不住内心的激动，就顺手买了进去，谁知不到 10 分钟，股价就像一匹受惊的野马狂跳不已，最后一炮蹶子就把我掀翻在地，摔得血肉模糊，满地找牙。收盘时已经被套了 4 个多点，后来发现，这个【红衣侠女】的位置离节点太远，操作上属于抢点，亏钱纯属理所当然。

时过境迁，面对突然而至的【红衣侠女】，虽然对那次操作失败早就没有了冷酷的仇恨，当然也不会有冰凉刺骨的轻蔑。唐突佳人，固是人生不可承受之快，错过机会，却是千古难以承受之恨。说时迟那时快，对准这个【红衣侠女】就是一阵猛扫，资金的半壁江山瞬间换成了主力的旗帜。

第三天，股价惯性上扬，先在盘中寻个低点买了 5 万股，然后在股价加速上扬时又追加 10 万股。即使按分段计息操作，有时候也要攥起拳头，而不总是用 10 个指头挠人，资金的集中要符合股价的变动。

第四天，股价高开低走，但下探有度。随后，股价一波连着一波展开攻势，眼看就要冲上涨停板了，主力突然想起什么事情，于是掉转身子往回走，与主力打了这么多年交道，这个动作太熟悉了，说明主力喝高了，需要躺躺了。这时候，千万不要心存幻想，先做减仓处理。

第五天，股价低开，盘中震荡加剧。主力浑水摸鱼，但【金蝉脱壳】的伎俩还是被人识破，聪明的主力为掩人耳目，顺手拿起一块红布往美女头上一罩，曾经的美女已是别人的新娘，不要过多纠缠，清仓出局。见图六。

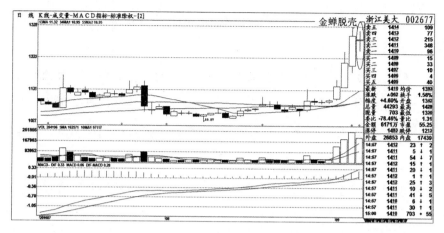

【金蝉脱壳】是见顶形态，清仓出局（图六）

面对卖出形态，不管亏盈，都要坚定地出脱持股，这样才能锁定利润或不被全歼。见顶形态既然已经出现，它最终都会有必然的结局，如果不在见顶形态上买进，而是坚定地卖出，这不仅对自己，对资金也是一种呵护。

股市高手除了独到的眼光，还要有资金流的支持，不然的话，纵然空怀绝技也会与财富擦肩而过。当然，不是所有的股市高手都具备资金掌握能力，但对资金认知和掌控能力强的人，实战时会避开很多麻烦，回旋余地也大。

4. 渤海股份（000605）。任何一只股票之所以能够走出一波行情，可圈可点的东西实在是多。收盘后，把寻找黑马的经历转移到研究牧马人身上来，或许能够早日骑上黑马。通过解析该股，希望投资者能够汲取一些有用的东西。

且不管该股以前做了多少准备，在它没有形态出现之前买入都是不可取的。

自从13日均线上穿55日均线，【黑客点击】出现以后，股价的情形就完全变了，从18.45元涨到7月14日不规范【独上高楼】出现时的 20.90 元，8 个交易日尽管涨幅不大，但也有 13.28%，按形态进退省心省力。

然后，股价调整到该股起涨的原点，甚至比原点还要低，股价上涨 13.28%用了 8 个交易日，但回调却用了 12 个交易日，而且股价下跌 15.50%。也就是说，如果从【黑客点击】切入后一直捂股不动，别说获利，还亏两个多点。按分段计息操作，必须从一个攻击节点买入到一个见顶形态卖出，不管亏盈都坚决执行指令，特别是买入形态要符合"量、价、线、形、位置"五要素。

【破镜重圆】的出现结束了股价调整，但它的量价却不符合买入要求，一是股价为 18.14 元，没有吃掉昨天的阴线；二是量为 25745 手，而昨日量为 27886 手，差 2141 手，尽管第二天股价涨上来了，并且这一波行情比上一波还大（股价由 18.14 元涨到 23.50 元，涨幅为 29.55%），但不符合分段计息的操作要求，所以要坚决放弃。

第二个【破镜重圆】出现且符合买入要求，先看它的价，20.20 元比昨日高 0.12 元；再看它的量 61405 手，比昨日多 1596 手，属于量价双覆盖，半仓跟进。见图七。

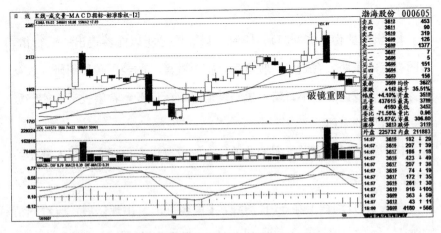

【破镜重圆】属于攻击节点，半仓跟进（图七）

始终把主力的利益放在第一位，绝对不当愣头青。如果从【独上高楼】买进，跟主力死磕，就会被打得鼻青脸肿，所有的医治费用都需自理。

多数人对于接踵而来的失败，只是痛心疾首而一筹莫展，唉声叹气且又无可奈何。当时并没有想过怎样跳出主力的包围圈，而是躲在被套的股票里战战兢兢，结果被主力打得血肉模糊，一地鸡毛。

亏吃多了，就开始长记性了。对于失败的交易，要有舔伤裹创的气度和做派，错了就是错了，不要硬拖。要有承认错误的勇气，也要有改正错误的行动。面对顶部形态或迫于大势所做的减仓或清仓不是临阵脱逃，而是保存实力的有效手段。练就一身过硬的闪转腾挪功夫，实战中的回旋余地会变得广阔起来。

第二天，股价带量站上 13 日均线，盘中补上了下跌时留下的缺口。

第三天，股价高开高走，盘中几乎没怎么回调，就急匆匆地冲上涨停板。可见，急脾气不只是散户的专利，主力暴躁起来更是夸张。股价突破 8 月 29 日的高点，被困已久的人质终于盼来了亲人解放军，然后又手舞足蹈地跳起《小苹果》，兴奋之情溢于言表。从成交量看，恶意抛盘的不是很多。

从股价位置看，我们暂时不能把这个缺口认定是【狗急跳墙】，当然，这个判断有待以后验证。

第四天，股价高开低探，震荡加剧。好在股价下探时回补了缺口，预示着股价还有新高。由于这个【一枝独秀】出现在刚刚突破的高点之后，不妨再等一下。

第五天，股价低开高走，盘中突破昨天高点，直奔涨停。

第六天，股价依然低开高走，只是越过昨天的收盘后，主力死活不往上拉了，最后整出个四不像的卖出形态，清仓出局。见图八。

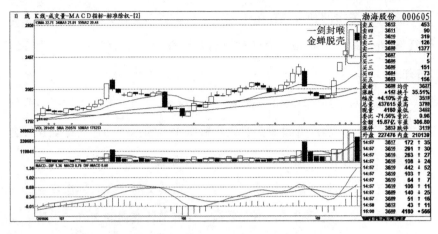

【一剑封喉】【金蝉脱壳】都是见顶形态，清仓出局（图八）

股价从 9 月 5 日的【破镜重圆】，到 9 月 12 日的【一剑封喉】，实际运行 6 个交易日，股价由 20.20 元升至 26.66 元，涨幅 31.98％。

在创业者眼中，最容易被忽视的是创业资金的积累，创业过程中对资金的巧妙利用，以及创业资金的合理分配非常关键。一句话，就是忽视了对创业资金的管理。现实生活中，人追项目、项目追钱的事情简直太多了，结果是越追越累，越追越辛苦，甚至被钱远远地抛到了后面。

炒股也属于创业的一种，既有成功，也有失败，但更多是亏损的。当我们抛开稳定的收入，踏入股市这片荒蛮之地时，兴奋与孤独、放弃与忍耐、绝望与重生，无时无刻不在挑战着我们，那感觉让人欲罢不能，深陷其中，炒上几年股，将收获完全不同的人生体验。

人性有一个共同的弱点：赢了想再赢，亏了就追加资金。直到有一天没钱买股票时，才会消停下来。有人开始思考，有人试着总结。从进出点位到资金布局，从目标搜索到实盘跟踪，从一贫如洗到腰缠万贯，这一切都需要时间，需要持之以恒的努力。

5. 普丽盛（300442）。【红衣侠女】出现后，股价本应长驱直入，而主力偏偏放出【一石二鸟】来震仓。由此可见，把原理当真理，有时比无知更可怕。

任何一只个股在拉升之前，主力都会做大量的准备工作，比如筹码收集、资金布局、技术铺垫等，不像我们想象的那样，主力说拉就拉，想砸就砸。

股价形成双覆盖阳克阴，这根阳线也是对【一石二鸟】的确认，半仓跟进。见图九。

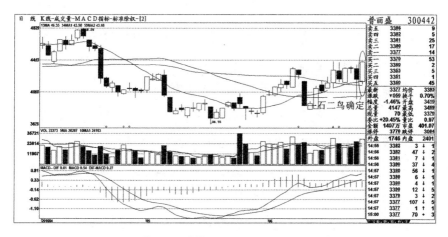

被确认的【一石二鸟】，也是一个不错的买点（图九）

买股票要有依据，使用资金要按比例。比如，分段计息通常是半仓操作，原则上不做差价。防震仓能力不过关的，基本上都是半途而废。

按某种形态买入以后，第二天形态失败了怎么办？无条件止损出局，不采取任何自救措施，自救需要更多的时间和经验，功夫不过关的最好放弃。一般说，买在55日均线上的攻击形态的成功率很高，但什么事情都有例外，形态失败，出局就是了，用不着大惊小怪，亏个小钱就说不幸，有点太小家子气了！除了意外死亡，其他都算不上不幸。

随后，主力极有耐心地垒出一组错落有致的阳线【走四方】，不慌不忙地进行蓄势整理，这时候，要么你出局，要么你接受。当然，对于炒股上瘾的人来说，如果几天不交易，那滋味比独守空房的怨妇更难熬。

无论是单边上涨，或是单边下跌，股价都会朝着一个方向行进。在平行整理时，股价波动幅度就像限速的泥泞路，就算你是开着法拉利战车的舒马赫，你也得慢慢地爬行。

有人能够透视，有人善于瞎蒙。尽管每每失误，可从未想过去改。宽恕主力有时候并非因为慈悲，而是因为需要，打不过的敌人就是朋友。

我们注意到，主力结束整理，股价重拾升势。

第七天，股价低开高走，主力开始为突破前期整理平台做着准备。

第八天，股价低开高走，然后放量突破前期的成交密集区，盘中一度冲击涨停，遗憾的是，只差1分钱就能登顶了，主力突然没这个兴趣，退兵30里安营扎寨，直到收盘再无战事。

第九天，股价高开，稍作下探即被强行拉起，在成交量的簇拥下荣登涨停板，场内的自然喜出望外，场外的打破头也要往里冲。涨停板如闹市野兔，向无常主，人人得而逐之，从成交量上看，场外的冲进去不少。有人就是喜欢追涨停板，而且从来不顾股价的位置。

股价连拉9根阳线，这个涨停板显然是主力在【明修栈道】，即使【九九艳阳天】成立，也需要阴线的回踩了。这时候与其虎口夺食，不如另起炉灶，清仓出局。见图十。

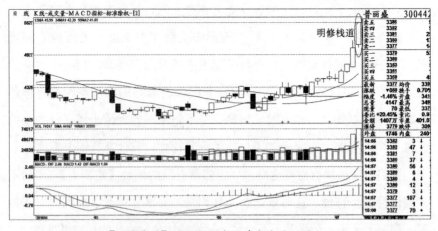

【明修栈道】是见顶形态，清仓出局（图十）

在交易过程中，会遭遇种种误判。有些误判，让人觉得可笑；有些误判，让人觉得可耻；有些误判，让人觉得可怜；而有些误判，却让人感到彻骨的寒冷。欲知前世因，今生受者是；欲知后世果，今生行者是。

买卖可能不止一回，但分段计息的质变节点只有一次。

6. 昇辉科技（300423）。该股【黑客点击】出现以后，股价顺势拉升，由于均线还错着位，主力连涨 3 天后，采用【浪子回头】驱赶获利盘。

伴随着温和的成交量，34 日均线上穿 55 日均线，【均线互换】完成，预示着股价的上升通道已被打开，半仓跟进。见图十一。

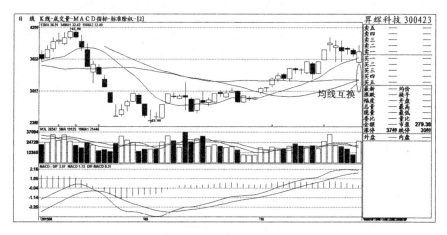

【均线互换】的完成，标志着股价的上升通道已被打开（图十一）

主力一鼓作气连拉 9 根阳线，最后一根阳线出现了【拖泥带水】和【晨钟暮鼓】的离场信号，这时候即使没有见顶形态的出现，也应考虑到【九九艳阳天】之后阴线回踩。经验丰富的当天可抛出，心存侥幸的第二天发现低开，转身上攻时，明智地择高出局。智慧不是聪明绝顶，而是从经历的事件中悟出的道理。

从【均线互换】到【拖泥带水】，股价从 38.10 元升至 55.16 元，9

个交易日，获利 44.77%。分段计息有时比零存整取还牛，即不受调整的折磨，获利速度也快。按分段计息操作需要两个条件：一是通过复盘找出有价值的目标股，二是严格执行买卖指令。

不论股市多么精彩纷呈，但凡参与其中的，他们的资金都或快或慢地捐给股市，只有修正对股市的判断，找到适合自己的方法，才能慢慢锁定利润。智慧与谬误，永远难解难分地交织在一起，所以，股市里有赚钱的，也有赔钱的。

我见过很多散户像乐观而没有思考能力的飞蛾，他们凭着蛮劲，在股市硬挤硬闯。有时像艘大机轮，经常在污泥浊水中鼓浪前进，但能走到彼岸的很少。

股市充斥着金戈铁马，但细细听去，也回荡着胡笳长笛。只是，后一种声音太柔太轻，常常被人们遗忘。遗忘了，股市就变得狰狞、粗糙。

7. 城发环境（000885）。主力经过震仓以后，图表上出现【破镜重圆】攻击形态，半仓跟进。

股价经过一波心惊胆战的拉升，2 月 6 日这一天，股价低开低走，且一度跌停。随后，股价又从跌停到涨停，这个巨大的落差把人们弄得口歪鼻斜，心脏不够强大的，还真能吓出病来。

股价当天以【拖泥带水】式涨停板报收，一般讲，【拖泥带水】以后股价还有新高，仓位重的就别想以后的高点了，在这里狠狠地砸一下主力的脑袋，它只能忍气吞声，绝对不会还手。因为它一松手，股价就掉了下来。

不管是攻击形态，还是见顶形态，一定要等形态走完或行情将走完的时候再动手，这样也许买不到低点，也卖不到高点，但可以避免误吃主力骗线。形态完美，富贵未知，亏已远离；形态丑陋，亏虽未至，财已走远。见图十二。

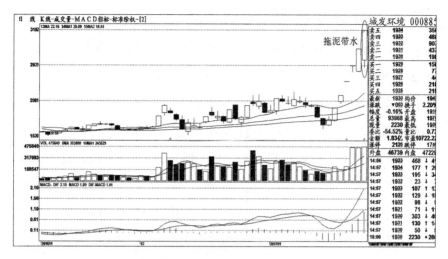

【拖泥带水】是见顶信号，清仓出局（图十二）

不要随便向别人描述你炒股如何辛苦，因为还有人比你更苦，情绪低落的时候，想想那些付出了很多却没有结果的人，他们都不曾放弃，你为何要半途而废？人之所以会拼命，不全是财富的诱惑，而是因为没有退路，消除亏损的最佳捷径，就是严格按指令进出；消除悲伤的最佳途径，就是让自己忙碌起来。奔放的生命，总会在逆境中觅到自己的出路。

炒股虽说不容易，却又充满着无穷的魔力。只要把它当成事业去做，就会找到很多乐趣，在你情绪低落时它会给你依靠，它会让你找到做人的尊严。炒股的过程本身就是一笔宝贵财富，要格外珍惜它。

8. 西部建设（002302）。该股经过一段整理后，【梅开二度】重新发出进场信号，半仓跟进。

过去，我们都有过被五花八门的消息弄得神魂颠倒的经历，上当之后才发现，媒体只是给我们虚构了一个炫目的前景，并未给我们提供实际利润。瞎猫如果不聪明，也会被耗子忽悠。

有时，我们绞尽脑汁寻找一只股票里是否有主力在活动，总想抄近路。其实，哪只股票里没有主力？有的还不止一个。只是主力的水平参差不齐，和散户没有什么两样。我觉得，与其伤脑筋与主力套近乎，还不如寻找一个【红杏出墙】更实际。事以密成，语以泄败。任何一个主力都不会轻易透露自己的真实意图，但形态会告诉你主力在干什么，只是你懒得去看，所以，经常与财富无缘。

3月28日，主力经过疯狂的拉升，股价出现【一枝独秀】的离场信号，只是这个离场信号的成交量不够，分明在告诉人们股价行情还没结束。但我们接到的指令是迅速离场，立即出脱持股。这时候，即使你的分析正确，或者想不开，也必须走人，这就叫令行禁止。在这里卖错了，主力会承担一切后果。后来股价果然连着涨了两天，说一点都不后悔那是假的，但是，在见顶形态上不抛股票，才是真正的愚蠢。

儒家讲究规矩，佛家讲究包容，道家讲究和谐。炒股要集这三者于一身，比如说，进退有据，是炒股的规矩；实盘交易时会吃主力骗线，要有包容之心；如果和主力赌气，就无法实现与主力的和谐。唯令是从，能忍为安。

有的人把股炒得太沉重了，有时沉重得不堪倾诉，它的过程比小说和电影更跌宕起伏，但更多的时候它都充满孤独与荒凉感。

收盘后，你的功课是复盘，找出符合形态的股票；交易时，你的使命是认真对待每一个指令，而不是想入非非。

"心随股走，及时跟变"是灵魂，"进退有据"是准则，"只认指令"是纪律。无我交易最终获利。

交易失利，要找个地方疗伤，在伤口尚未痊愈之前，切莫轻易言战。交易时所有的侥幸，都被命运标注了价值，而这一次次侥幸恰恰埋下了爆雷的隐患，当隐患爆发那一刻，你连躲的地方都没有。

从【梅开二度】到【一枝独秀】，5个交易日，获利47.97%，按形态进出，既省心又省力，分段计息获利最快，而且根本不用瞎猜。见图十三。

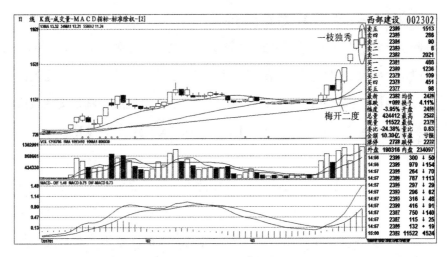

【一枝独秀】是见顶信号，清仓出局（图十三）

有人说炒股像毒品，一旦沉溺，便无力自拔。其实，对来股市凑热闹的人是这样，但对一个熟知股价涨跌规律，又有自己的交易方法的人来说，他们在分享着财富带来的快乐的同时，也在实现着人生的价值。

记得走背点的那些日子里，书成了我精神上的寄托，那些古往今来、横贯中西的书籍常常陪我到凌晨。我从书中找到了生存的底气，也琢磨着如何把学来的知识变成操盘技能。股市已经把我弄得倾家荡产了，最终还要通过股市来实现我的乌托邦。

9. 中材国际（600970）。刚毅型【红衣侠女】没有把股价托起来，或许，主力在等上升通道的打开？究竟是怎么回事，我们也不去乱猜了。但自从【均线互换】完成以后，股价再不像以前那样张牙舞爪，成交量也变得温和起来。

一年中，我们不知要交易多少次，但真正赚钱的就那么几次。炒股的方法有千万种，但适合你的只有一种。股票数量有几千只，能够改变命运的就那么几只。赢家与输家的区别，就在于他们多了一两次选对买进与卖出的时机。股市是创造奇迹的地方，但好奇心太重更容易受伤。

股市充满魅力，但过程却相当痛苦。为了把自己尽早修炼成职业的投资人，要磨去身上许多棱角，表面看似自己的个性被压抑了，实际上已把自己融入了主力实体。在交易时不能过于追求完美，比如，当攻击形态出现后，就是买在最高也是对的；卖出形态出现后，就是卖在最低也是对的，这样，心理压力就会小很多，按指令交易的自觉性会有一个大的提升。

3月21日，【破镜重圆】发出进场信号，但成交量不予配合，轻仓试探。

3月22日，股价低开高走，然后携量突破前期整理平台，适当加仓，但不得超过资金使用比例。

股价连拉两个涨停以后，主力在空中吊起不规则的【双飞燕】，说明股价还有15%的上升空间，老老实实在里面待着，静待主力发红包。

10年前的某个时期，交易总是失利，形态没有问题，问题的根源是自己想法太多。我曾用这个方法赚过钱，最后又把钱全退了回去。我反思了好久，既没有抱怨，也不再强调客观，而是从主观上深挖，然后总结出这么几点：一是抢点。形态尚未形成就急匆匆地进场，生怕买不上似的，结果当天被套；二是见顶形态出现后，不是立即出局，而是希望它再涨，最后弄得不盈反亏；三是不懂得合理使用资金，意识到资金的集中与分散很重要，但实战中总是分配得不够专业，重仓的时候多，空仓的时候很少；四是自信情绪下的盲目与任性，总觉得自己是对的，忽略了主力的感受，找不准自己的位置就该挨打。

那次反思，经过10年的沉淀，如今越来越让我掂量出个中那沉甸甸的分量，没有那次深刻反思，就不会有交易方式的巨大变革。比如，从过去的消极防御转变为现在的进退有据；从过去的买进等着涨转变为攻击形态出现后的追着买。实践表明：只有在"只认指令，不管输赢"这个大框架内操作，才会取得大赢小亏的结果。

人的想象力是很丰富的，但它只能存在于童话世界里或作家的脑袋里，绝对不能让它来股市里横冲直撞，实战中，给我们的选择余地本来就很少，如果思维上出现空档，必然导致行为上的断档。

穿过 10 年时空，我依稀看到自己那疲惫的面孔上那双充满血丝的眼，我权衡着得与失，思索着交易一旦失败所应采取的措施，对盈亏已不太在意。从那次反思以后，我的思维开始向主力靠拢，行动也开始向主力看齐。

3 月 29 日，股价高开低走，随后转身上拉，当主力把股价送上涨停板后突然反悔了，于是抢起板斧，劈开涨停板，然后不管不顾地向山下走去。此时，主力的步子开始慢了下来，如果遇上个亡命徒，劈开涨停板就往下跳，很多人就会困在山顶上。【一枝独秀】发出离场信号，清仓出局。见图十四。

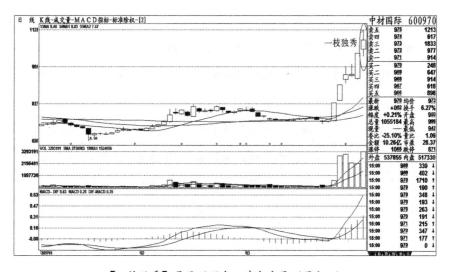

【一枝独秀】是见顶形态，清仓出局（图十四）

每次欣赏凡·高的画，我都有一种奇特的情感，这倒不是因为自己曾画过 10 年画的缘故，而是完全出于对凡·高的一种崇拜。他的画是偏激而有灵性的，每一笔都是真诚的倾诉，他曾割掉耳朵向爱人求婚，他曾画下凡人看不到的星空，他在情感和生活上屡屡挫败，但他只好把痛苦收拢在画中的世界。

凡·高，这位荷兰籍的奇才一百年前来到法兰西后，等待他的是贫困和饥饿。

小镇欧维尔的一间小客栈，便是他生命最后一段时间的居所。房间很小，阴暗而潮湿，只够放置一张小床和一张破椅，根本无法在室内作画。于是，苍苍穹庐、恢恢大地便是凡·高的画室。没有钱雇模特儿，他只好对着镜子画自画像。在欧维尔，凡·高留下了他最后的杰作之一——《欧维尔教堂》。

当时，人们根本不知道凡·高，他连被人嘲笑诟骂的资格也没有。在人生的道路上没有比被彻底忘却更痛苦的了。凡·高拿起手枪，向心窝射了一枪。然而他没有倒下，一路流淌着鲜血回到他的卧室。呻吟、流泪，无法说话，最后死在深爱他的弟弟德奥的怀中。

凡·高的一生没卖出过一张画，弟弟德奥为了慰藉他，仅仅以10法郎买过他的一张画。凡·高在给弟弟的信中说："我相信有一天，我有办法在一家咖啡馆办一次画展。"今天，所有雄伟壮丽的画馆，都以一展凡·高的杰作为荣，荷兰和阿姆斯特丹都巍然耸立着他的纪念馆。

凡·高过着清白无瑕的生活，他没有金钱的刺激、女人的诱惑、鲜花的慰藉。当罗丹、莫提格里昂面对着妩媚而慵懒的美女模特时，凡·高正对着一片平常的农田、一张破旧的靠椅，画这些巴黎的大师们不屑一顾的事物。然而没有哪一位画家能像凡·高画得那么动情、那么执着、那么令人神往。他的所有自画像，眼神都咄咄逼人，充满了对人生的批判和对自己命运的抗争。凡·高在美术史上的出现确实是一个奇迹。他有着崭新的、惊世骇俗的、前所未有的绚烂光彩。这种画风一旦问世，美术史就必须重写，色彩学乃至美学就必须修正，这正是凡·高撒向人间的一个永恒的、不易解的谜。

我们生活在网络时代，每个人都变得心浮气躁，我们可以迅速地买上一只股票，却不愿意花费时间去陪伴，去等待它的成长。

10. 太空板业（300344）。该股在 55 日均线附近，半死不活地横盘半年之久，在行情启动前，主力又精心设置了一个空头陷阱，也许阴底臭气烘烘，股价在下面待了不长时间，就被主力重新拉上 55 日均线。

5 月 11 日，13 日均线成功穿越 55 日均线，【海底捞月】终于浮出水面，只是头上罩着一片乌云，在这个节点上主力以假乱真，形态看似红衣，实为黑客，为安全起见，暂不做身体上的接触。

5 月 12 日，股价低开高走，在越过前高点之后，主力主动回防，盘中有过几次拉锯式的震荡消化解套盘。从成交量上看，主力的诱骗效果不明显，弄得自己也很无趣，股价不露声色地与成交量亲密起来，半仓跟进。

5 月 15 日，股价高开高走，缩量封停，主力高举手臂，宣示主权。

5 月 16 日，一字板，有钱就是任性。

5 月 17 日，又是一字板，有钱能使鬼推磨。

5 月 18 日，股价高开高走，然后带量封停。在高高的山冈上，主力如此彰显实力，分明在告诉人们，此地无银三百两。

时间一点一点地滑过去，盘口的封单一点一点地少起来，涨停板随时都可能被主力砸开，若不想再受如此煎熬，索性获利了结，至于它以后的涨与跌统统与你无关。

每个炒股人都有自己的故事，有些能与人分享，有些只能独自品味。能与人分享，说明你已经开始赚钱了；独自品味，表明你目前依然还在探索。当我们具备了与恐惧共存、与阳光共处的能力时，就会发现，"路虽远，行则将至，事虽难，作则必成"。

炒股就是不断突破自我的过程，当我们经历挫折困难时，往往会陷入迷茫和怀疑，但当我们解决了一个接一个的难题后，就会发现那个不断提升的自己。

行将收盘时，【一枝独秀】给出离场信号，但凡主力嫡系部队，谁见了这个形态都会瑟瑟发抖，情急之下会撒丫子就跑。见图十五。

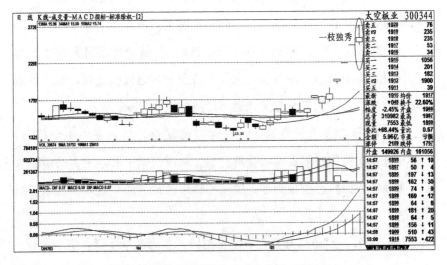

【一枝独秀】是见顶形态，清仓出局（图十五）

在卖出指令面前示弱，无论对自己还是对主力，都是有利的。我们以弱者的姿态行事，主力也乐意接受。牢牢控制领导权，主力则从中找到成就感，而我们从锁定的利润中收获喜悦和慰藉，从而在心平气和中自觉向主力学习，并在以后的操作中有所进步，有所提高。

一个在卖出指令面前真正甘心示弱的人，必是一个豁达大度、宽宏大量的人，一个充满人情充盈智慧的人，一个处"市"浅浅而悟"市"深深的人。

4 天之后，股价回调到 13 日均线附近，如果主力想继续拉升，股价一般不会击穿 13 日均线，或击穿后又迅速拉上来。主力不仅击穿了，也迅速把股价拉了上来，说明主力依然想做第二波，特别是【一石二鸟】被确认后，股价重拾升势的可能性就更大，半仓跟进。

5 月 25 日，股价低开，然后颤颤悠悠地向上爬升，整整一上午，股价反复在均价线附近展开争夺，孰强孰弱难以定夺。

下午 1:30，主力结束了无聊的拉锯游戏，主动向均价线逼近，越过昨收盘以后，股价犹如火箭发射似的冲向太空，用时仅仅 8 分钟，股价就被送到了指定位置。

常言道：尺有所短，寸有所长。沈从文虽然小说写得很好，可他的授课技巧却很一般。他颇有自知之明，上课时开头就说："我的课讲得不精彩，你们要睡觉，我不反对，但请不要打呼噜，以免影响别人。"这么"示弱"地一说，反而赢得满堂彩。作为中国当下身价最高的体育明星之一的姚明，我们从没听说过他的乖戾、狂妄等传闻，即使外界对他有一些误会，他也甘心"示弱"，以一贯的从容、自信、优雅来轻松化解。正因为他低调处事、与人为善，才受到更多人的喜爱和尊敬。在股市主力是老大，在老大面前吹胡子瞪眼睛没有什么好果子吃，跟老大对抗只有死路一条。

我在想，什么时候，能够对沉积在血管壁上的胆固醇，也像对结满污垢的锅炉那样来一次酸洗该多好。越是不能实现的事情，就越是白日做梦。其实，人有个梦想是容易的，思维在一瞬间可以建立起来一座宏伟的宫殿，然而，爱因斯坦推广相对论的原理却花了整整十年的时间。

5 月 26 日，股价高开高走，但瞬间就被打了下来，第一波上攻时气势不足，第二波上攻时刚刚越过开盘价，主力又不干了，即使股价再拉上涨停，也属于进入"创新高必回调"的禁飞区，况且股价根本没有想冲顶的意思，择高出局。

收盘时股价大跌 8.14%，形态是个四不像，不是【独上高楼】，也不是【一剑封喉】，更不是【金蝉脱壳】，既然全不是，正是逃离时。见图十六。

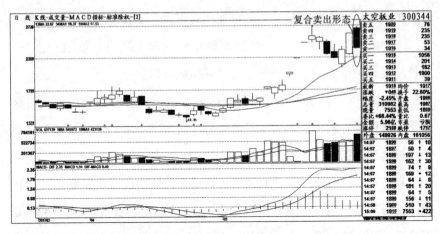

复合卖出形态也是形态，清仓出局（图十六）

股市涨涨跌跌，炒股亏亏盈盈，只有知道什么形态会涨、什么形态会跌，才能取得大盈小亏的结果。形态这东西，不管你认不认识它，它都静静地站在那里，然后它会朝着一个方向加速前进。这时候，你会因为没有按指令交易而倍感内疚，特别是股价加速下跌时，恐怕连自杀的心都有，但好了伤疤忘了疼的事情却是经常发生的。

世上除了跪父母，还有三种人可以下跪：一是救命恩人，无论年长年幼；二是英雄豪杰，为国为民洒热血，无论是男是女；三是指点迷津，领你走出苦海，无论是人还是神。

第八章
零存整取

　　零存整取，是指某种形态出现以后小单跟进，股价加速上扬时逐步加单，然后等第一波拉升结束时，把股票全部卖出的全封闭操作。持股期间，只看不动。原则上不做差价，也不换股操作。

　　零存整取使用的资金是多少？假如 100 万资金，扣除提前预留的 20 万准备金，所用资金应该是 10/16，即 50 万。

　　一个完整的行情，从启动到结束，通常会见到 3 个高点，零存整取，实际上就是波段操作。

　　零存整取的特点：采取全封闭波段操作，需要足够的耐力和顽强的抗震仓能力。"望远能知风浪小，凌空始觉海浪平。"

　　俗话说船小好调头，但是不抗风浪，船大抗风浪，但不好调头。不管按哪种方法操作，都各有利弊。关键看自己的取向，选择零存整取，盘中要拒绝一些小利的诱惑，欲戴王冠必承其重。

哪些股票适合零存整取？凡是具备【三线推进】技术形态的股票都可以采取零存整取的操作。一旦介入就坚决捂住，除非大势发生逆转，否则，决不轻易卖出股票。【三线推进】的个股并非可遇而不可求，只要善于寻找，加足够的耐心，在沪深两市经常能看到它们的身影。当然，发现【三线推进】的个股，需要功力和经验，功力来自勤奋，经验源于总结。

零存整取与分段计息的相同点：都按攻击形态进场，都按见顶形态出局，持股期间都不做差价；不同点：零存整取，进场时可以分几次买入，它比分段计息持股时间长。分段计息有时 3－5 天，而零存整取则要等到股价第一波拉升的结束，快的十几天，慢的几个月，零存整取从介入到卖出，股价行进时允许有阴线或星阴线的出现，而分段计息绝对不允许。

格雷厄姆有句非常著名的话："市场短期看是投票器，长期看是称重机。"索罗斯是公认的"赌圣"，也是做空的现代鼻祖，研究的是投票器。他研究群众是如何集体投票，将一个错误推到极致，并把握其中的扭转关键。而巴菲特研究的是称重机，去称每一个公司的重量，把握低估的买入机会，是市场的稳定因素。不过，像巴菲特这样的投资大师只适合美国这块土壤，在中国股市就会水土不服，或许买入时是美元，卖出时却变成了越南盾。格雷厄姆的这句话，索罗斯用了前半句，巴菲特用了后半句。

📊 经典案例

1. 仁东控股（002647）。该股上市后表现一般，股价长期在 12.80 元的发行价下方运行，突然有一天竟然见到 6.61 元的新低，这就是说，它已跌破发行价的 48.4%，主力卧薪尝胆好几年，所受的折磨和屈辱比起当年的越王勾践有过之而无不及。

有个成语叫"天高地厚"，用它形容中国股灾前后的新股上市后的表现再恰当不过了。股灾后的新股属于不知天高，上市后连着拉十个、数十个涨停都不叫累，非得冲入云天寻找【独上高楼】不可；股灾前的新股属于不知地厚，上市后一路走低，挖地三尺也要把【马失前蹄】找出来。凡是极端的东西，既毁人也毁事。

新股民对股市感到新鲜，做些不知天高地厚的事尚有情可原，老股民几度风雨几度愁，再分不出个深浅来，主力就要打屁股了。

随着【一锤定音】的出现，标志着股价第三次见底的完成。行情从启动到结束会依次见到 3 个阶段性高点，根据对称原理，股价从高位回归到起涨的原点，也会见到 3 个阶段性低点。

那些中签的幸运者们，如果在见顶形态出现时没有卖出去，利润退回不说，恐怕还要深套一段时间；而那些被主力深挖洞埋进去的所谓原始股持有者，眼下已是奄奄一息，现在亟须空仓者伸出援手，慷慨救援，轻仓试探。

财富和权力一样，失去的时间越久，复来的可能性越低。对于股价近期内重新回到当时的发行价，眼下已变得毫无可能。深受其害者开始寻找被害的细节，然后开始由恨逐渐变得能接受主力，最后放弃抵抗，成为主力的铁杆盟友。

所有的百万富翁开始的时候都是穷光蛋，正因为他穷，所以才想到了改变；所有的股市赢家开始的时候都是大输家，正因为总是亏，所以才找到了扭亏的方法。一个人只要找到了与市场吻合的投资理念，在股市就不会一直亏下去，只要它想改变现状，也一定能够找到赚钱的方法。一个国家、一个民族都是靠思想、信仰和法律来维持社会的和谐的。

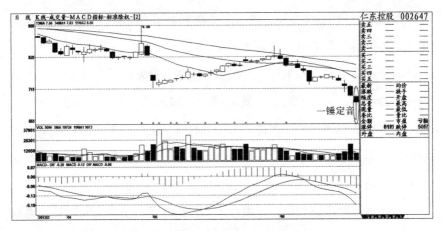

【一锤定音】是止跌形态，轻仓试探（图一）

从【一锤定音】到【动感地带】，走完这段坑洼不平的路，主力用了 37 个交易日，在这段异常苦闷的日子里，我们陪着主力默默地捡地上散落的筹码，谁也不肯说话。

【均线互换】完成以后，标志着股价的上升通道已被打开，逢低把剩下的资金都给主力捐了吧。

每一次股市调整都会淘汰一批浑水摸鱼的，而另一批捕鱼高手就会脱颖而出。股市里永远都有极少数人在赢利，或者说能够锁定利润，但这少数人不是固定不变的，属于在很小的范围内轮流做庄。

一个人不能选择他的出生，也无法选择他所处的时代。自从中国有了证券市场，股市犹如一只脱离牢笼的猛兽，为人驱使。留下的悲剧故事已多得无法数清，而虎兕出柙，是谁之过欤？与此同时，我们操作上东一榔头西一棒槌，已然成为动不动打摆子、歇斯底里的瘾君子。一样的五谷杂粮，一样的买进卖出，结果却大相径庭。既有"宁为股市鬼，不做平凡人"的壮怀，也有"不能腰缠万贯，也要倾家荡产"的激烈。感谢股市，它给每一个不安于现状的人提供了展示自己才能的机会。

2013 年 9 月 30 日，股价经过 68 天的艰难跋涉，终于见到了【一枝独秀】，标志着这一段工程已经完工，抛一部分出去。见图二。

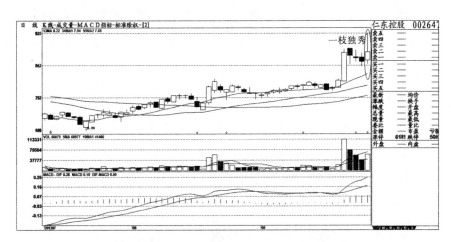

【一枝独秀】是调整信号，减仓操作（图二）

从【一锤定音】到【一枝独秀】，股价涨幅 39.94%，第一波拉升宣告结束。

股价调整时击穿了 55 日均线，这是给我们的一个低吸机会，别错过。炒股不是天天都赚钱，更多的时候是陪伴。不仅陪着主力哭笑，也跟着主力胡闹。持股期你装疯卖傻都行，但辛辛苦苦捡来的筹码绝对不能丢弃。

从股价有效跌破 55 日均线那天算起，到【笑里藏刀】出现为止，股价运行 73 个交易日，涨幅 36.19%。

然而，等股价调整得差不多的时候，要寻个低点把先前扔出去的股票再捡回来，就算完事，其实，比当保安还轻松！在以后的日子里，股价始终绕着均线系统窄幅波动，大约又过了 70 个日日夜夜，股价刚有点走强的意思，第二天突然被停牌了。这一关门，谁知猴年马月才开呢？其实呢不用过多担心，股价一直在发行价下方运行，主力肯定跑不掉，截至目前，持股将近 1 年，股价涨幅 52%，比银行利息高 10 倍，在这一年中能捂住不动吗？

杨绛说："如果要锻炼一个能做大事的人，必定要叫他吃苦受累，百不称心，才能养成坚忍的性格。一个人经过不同程度的锻炼，就获得不同程度的修养，不同程度的效益。好比香料，捣得愈碎，磨得愈细，香得愈浓烈。"

那些能在股市里存活下来的人，内心一定足够强大。赚钱必有其因，他背后的努力和积累一定数倍于他人，别拿自己的情况和别人做比较，你根本不清楚他们赚钱的经历到底是怎么一回事，默默耕耘，必有收获。

被软禁8个月的主力终于无罪释放，长期的精神压抑和负罪感使得主力初次露面就齐刷刷地跪下来求得人们的原谅。这个一字板跌停，从成交量上看，这一跪并未得到人们的认可。

收盘以后，主力也觉得不对劲，自己再怎么憋屈，也不该迁怒他人，更不该把怨气都撒在散户身上吧。于是，星期一开盘后连着两天拉了涨停，当股价引起市场关注时，主力突然就地卧在地上装疯卖傻。

谁也不会想到，这个曾经扶不起的阿斗，竟是潜伏在该股里的卧底，股价浮出水面后，【三线推进】已经揭开谜底，那些至今尚未建仓的，可逢低分期分批介入，直到把账户资金用完为止。

我在想，那些不断换股操作的，说明他有一种惶惶然的寻找，一种急功近利下的有耕种就要有收割的焦灼。其实吧，炒股除了基本的技巧和耐心之外，还要弄清自己的操作模式，比如，此次交易是分段计息还是零存整取？是轻仓试探，还是半仓跟进？没有任何防范措施，又常常满仓的人，无疑是脱了裤子打虎——既不要命也不要脸；而那些频繁换股的，无疑是光着屁股推磨——转着圈丢人。

在尔虞我诈的股市，技术不过关还真赚不到钱。你按基本面买吧，主力就利用你不知道真相欺骗你。你稍懂点技术吧，主力就采取上蹿下跳来恐吓你。你逆来顺受吧，主力又欺负你无能。只有按指令交易的人，才最有机缘看清主力的本来面目。如果我们不天天追逐涨停板，就不用担心主力突然跳水。即使按指令进退，也要有随时吃点小亏的准备，有时是主力故意考验你的技能与胆量。只有熟悉主力的人，才能跟着主力走跟着主力变，才能得到自己想要的一切。

大器晚成，德国也有类似的说法，流传久远和发迹迟晚成正比。不仅股市，在其他行业里，真正能成大器的人毕竟是少数，只要你够努力，无须计较结果。然而，当感伤年华虚度，赚钱无门之时，让自己安静下来，品味这些中外谚语，却也不失为极好的安慰剂。股市好比一座大熔炉，烧炼出一批又一批操盘水准不同的人，同时也铸造出各自不同的灵魂。

在该股的走势图上，股价慢慢悠悠、腻腻歪歪爬行好几个月，终于见到山顶上的【一剑封喉】，这一波拉升超过 200%。股价经过调整，或许还会寻找第二个高点，尽管该股涨幅不算小，但该股是从【三线推进】上启动的，这个【一剑封喉】属于本轮行情的第一个阶段性高点，清仓出局。见图三。

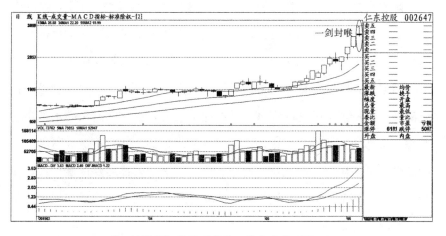

【一剑封喉】是见顶信号，清仓出局（图三）

除非具备【三线推进】态势的股票，否则就不能采取零存整取操作。因为多数人没有空仓的能力，总是看不惯资金在账户上歇着。满仓，除非该股上市以后从没有大涨过，而且股价探底时已是跌无可跌的时候，才能跟随主力一起在底部建仓；除非资金是自己的，而且三五年也用不着，同时没有业绩压力，才敢如此持仓；除非气定神闲、淡定从容，否则，像这样的黑马明星，早就成了邻家的宝贝了。一言以蔽之，成就一件事，需要许多条件；毁掉一件事，一个细节就足矣，比如买到【独上高楼】上面……

不管你是零存整取，还是满仓操作，在【一剑封喉】这种见顶形态面前，都必须清仓出局，这些资金要专款专用，尤其不能买入其他股票。等股价调整结束后，寻一个攻击节点重新把股票买回来。卖掉多少就再买回多少。多出来的利润转入银行，或给支持你的家人发个红包，让他们也高兴高兴。

【一剑封喉】的第二天，股票再次被停业整顿。

股票停牌，持有该股的也变得无事可做。由此可见，以后应该买两只股票，停掉一只还有一只可玩。

闲着也是闲着，开始慢慢品味王世襄先生的《京华忆往》，世间万物在他笔下，皆具性情和灵性，那是闲情逸致，淡定从容，也是生活之趣味。人世细小的喜悦和乐趣，都在他的文字里。我随着他的一支妙笔，回到纯真嬉戏的童年，重回故园，回到生命的根。他的心就像一把紫砂壶，不论怎样平凡的琐事，装在这个紫砂壶里，倒出来的水都溢着茶香。恍然明白，好文字正是这样慢慢写出来的，从容不迫，写尽生命的幽微，月白风清。大凡美好而令人珍视的事情，都需要慢慢等待，慢慢欣赏。零存整取或满仓操作，都需要这样的耐心，更需要支撑这些耐心的眼界与力量。

在流传至今的明清漆器中，有犀皮斑纹是最昂贵的，几乎一器难求。在很长时间里，人们甚至不知道它是由哪些天才制作出来的。后来，王世襄终于在他的书中泄露了它的制作过程——工匠制作犀皮，先用调色漆灰堆出一颗颗或者一条条高越的底子，那是"底"，在底上再刷不同颜色的漆，刷到一定厚度，那是"中"和"面"了，干透了再磨平抛光，光滑的表面于是浮现细密和多层次的色漆斑纹。

世界上任何错综复杂的事情就是一张窗户纸，只要把这层窗户纸捅破了，一切都会变得很简单。比如，空头排列下的股票，其反弹高点，永远没有多头排列时股价见顶形态的价格高，这说明：位置很重要！资金再多，没有主力的推波助澜，股价就是死水一潭，这说明：主力很重要。想法再多，没有形态的衬托，股价也美不起来，这说明：形态很重要。

看似简单的一买一卖，中间有着很多事情要做。首先，要从数千只股票中选出符合某种形态的股票需要时间；其次，利用大周期给目前的个股定位，需要技能；再次，寻找进场的攻击节点，需要耐心和时机的把握。如果第二天发现形态走坏，必须止损出局。做好一笔交易，需要眼、手、脑全力配合。

吃饭够简单吧，但细想也不那么容易。要平地施肥、犁地、播种。中间还要间苗锄草，浇水打药，然后收割，把麦子晒干、磨成面。然后再蒸成馒头或擀成面条，而且还要弄菜弄调料，吃完了还要经过人体的复杂消化，不然堆在肚子里也不舒服。这只是简单的描述，是不是费劲？这么费劲和麻烦的事，要是没有别的花样，人的确难以接受，所以要创造各种美味，让人在舌尖上忘掉麻烦和费劲。

4个月后，该股复牌。主力躲过了初一，却没能躲过十五。复牌后股价开始补跌，以前让你狂笑，现在让你痛哭，主力跌一个不解气，第二天又补了一个。第三天依然是跌停开盘，后来跌停被打开然后又封上涨停板，这种惊天大逆转，看得人们两眼发直。67%的换手率，表明主力借着涨停板的利好，已经将筹码置换了一多半。

复牌的第四天，股价上涨6个点，62%的换手率，依然是上市以来的第二个天量。两天时间把流通盘给换了一遍，除表明主力实力不俗，还能说明什么？说明【晨钟暮鼓】是离场形态，该考虑出局了。尽管它出现于前高点下方，但它毕竟是卖出信号，主力怎么想，我们猜不透，但按形态清仓出局总可以吧。

复牌第五天，股价跌破 13 日均线，【过河拆桥】再一次发出离场信号，但股价跌停了，主力把逃的大门给堵死了。不知被关在里面的人有何感想？抱怨主力没给出局的机会，还是怨恨自己太贪？哪怕有一万个想法，当股价没有顺着你的意思行走时，要懂得及时跟变，摆出一副拼命的架势吃亏的肯定是自己。主力最恨的就是这些人，逮住后肯定会往死里整。

东坡云："皆不足道，难在去欲。"人最难消除的是欲望，最难摆脱的是恐惧。人心是最难控制的，别管你怎么精心准备都显得不够充分，因为你本能地拒绝悲剧的发生。但承认也好，抗拒也罢，它发生了，降临了，只是自己不想承认罢了。

随后，主力边打边撤，1 周后撤到 55 日均线附近，这是 0.382 的黄金分割线，如果能在 55 日均线处获得支撑，股价应该不会去找 0.618 的支撑线了。

说有天，27 岁的诗人里尔克应聘去给 62 岁的画家、雕塑大师罗丹当助理。在初出茅庐的诗人的猜想中，名满天下的罗丹一定过着十分浪漫、疯狂、与众不同的生活。然而，他看到的真实景象与想象中的大相径庭，罗丹竟是一个整天孤独地埋头于画室的老人。里尔克问他："如何能够寻找一个要素，足以表达自己的一切？"罗丹沉默片刻，然后极其严肃地说："应当工作，只要工作，还要有耐心。"不耕耘，就永远不会有收获。

随着成交量的萎缩，股价的调整接近尾声了，等待攻击节点的出现。

在【一剑封喉】出现时，为什么把股票全都卖掉，而不是留下半仓呢？尽管【三线推进】是大黑马的摇篮，况且这只股票又是你的主仓位，当股价发生变化的时候，虽然我们也能及时跟变，但有时候，由于这样那样的原因，不可能在一天之内全抛出来。任何操作方法都有弊有利，短线获利快，但必须把握高抛低吸的操作技巧。零存整取获利丰厚，但要忍受非人的折磨。

炒股属于那种"创业艰难百战多"的行业，过程肯定是艰辛而孤独的，有些路最终还要靠自己的毅力走下去。成大事者都不是幸福中的宠儿，而是那些遭受诸多磨难的人。交易顺利时享受成就，交易不顺时品味人生。

小幅拉升以后，股价以不规则的【拖泥带水】宣告了第二个阶段性高点的成立，按主力的意思办，清仓出局。见图四。

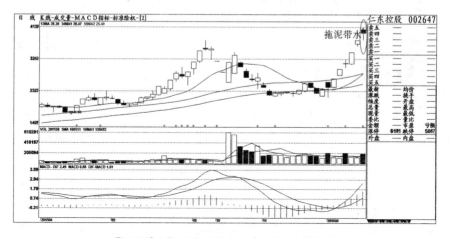

【拖泥带水】是见顶信号，清仓出局（图四）

冯仑在《野蛮生长》一书中说，决定伟大有两个最根本的力量，时间的长短决定着事情或人的价值，决定着能否成就伟大。所以当你要做一件事情时，首先要考虑准备花多少时间。如果是一年，绝对不可能伟大，20 年或许有可能。按零存整取操作就要耐得住寂寞，忍受孤独，用时间熬成赢家。坚持是一种伟大的力量，它可以改变际遇，改变我们的命运。越是在艰难困苦的日子里，越要沉着冷静，认准的目标只有不离不弃，成功才会有希望。

从【破镜重圆】到【拖泥带水】，股价实际运行 8 个交易日，涨幅几乎翻一番，有时，股价涨得不可思议，甚至让你害怕。

后来，股价沿着 13 日均线蓄势整理 3 个月，然后继续向上寻找第三个高点，即本波行情的终点。

当图表上不规则的【一剑封喉】发出离场信号，主力的目标已经实现，清仓出局。见图五。

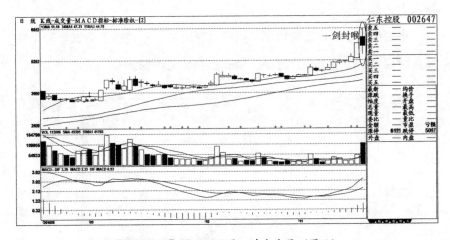

【一剑封喉】是见顶信号，清仓出局（图五）

第三波的涨幅只有 50％，但耗时却很长。主力爬山时，我们搀扶着它，一步一步地登临山顶，领略奇异风光。主力下山时由于人多拥挤，一下子就把我们冲散了，真替它捏一把汗。

由此可见，第一波拉升，动力十足，时间较长，涨幅也大。第二波拉升，时间相对短一些，升幅只有上一波拉升的一半，说明主力的体力也不是用之不竭的。从第三波拉升开始，到行情的结束，这段时间最长，最费力，也最熬人，但涨幅只有第二波的 50％，为什么见第三个高点这么难？因为主力库存太多，时间短了出不了货，而且股价越往上就越不好派发。

每个阶段性高点形成之前，事先都有一个急拉，而且第一个阶段性高点形成以后，它的回调速度很快，旨在把人们打懵。第二个阶段性高点后，它的回调幅度相对小，横盘的时候较多，这主要是置换筹码的需要。当股价有一天终于走到终点时，主力在云端眨了眨眼，我们手心忽然长出纠缠的曲线，股价还会涨吗？

我相信一切都有尽头，相聚离开都有时候，即使像【三线推进】这样的牛股，它也不会万古长青、永垂不朽。

有时候买进股票以后，还没顾上牵住主力的手，保安就过来挡驾了，整个交易就像看了一场焰火表演，刺激中夹杂着失落。

耐心是痛苦与磨难的产物，需要坚强的毅力和长时间的陪伴才能有幸获得。面对明显的形态，如果考虑太多，不但会错过机会，也失去了乐趣。浮躁的心就等不来【三线推进】这样的牛股；人没有诚信，就享受不到主力奖励的这么丰厚的利润。

每一笔交易都有完美和完整之分，因为完美和完整不是一回事。完美是指形态，完整是指行情。

操作质量提升以后，操作次数要减少。比如一个月操作一次，两个月操作一次，然后一年操作一次，或三年操作一次。股票做到一定的时候，不能总是逞一时之快，有时候也要逞一时之慢，这就是慢工出细活。

资料显示：中美股市前 20 名市值比较，中国 A 股前 20 名全是金融，美国满眼都是高科技。美国的优势行业体现在金融、新兴科技、高端制造、医药、消费等。这些都是建立全球经济优势的关键性行业，这些龙头行业绝对是世界级霸主，美国正是凭借这些全球领先的行业来制定全球规划的，而地产在美国反而成了鸡肋。反观中国蓝筹，那些巨无霸尽是金融、地产和石油，而且带有明显的垄断性质。

德国人很务实，他们会用一生去踏踏实实地做好一件事情，甚至对一件产品精益求精到艺术品的地步，日本人的工匠精神也是值得我们学习的，很多优秀的民族都有这种沉稳专注的特性。二战时，德国和日本都是战败国，然而如今，不管是 GDP 还是人均收入，它们都排在世界前列。我们这个时代，很多人想的只是赚快钱，能踏踏实实做事的人越来越少，这才是富不过三代的真正原因。

好的交易方法犹如一把利剑，它既可以秒杀百夫长，也可以在百万军中取上将首级。剑虽相同，剑法异也。天分九野，各管一方。如果说零存整取是不动如山，那滚动操作则是股价上涨途中的快刀斩乱麻。

为了钱去炒股，终究会变成一贫如洗；为了企业的未来买股票，更是盲人骑瞎马，夜半临深池啊！

2. 柘中股份（002346）。该股经过三个多月的横盘蓄势，这一天，终于从 55 日均线上【揭竿而起】，股价的技术走势和主力攻击方式，符合【三线推进】的形态特征。如果非要从鸡蛋里面挑骨头，那就是股价横盘时间稍短，起涨位置偏高。既然主力已经发起了攻击，我们没有理由再观望下去，壮着胆也要往里冲。主力的先头部队率先突破近期高点直奔涨停，这根耀眼的大阳线直截了当地告诉场外的人群，低吸的可能性几乎没有了，只有强攻才有一线生机。

面对经典攻击形态，我们不能纠结于假如，而要越过恐惧大胆地去拥抱它，积极参与而不是蹲旁边傻傻地看。

克服恐惧有两种方法：一是严格按指令进出，一是找个人壮着胆进退。前者能把你推入赢家的行列，后者则让你沦落为沿街的乞丐。

人生本来就是孤单的旅程，无论生命中有没有人与你相随，都不要对别人产生依赖，不要辜负时光，以及你对梦想的憧憬。成就你自己，岁月会变得更加真实而美丽。故诗云：炒股需要独断，买卖不赖众谋。

尼采说："更高级的哲人独处着，这并不是他想孤独，而是因为在他周围找不到他的同类。"梁实秋说："我们在现实的泥淖中打转，寂寞是供人喘息几口的新空气，喘几口之后，还得耐心地低头钻进泥淖里去。最高境界的寂寞，是随缘偶得，无须强求。只要有一刻的寂寞，我便要好好享受。"

第二天，股价高开，稍作下探，便转身上攻，然后大步流星地奔向涨停板。有时买股票，就应该有跟着主力去流浪的准备，走过崇山峻岭，经过风雨与沙丘，你会发现，有主力的股票多数时候是有惊无险，并非人们想象的那么可怕与凄凉。

第三天，股价依然高开高走，主力轻松越过 7 月份的制高点，看着辛苦忙碌的主力，也不知该为它做点什么。但无论如何不能给主力帮倒忙。眼下牢牢揾住股票，替主力锁锁仓吧。股价越涨主力越兴奋，一会工夫就把股价推上涨停板。直到这时，主力才停下脚步，顺手擦了一把脸上的汗珠。

有时候，面对数千只股票不知道该选谁，真的好孤独；有时候，相当任性地买进去，可又看不出什么结局；有时候，股市让我们投入得太彻底，总是一个人唉声叹气，假如炒股注定是悲剧，那心碎的一定是我们自己。

第四天，主力很勤奋，每天开盘后，股价不用吆喝，前行的步伐始终不曾改变。然而，股价突然停住不走了，主力也无法摆脱"创新高必回调"的魔咒，股价只是小心翼翼地下滑。主力调控显得很有节制，它的收盘动作，既不是【一剑封喉】，也不是【拖泥带水】，既然啥都不是，就无须瞎猜了，静观其变。

主力做盘很是老道，既在盘中清理获利筹码，又不让股价跌下来，筹码在不知不觉中就易手了。在欣赏主力操盘技艺的时候，不要忘记股价已连拉 3 个涨停，随时关注股价变化。这时，主力刻意引诱不明真相的人抛盘，真是林子大了什么鸟都有，一些散落筹码按着主力的节拍劈头盖脸地掉了下来。

股价上涨时，如狂风呼啸而来，不过这一次主力调整时，股价的下滑似流水，静静地漂浮空中，就是不落地，给人们留下无限的遐想。

第五天，股价不但没有继续下探，主力反其道而行之，一鼓作气攻克 2 月份留下的制高点。

昨天抛出股票的那些家伙们气得浑身发抖，但又没有胆量重新买入，他们怒斥主力不按套路出牌，主力把他们的眼神理解为一种挑衅，然后旁若无人地从抛出股票的人群中碾压而去。

面对上蹿下跳的股价，我们先是惊慌失措，然后是目瞪口呆，请扪心自问：股价为什么会涨，又为什么要跌，在它背后是谁主宰沉浮？

大千世界，千姿百态，人各一性，性各一怪。一只只陌生的股票，犹如一张张陌生的脸。当我们终于看清它们的时候，是不是有点失望，有点郁闷，也有点心酸？有时候，看着飞速上扬的股价急得嗓子眼冒烟，可就是买不上；有时候，看着急速下跌的股价，就是不愿意卖，虽然一句抱怨都没有，但心里却是五味杂陈，感慨万千。

股价接连 3 天横盘整理，有意思的是，股价的高点一天比一天高，而股价的低点也一天比一天高，形态是不规则的阳线【走四方】。

第九天，主力创造了历史，股价成为上市以来的新高。就是说，那些曾经的拦路虎或绊脚石，现在统统被主力踩在脚下，眼前是一望无际的平川。人有脊梁腰杆硬，顶天立地敢担当。

我们曾经抱怨与主力相见恨晚，那是因为我们从没有把主力当神看，所以经常纠缠在买与卖之间，即使后来主力把我们揍得伤痕累累，可心里从来就没有服过软，你说傻蛋不傻蛋？

股价上涨的第十天，集合竞价低开 5 个多点，昨天还是金灿灿的大阳线，如今说变就变，开盘后又是一阵猛砸，简直就是赤裸裸的掠夺。眼前发生的一切，超出了多数人的想象，主力有点过分，股价竟然一头栽在了跌停板上。抛开位置不去考虑，这是一个低吸机会，主力只是个蜻蜓点水，还没等人们反应过来，就被快速拉了上去。股价大部分时间在 27 元左右徘徊。

股价大幅低开已经超过人们的心理预期，尤其是快速跌停那一刹那，更让人感到恐惧，这时候人们想得最多的是逃离，当股价在 27 元附近徘徊时，给人一种上涨无望的感觉，心里也开始变得焦躁不安。主力可谓煞费苦心，把能用的不能用的招数都搬了出来，场内坚持要走的，主力也给足了卖出时间。

13:40，主力仿佛刚刚睡醒，揉着惺忪的眼睛，然后牵着股价，先是小步密走，然后大步迅跑，在股价飞吻了一下涨停板后，立即转身往回跑。这是最凄苦最恐惧的一天，也是本轮行情启动以来最混乱最惊慌的一天，主力的用意非常明确，即使不把你打死也要把你打残。

截至收盘，股价仍以红盘报收，上涨 2.93％，量有点缩，属于不规范的【晨钟暮鼓】式的【一枝独秀】。股价像风筝一样被主力飞得那么高，又有几人能体验到风筝的孤独与寒冷？先前抛出的有点后悔，没有抛出的更后悔。

人的欲望随着利润的增长不断地膨胀着，如果没有一个纪律来约束，到手的财富也会水流花谢、雁杳鱼沉。见图六。

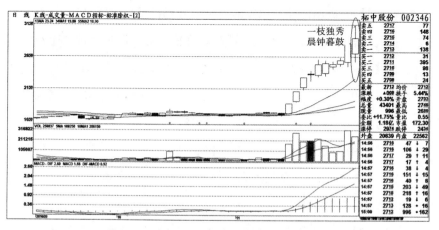

【一枝独秀】是见顶形态，清仓出局（图六）

不管按哪种模式操作，遇上见顶形态，要主动避让，起码应做减仓处置。

随后，主力为驱逐获利盘展开了一次报复性清洗，股价重新被打回原点，不听主力指挥的，不但赚不到钱，还会把你折腾得死去活来。

经过 4 周的调整，股价在 55 日均线附近发出一个止跌信号，表明调整结束，预示股价重拾升势的可能性较大。

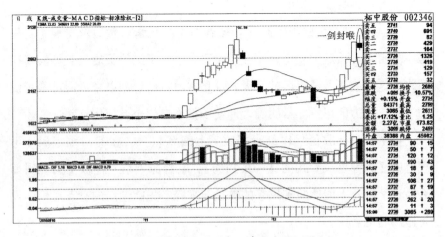

【一剑封喉】是见顶形态，清仓出局（图七）

翌日，股价低开，主力小嘴一张温和吃掉昨天止跌阴线，形态是【破镜重圆】的进场信号，把先前抛出的筹码再悉数捡回来。

发现没有，主力连拉 6 根阳线后，在前期高点附近出现一个小的调整形态【一剑封喉】，说明主力要在这里修整几天。从大的趋势看，主力不会在这里停留太久：一是 13 日均线重新上穿 34 日均线，【梅开二度】已经形成，意味着上涨前的技术准备已经就绪；二是主力在这个位置置换筹码的可能性不大，因为它担心别人会争抢筹码。但分析归分析，判断归判断，遇上见顶形态，主动避让。这个规矩不能破，清仓出局。见图七。

12 月 23 日，股价低开很多，随后向上冲了一下便立即被主力砸到跌停板上。交易清淡，表明场外资金被主力的野蛮砸盘吓住了，假如主力再来个跌停，机会就来了。

12月26日，股价低开7个点，有希望能买到。先在跌停板上挂个预埋单买上一半。买上了就捡个便宜，买不上再按形态重新进场。如果跌停板打不开，明天继续跌停，就买回另一半。开盘后，主力果真把股价砸在跌停板上了。但5分钟后，跌停被打开，然后开始携量上攻，立即把另一半买回来。少顷，股价奔上了涨停。

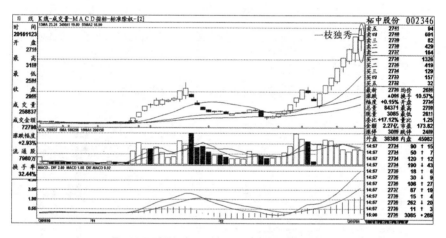

【一枝独秀】是见顶形态，清仓出局（图八）

股价连拉8根阳线，这个【八仙过海】不简单，走出一波跨年度行情，但也引出【一枝独秀】的见顶信号，虽然成交量不大，暗示后市还有机会，但暗示就是暗示，可以去猜但不能去做。做股票需要明示，这样不伤脑袋，赚钱还快。清仓出局。见图八。

3. 东方网络（002175）。凡是具备【三线推进】技术特征的个股，几乎无一例外地会脱颖而出，成为十分耀眼的明星股。人前的潇洒你看到了，人后的磨难可懒得去想了。天将降大任于斯人也，必先苦其心志，劳其筋骨。

老实说，捕捉这样的牛股相当费时费力费心，心浮气躁的最多获点蝇头小利，陪伴主力需要足够的耐心，脾气要好，不能任性，还得有眼力价。该股潜伏了 6 年，这需要多大的耐心和毅力！它的横空出世，应验了"躺着有多长，站起来就有多高"的股市谚语，果然不错。

沉下心考量该牛股的成长过程，从它站上 55 日均线那天，亮点并不多，但防守却相当给力。股价每次回落到 55 日均线附近就不再往下走了。

横盘期间，该股已有一定涨幅，但与主力的预期比起来，这点涨幅只是小试牛刀。该股真正的起涨点是这一天，不规范的【一阳穿三线】脱颖而出，虽说形态不规范，但起码表明主力开始行动了，周线上的【梅开二度】见证了这一切。

此后，主力像是脱了缰绳的野马，一路绝尘而去。

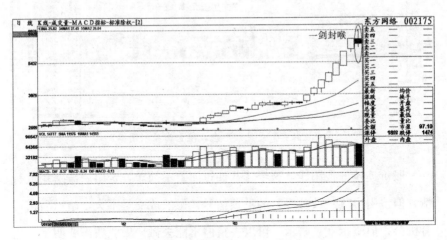

【一剑封喉】是见顶形态，清仓出局（图九）

从行情启动到第一个阶段性高点【一剑封喉】出现，股价从 29 元升至 63 元，用时 22 个交易日，涨幅 117%。按形态进退，每年都有这样的个股。见图九。

股价调整是正常的，但太过夸张，反而更容易引起注意。

盘中主力是个急性子，按说一路鞍马劳顿，怎么着也要歇上几天，或许，有难言之隐才如此这般急匆匆赶路。【一剑封喉】就是明目张胆地驱赶获利盘，又用跌停板把人往死里砸，主力欺人太甚，先买进一部分表示抗议，万一跌停板被撬开了，就捡了个小红包，然而直到收盘，跌停板就像铁板一块，躺在那里纹丝不动。主力直截了当地告诉我们，抗议无效。

3月27日，股价低开，但低开得不是很多，开盘后只是象征性地向下探了探，然后转身就往上拉，不好，主力要跑，追！

此后，主力马不下鞍，衣不卸甲，仅仅用【一石二鸟】做了震仓处理，又马不停蹄向前赶路。

从【一石二鸟】到第二个不规则的【一剑封喉】，股价实际运行11个交易日，涨幅41.30％。

黑马之所以能成为黑马，不在于它途中停歇，而是停歇之后总能再度跃起。

主力用【浪子回头】对盘中筹码进行一番清理之后，又踏上了新的征程。经过17个交易日的艰辛跋涉，主力用尽洪荒之力，又把股价向上推高47.73％。主力不如以前麻利，动作开始【拖泥带水】，清仓出局。见图十。

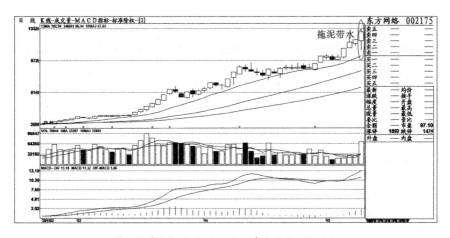

【拖泥带水】是见顶信号，清仓出局（图十）

股价经过调整，又向上拓展了大约 10 个点的空间。如果没有在前个高点走掉，这次高点出来恐怕你就走不掉了。

不要相信那些每年赚 1000 万、5000 万的传言，更不要相信那些出手就赢的所谓股神，因为在股市里，赚钱很不容易，如果轻信传言容易走火入魔，最后你在股市是怎么死的都不知道。在股市，你想挣多少，就必须为此付出多少代价。

炒股就像一个生命的成长，只有细胞、骨骼、肌肤、血液是不够的，还需要长时间的历练，以及磕磕绊绊的相随。

零存整取，关键是熬。这种熬，不是逆来顺受地活着，不是对命运的妥协。这种熬是财富的积累，是身价的提升。

有些人熬着熬着成功了，有些人熬着熬着睡着了。不要抱怨怀才不遇，股市给每个人提供了腾飞的空间，也不要抱怨生不逢时，主力给我们提供了均等的机会，怨就怨自己有眼无珠，怨就怨自己急功近利。

零存整取就像跑一场马拉松，需要体力，更需要熬。熬，看似备受折磨，实际上是积蓄能量。竹子熬了 4 年时间，仅仅长了 3 厘米。然而从第五年开始，它以每天 30 厘米的速度疯长，仅用 6 周时间就长到了 3.15 米。

零存整取，是一段痛苦而忍耐的过程，是对命运的抗议与掌控。有些人得了癌症，消极悲观，不久便离开了人世，有些人积极乐观，最终绝症奇迹般消失。

熬得久了，心性磨炼得坚韧了，主力就开始发红包了。

零存整取是股市赋予我们的最好礼物，没有经历过这种"熬"的人，哪能一战成名？熬，是上天赐予你与自己灵魂对话的机会，熬得住，赢得苦难辉煌，熬不住，悲惨凄凉。

4. 太阳电缆（002300）。该股除权后曾溅起几缕涟漪，然后重回 55 日均线附近踽踽独行，最后索性装出破罐子破摔的样子，跌破 55 日均线做空头陷阱，但几天后便原形毕露，随着【红杏出墙】的出现，股价迅速脱离成本区。

昨天那根带量阳线，既不是【揭竿而起】，也不是【一阳穿三线】。说它不是【揭竿而起】，因为股价不是从 55 日均线上跳起来的，说它不是【一阳穿三线】，因为股价没有穿越 13 日均线。实战中遇上这种情况，要多关注它的细节，时刻注意它的动向。

随后，股价收缩量星阴线，这根缩量阴线究竟是【节外生枝】还是【立竿见影】？从位置上看，应视为【立竿见影】，因为它出现在第一根攻击阳线之后，是主力为驱逐获利盘而刻意制造的震仓；而【节外生枝】出现在经过一波拉升之后的阳线之后的星阴线，属于见顶信号。所以，相同的形态出现在不同的位置其市场意义是不一样的。【立竿见影】可逢低吸纳，【节外生枝】则要择高出局。弄清形态的市场含意，交易时就会少吃骗线。

第二天，股价高开高走，然后带量突破前期整理平台，重仓出击。

第三天，股价强势依旧，观望。

股价经过一段疯狂的拉升之后，终于露出破绽，那个被打开的涨停板，为何只差 3 分钱，主力为何不愿意重新封住呢？主力不差钱啊。在相对高位出现【拖泥带水】，本身就暗藏杀机，况且在涨停板上撬开个小缺口，明眼人一看就懂，主力其心何其毒也！

一般说【拖泥带水】之后股价还有新高，因为这个【拖泥带水】的涨停板被打开，所以不能抱侥幸心理，清仓出局。

1 月 11 日，集合竞价时几乎跌停。主力的动作有点夸张，其实，跌停出货效果并不好，尤其是从涨停到跌停这种巨大落差，一般人无法接受，主力要的就是这种震慑力，让人们在惊慌中做出错误的判断。

开盘后，主力象征性地做了短暂的虚浪拉升，但股价很快躺在了跌停板上，萎缩的成交量表明只有散户在抛，既然主力惜售，说明股价以后还会涨，为了配合主力运作，把昨天抛出的筹码先接回一半，明天视情况再作打算。截至收盘时，跌停板也没被打开。

1月12日，股价低开，且开盘价就是最低价，表明主力不想再继续下探，把另一半再悉数接回。交易就是根据目前股价的不同位置及变化，相对及时地对资金进行分散与集中，既能保护资金的安全，又能使资金不断增值。

1月13日，股价缩量封停，主力对合理使用资金者表示奖励。

1月18日，股价高开低走，然后迅速下探6个多点，又是那种先恐吓再安抚的老套路，只是这个老掉牙的套路如果不能引起足够的警觉，也会吃大亏的，实盘中遇上这种情况不要慌，盘中择高出局就行了。此时的离场信号是个复合形态：【拖泥带水】＋【一枝独秀】。明天的高点不要了，清仓出局。见图十一。

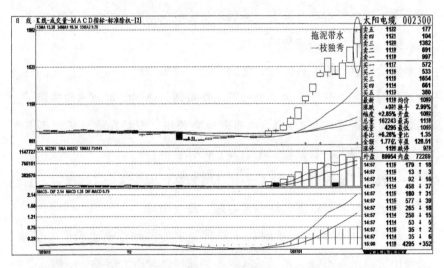

【一枝独秀】和【拖泥带水】都是见顶形态，清仓出局（图十一）

赚钱多少，并非取决本金的大小，而是取决于谁的交易方法更有效。多从自己身上找找原因，赚钱的速度会加快。

20 世纪 90 年代，中国海军还比较落后，无法在浩瀚的大海中精确定位，就购买了美国全球定位系统的相关设备，当时正值台海危机，美国往西太平洋集结航母战斗群，想对中国进行军事威慑。中国派出当时最先进的 112 旅沪级和 51 旅大级驱逐舰执行任务，当中国海军行驶在太平洋时，定位系统突然发生了故障，显示的地理环境竟然还在中国大陆，技术人员检查设备后确认并无故障，这让当时舰上的人不知所措。两天后真相大白，原来是美国在 GPS 上动了手脚，导致定位系统失灵。如果当时爆发了战争，后果不堪设想。此后，中国投入大量人力物力，建立起自己的北斗星定位系统。

炒股也是如此，既不能道听途说，更不可捕风捉影，而是要有一套实实在在的交易方法，就是建立自己的 GPS。

5. 上峰水泥（000672）。该股曾经有过一段拉升，然而顺势回落却变得风平浪静，仿佛什么也没有发生过。

横盘 4 个月后，以前再牛的股也会在人们的视野中消失。然而在某一天，股价在 13 日均线上突然揭竿而起，弄得人们猝不及防，观望之际，股价直奔涨停。培养自己的快速应变能力，也是一条快速获利的途径。

主力的这次拉升，又是一次饱和式攻击，股价一旦启动就不管不顾地向上攻，不到预定目标就绝不止步，反之亦然。遇上这样心口一致的主力也算一桩幸事，股价涨就是涨，跌就是跌，股价的颜色代表着主力的态度，这样的主力也有阴的一面，横盘时能把性急的给憋死。

连拉 10 根阳线后，股价出现低开低走的缩量的【一枝独秀】，同时这个假阳线又是变种的【金蝉脱壳】。不管把它们归到哪个类型，都是提示尽快离场的信号。遇到见顶形态不管真假都要赶紧撤退，这是 135 战法的规矩。见图十二。

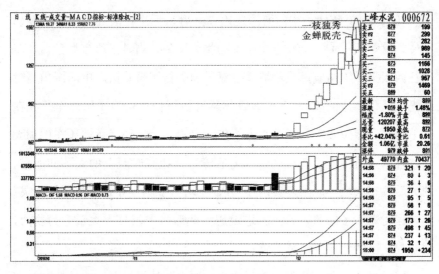

复合见顶形态的下跌概率更高，清仓出局（图十二）

　　实战中，主力经常或明修栈道，或暗度陈仓，搞得我们无处躲藏、狼狈不堪，只好无奈蜷缩在角落里生闷气，严重时还可能惊恐万状、夜不能寐。为了不再重蹈覆辙，以后按交易系统给出的提示适当操作，就可以锁定利润，回避风险。然而我们却对指令视而不见，被套后不是及时止损，而是试图用补仓来降低持股成本。如果没有掌握好高抛低吸的技术，所谓的补仓，简直就是自掘坟墓！不过，人一旦买得潇洒、卖得揪心，钱就神秘地消失了。按形态进出，不一定每次都立竿见影，但至少可以踏在股价进退的节点上。

　　6. 四川双马（000935）。该股已经横盘很久了，由于始终没能给出进场信号，只能观望。随后，淑女型【红衣侠女】悄然而至，适量跟进。可仓尚未建完，就停牌了。

　　2016 年 8 月 22 日，一个多月后，该股复牌当天用一字板封停。

　　股价的涨与跌都有着自己的特殊性和时间节点，在主力还没有准备好之前，你悄悄潜伏进去，不但无利可图，弄不好还会引火烧身。有时为了找一个切入点，我们需要等很长时间，适当空仓是必要的。

8月26日，主力连拉4个一字板，股价高开低走，然后转身上攻，在成交量的配合下拉出5个涨停板。然而盘口封单越来越少，涨停终于还是被砸开了，量很大，股价跌得很少，形态为【拖泥带水】，清仓出局。见图十三。

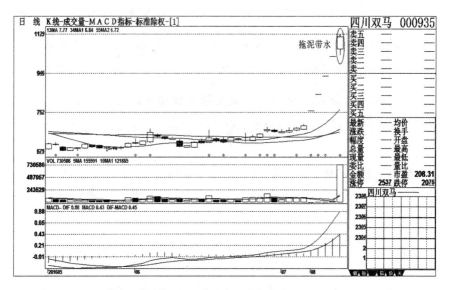

【拖泥带水】是见顶信号，清仓出局（图十三）

演绎一个完美行情，主力通常会分出三步，从行情启动到行情结束，一般要经历三个高点，而【拖泥带水】则是该波行情启动后的第一个阶段性高点。以后还会见到第二个、第三个阶段性高点，当然这只是理论上的预测。

135战法的操作纪律是："只认指令，不管输赢。"说起来容易，做起来真的很难。知道有人为什么不挣钱吗？因为他们按135战法的形态买进，然后却按136卖出。

8月29日，股价低开低走，从下探速度看，主力压根儿也没想把股价再拉回来。如果不是零存整取操作，每次阴线都是低吸的机会，按零存整取进场必须等攻击形态的出现，买在攻击节点上。

9月1日，股价高开高走，可以考虑进场了。少顷，股价直奔涨停，但不知什么原因，涨停又被打开了，观望一下。

9月2日，报收缩量小阴线，继续低吸。

9月5日，股价重拾升势，第二波行情开始启动了。

9月23日，股价以涨停开盘，在这么高的位置留这么个缺口，着实让人不踏实，第二波拉升从启动到现在，涨幅超过1倍，今天有可能出现第二个阶段性高点。宁可信其有，不可信其无。清仓走人。

10分钟后，涨停板被打开，成交量犹如决堤的黄河，飞流直下三千尺，居高临下的【独上高楼】在山顶上显得那样孤独。见图十四。

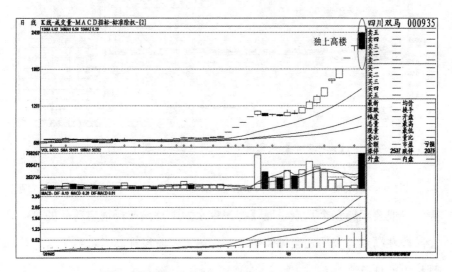

【独上高楼】是见顶信号，清仓出局（图十四）

2016年10月17日，主力经过蓄势整理以后，继续向上寻找第三个高峰。这天，股价低开高走，然后携量上攻，又到了重新进场的时候了。

有时，即使按系统给出的提示操作，也并非次次赢利，但只要坚决按指令行事，就没有遗憾。不怕赚得少，就怕瞎胡闹；不怕股价性子急，就怕自己优柔寡断。在股市赚钱不是靠偶然和巧合，而是靠日复一日的努力积累。要相信持之以恒的力量，它会带给我们不期而遇的惊喜。

不知是艺高人胆大，还是有实力做后盾，主力这 10 天的动静太大了，简直是惊天地，泣鬼神，股价涨得令人害怕，主力终于如愿爬上山顶，【一剑封喉】及时发出离场信号。至此，行情的 3 个高点已全部实现，清仓出局。见图十五。

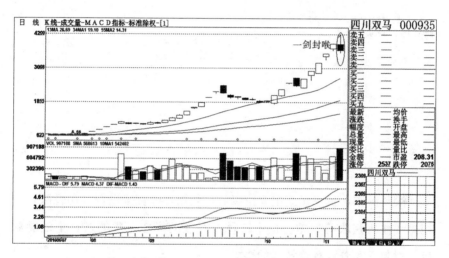

【一剑封喉】是见顶信号，清仓出局（图十五）

在 2015 年那场著名的股灾中，有个朋友入市 2000 万，是多年做生意攒下的全部家底，5 月份一度超过 4000 万，在行情好的时候他加了杠杆，又融资 4000 万重仓 3 只股票。他的两只票在高位停牌，复牌后连续跌停，到平仓线了都卖不出去，最后只好强行平仓，扣除融资利息，最后账户资金只剩下 4.7 万元。

他在融资前曾征求过我的意见，我说你的本金已经不小了，没必要再融资。他对我说，我赚够 1 个亿，这辈子什么都不干了。我反问他，你挣够 1 个亿干什么，天天吃肘子吗？

股市是一条看不见的战线，尽管没有冲锋陷阵，却危机四伏；股市是一个没有硝烟的战场，尽管没有枪林弹雨，却险象环生。

第九章
滚动操作

滚动操作，是指建立主仓位以后，利用部分资金进行高抛低吸，利用短线技巧获取剪刀差。盘中这种点对点的操作，犹如航母上的舰载机，对起飞和着舰有着特别的要求。

操作要领：在技术高点卖出，然后在技术低点买回。135 战法中的 17 种见顶形态都属于技术高点，135 战法中的 5 种底部形态都属于技术低点。

滚动操作需要把握两点：一是明确技术标准，讲究进退有据；二是用什么周期买进，就用什么周期卖出，且买多少卖多少。

我曾做过一次实验，用两个账户买入同一只股票，各使用 10 万元，持股 20 个交易日，采取两种不同的操作方法，结果大相径庭。

方法一：持股不动。形态出现后，以当天收盘价买入，在持股期间不做差价，到持股期满，以收盘价卖出，获利为 13.47%。

方法二：滚动操作。当天以收盘价买入，从第二天起，根据股价实际情况进行高抛低吸，每天基本都会交易一次，到持股期满时，共交易17次，扣除操作中不当因素，实际获利20.72％。滚动操作比持股不动的收益高7.25％。

持股不动与滚动操作，收益一目了然，但对操作技能却有着不同的要求。持股不动的，需要耐心与定力，盘中既要拒绝诱惑，又要忍受折磨。滚动操作，需要掌握熟练的操盘技巧，比如预判能力和反应能力。从资金增幅上看，滚动操作略胜于持股不动。

滚动操作使用资金是多少？假如100万资金，扣除提前预留的20万准备金，实际使用比例是12/16，即60万，盘中的每次交易按4/16去滚动，或根据具体情况灵活处置。

经典案例

1. 红旗连锁（002697）。在该股的走势图上，【一阳穿三线】发出进场信号，不足是涨幅不够，表明股价还会有反复。遇上这种情况，一定要手下留情，先轻仓试探，然后再分期分批地逢低吸纳，当形态确定无疑开始向上攻击时，迅速把剩余资金兑换成股票。

重仓出击或满仓操作都需要有底仓，当天有明确的攻击形态出现，这是一。第二，按滚动操作，进去的资金一定要带点利润出来。买得进去、卖得出来叫滚动操作；买得进去、卖不出来叫赔本买卖。

【一阳穿三线】1周后，股价完成了【均线互换】，然而，打开上升通道的主力却没有立即要涨的意思，而是控制着股价在13日均线附近徘徊了1个月后，趁人们昏昏欲睡的时候，主力来了个突然袭击。

这一天，股价在整理尾部突然跃起。由于该股事先准备工作相当充分，所以当股价突然拉起的时候，一定要想方设法挤上这趟车。

第二天，股价携量上攻，最初的半个小时，攻势很有节奏，当股价冲过前期高点后开始回落，"创新高必回调"的魔咒开始显灵，【一枝独秀】发出离场信号。这时候应减多少？起码减去一半，最多不能超过仓位的3/16，也可根据实际情况自行减持。这个【一枝独秀】是行情启动后的第一个阶段性高点，根据135战法"三低三高"理论，如果不出意外，该股以后还会有第二个、第三个高点出现，但需要时间。见图一。

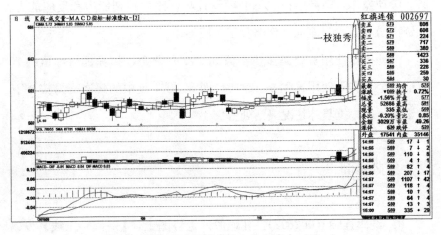

【一枝独秀】是阶段性高点，自行减仓（图一）

交易失利固然使人清醒，但未必使人长进。由于人性护短，结果把最富生机的灵魂给抽掉了。买卖的常态是小错不断，但人不愿意马上认错，更不想立即去纠正。人的可贵之处是知错必改、有错必纠。

所谓的高手并非不犯错误，而是认错快、改错也快，他们的勇敢和智慧表现在使主观更快地符合客观。高手之所以是高手，除了他的预见，还有他的应变。知错不改的人，不管他如何挣扎，股市留给他的生存空间会越来越小。

当某一天我们成为职业投资人的时候，衡量一下自己是否适合滚动操作。高抛低吸是职业投资人的一种获利常态，但不一定适合每个人。成为职业投资人需完成三个转变：一是从基本买卖点到交易技巧的转变，二是从随意买卖到令行禁止的转变，三是从指令交易到及时跟变的转变。

不算计主力是教养，处理好与主力的关系是修养。炒股不单单是风风火火的冲杀，而是内心的淡定与从容。与其在尔虞我诈的股市里偷鸡摸狗，还不如沉下心来练就一身腾挪闪躲的技能，只要心甘情愿地给主力当好配角，说不定真有一天配角也能熬成角儿。

股价经过 17 个交易日的整理终于出现了结束的信号，在第一个阶段性高点进行减持的，现在可以考虑把股票接回来了。滚动操作旨在回避市场风险，绝不仅仅是为了做差价。

当资金大到一定程度的时候，形态只是给我们做一个买卖提示，具体交易是在一个区域间进行。100 万以下的资金可以按形态交易，超出 1000 万就要考虑资金布局了。

量变积累能量，质变释放能量。我们有时还能感觉到量的变化，却很少意识到即将到来的质变。股价的量变规律与自然规律的区别在于：前者需要主力的付出才能实现，后者通过时间的自然更替就会实现。

炒股时间越长，就越觉得孤独。既要面对各种技术上的挑战，也要控制好心态上的变化；既要关注股价的形态和位置，又要合理使用资金和进退时机。只有跟着主力随波逐流，才能把交易指令变成实实在在的人民币，怨天尤人解决不了任何问题，痛苦是对自己无能的愤怒，加倍努力方可逐渐消除。

该股第二波拉升的起涨点，出现在 11 月 28 日。知道了形态的市场意义，就不用天天东张西望，也不用日夜竞猜与遐想，坚持进退有据，既省心又省力。

经过一波拉升，股价开始出现放量滞涨，由于昨天主力以涨停方式突破前期高点，所以才没引出大量抛盘。今日股价又是雷声大、雨点小，这已是第七根阳线了，主力很可能在这里进行筹码置换了。这个【一枝独秀】的上影线不够长，但它毕竟是调整信号，又到了第二次减持的时候了。见图二。

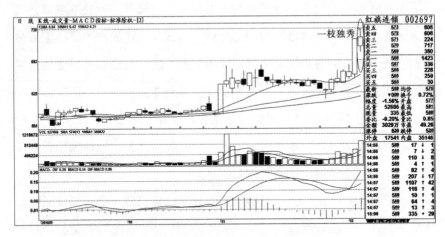

【一枝独秀】是阶段性高点，主动减持（图二）

　　有时候，总想逃出主力控制的领域，却陷入主力精心安排的迷局，自己既没有跟庄奔跑的能力，又找不到好的退路可去。该了断的时候，却没有决定输赢的勇气，更缺乏摆脱纠缠的魄力。

　　在股市最悲催的是陷入亏损的惯性，不知道自己为什么被套，不管股价下面是否有支撑逢低就补，把账户资金用了个精光还不见股价有止跌迹象，于是就慌了神，然后又故作镇定地把股票抛出，然后以百米冲刺的速度跑到涨幅榜前，仿佛要找一只替罪羊来弥补自己的过失。只是你低估了主力的智商。

　　第二个【一枝独秀】后，股价仅仅调整了一天就继续向上爬升，量价配合还真是那么回事，但总觉得心里不踏实，反正手里还有一部分底仓，即使明天继续上涨也不吃亏。结果，第二天收了缩量小阳，可以把它视为【笑里藏刀】或【节外生枝】，但不管它是哪种形态，都属调整信号，再观察一天。

　　股价终于跌下来了。股价该涨不涨着急，该跌不跌也着急。12月13日，股价下探结束，把先前抛出的再买回来。

买点出来了就进场，卖点出来了就出局，中间再根据股价目前所处的位置，合理配置资金就行了。在交易中之所以麻烦不断，甚至被主力逼到绝境，就是因为我们想法太多，动手能力太差。

买得仓促卖得犹豫，亏得彻底死得仓促，一年到头没有几天开心的时候。所有的这一切，都是从进退失据开始的，万般纠结于买与卖，利润注定不会属于你。

当然，每个人都要走过一段艰辛的路，当我们走出迷宫才发现：只有找准自己的位置，才会有小钱可赚。

随后，股价的第三波拉升又如期启动了，主力犹如一个技艺精湛的蹦极大师，下跌的速度快，但反弹的速度也快。

经过一段疯狂的拉升，满足了主力的欲望，高开的股价冲高后，已经不见昨天【狗急跳墙】的冲劲，主力为了第二天的顺利派发，控制着股价的下跌速度。

截至目前，股价的3个阶段性高点相继出现了，而且每个高点都有明确的见顶信号，现在清仓出局不会留下任何遗憾。至此，滚动操作结束。见图三。

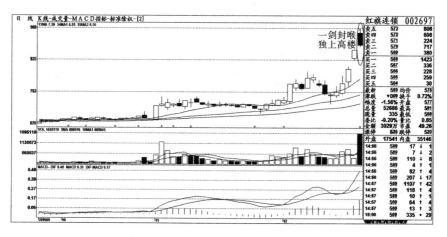

复合见顶形态，下跌概率更大（图三）

有时候，下跌的股价犹如下旋的风筝，然而，随着不知天高地厚的接盘者涌入，股价缓缓地向下飘移。当主力把手里的货物派发得差不多的时候，就会一刀斩断风筝线，那时候持股者的心好像被冻裂了，那种突然而至的痛苦没有一点回旋的余地就落下来了。

再牛的股也有走累的时候，可我们总是选择留恋不放手，直到股价跌下来才看透，然而大段利润已溜走。

不管你是否承认，散户就是主力的一颗棋子，进场后就应该听从主力的摆布。不管是向上拉升还是向下砸盘，主力从不犹豫。所以，即使我们再有想法，也要跟上主力变幻的步伐。

不会炒股的时候，那种进退维谷的窘境，就像在黑夜中踯躅、在荆棘中盘桓。会炒股以后，知道任何一次的获利，都不能以违背原则为代价。

2. 天山股份（000877）。我们发现出现【红衣侠女】和【海底捞月】的复合形态以后，股价并没有怎么涨起来，经过长期横盘，最后演变成【三线推进】走势，具备这种走势的个股成为大黑马的居多。可以逢低吸纳，但一次不要买太多，因为我们不知道主力还会蛰伏多久。操作【三线推进】形态的个股需把握两点：一是在均线系统上突然【揭竿而起】，或股价大幅低开，形成【一阳穿三线】；二是长期横盘，然后在启动前挖空头陷阱。该股属于后者。

一直卧床不起的主力仿佛病情开始恶化，股价突然下跌，而且跌得有点邪乎，最后一跌还躺在了跌停板上，凶神恶煞的主力总在制造恐慌气氛吓唬胆小的。

睡在跌停板上的股价终于被成交量砸醒了，只见股价揉着惺忪的眼睛，快步向出口跑去，形态为不规范的【一锤定音】，尽管它出现的位置不是太好，但毕竟是个止跌信号。

我们回放一下股价走过的路程：9月13日不规则的【破镜重圆】，12月13日不规则的【破镜重圆】，跨年的1月17日不规则的【破镜重圆】，三个不规则的【破镜重圆】引来同样不规范的【一阳穿三线】，当主力恢复上攻意识的时候，竟然忘记用它拉升时的招牌动作，也许主力不想过早地引起市场注意，既然如此，我们悄悄地跟进。

1月24日，连拉6根阳线的股价出现【一枝独秀】，我在想，横盘半年的主力，怎么刚刚拉出第一个高点就草草结束行情？莫非内部出了什么状况？但离场信号出现后，不管位置高低，股价只是跌多跌少的问题，在主动减仓的时候，也要防止抛出的股票捡不回来。

2月6日，【浪子回头】被确认，表明股价即将重拾升势，别再犹豫，无条件进场给主力当轿夫。

能够在股市活得滋润的人，除了娴熟的技能，还有对资金的合理布控。他们凭着灵活的头脑和调剂资金的能力，总是能够把资金集中或分散得恰到好处，所有股市赢家都是资金布局的高手。对资金认知能力和掌控能力强的人，实战中碰到的麻烦就会少一些，资金的安全性也会相对高一些。

2月13日，主力一鼓作气拉出5个涨停板后，股价高开高走，顺势回落后的形态令人费解。它既不是【独上高楼】，也不是【一剑封喉】，不管它属于哪一种，只要和见顶沾边，就不能轻视，主动减持。见图四。

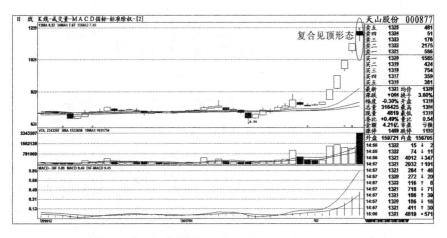

凡是见顶形态都要抛出，起码要做减仓处理（图四）

当欲望越来越少，交易中就会变得越来越理智，人们的思想也开始升华了。实战中不管遇到什么问题，先接受它，然后再想办法解决它。交易中一思一想、一举一动都有其思想根源，当我们把这些都串联起来，那就是现实的你。只有把"心随股走，及时跟变"刻在脑子里，且在实战中贯彻执行，才能摆脱失败的纠缠。

人们常说，炒股就是拿钱玩游戏，既然是游戏，就一定要有自己的玩法。在对股市没有一个正确的认识之前，它介于赌博和投资之间。进退有据的属于投资行为，进退失据的属于赌博行为。经验表明，谁的玩技好，谁就能最后锁定胜利。后来发现：股市越来越大，穷人越来越多。

2月14日，股价低开、下探，转身上攻，这是主力拉升前的规定动作，昨天那个【一剑封喉】是主力虚晃一枪，没有关系，重新买回就是了，犯不着和主力怄气。盘中主力调集各路人马展开强攻，人多力量大，涨停被拿下。

当然，交易总是不能令人满意，知道但做不到。面对指令要么过于迟钝，要么过于敏感，行动与指令总是出现较大落差。根本原因就是想法太多，执行力太软。

有时，我会为自己的失败而庆幸，它让我看到了自己的不足，从而找到了失败的原因和通向成功的路径。失败不可怕，要认真面对，而不是去掩盖它。

2月15日，集合竞价时，股价低开5个点，主力开始玩技巧了，别让主力失望，让预备队进场和主力互动一下。

开盘后，股价稍作下探，然后立刻转身上攻，股价从跌5个点到涨5个点，这种荡气回肠的成功逆袭，如果不身临其境，还真不知道主力有多厉害。股价冲高回落后，仿佛又要弄个新花样，不会不要紧，跟着主力依葫芦画瓢，先把预备队撤回归建。预备队是一支值得信赖的有生力量，它不仅能招之即来，还可以战之能胜，你瞧，不到两个小时，就把一个涨停板拿了回来。

炒股靠本事赚钱，不是凭想象发财。那些断了骨头也不叫疼的人，因为他们相信，有多少努力就有多少回报。我们必须明白，在股市里挖金，并不是到处寻找撒欢的黑马，而是静待黑马进入你的伏击圈。一个好的方法，对稳定获利会有帮助，至于方法之外的疯牛和野马，我们只能欣赏，不能轻易招惹。别人挣钱不要眼红，别人赔钱就不会心疼。

滚动操作对短线技术要求特别高，既要买得进来，又要卖得出去，赚到的剪刀差才是利润；买得进来却卖不出去属于怀沙自沉，卖得出去却买不回来，属于自作聪明的孤家寡人。

2017年2月16日，股价高开高走，霸道的主力不由分说地把股价送入涨停板的怀抱。后来涨停板被撬开，但又很快被堵上，最终还是差2分钱没被封住，主力又开始下套了，主动减持。

2月17日，股价低开，随后象征性地向上冲了一下，即转过身就开始驱赶获利盘，马上就要鸣鼓收金了，股价再也没有往上拉的意思。此时，股价的下探已经有了5个点的价差，应考虑把昨天抛出的股票再买回来，这就叫滚动操作。

大部分炒股的人很难做到按形态进出，要么晚了，要么早了，他们总是在权衡各种利害得失，产生了种种思量和千般设想。他们在形态面前犹豫不前，这也成为获利和避险的最大障碍。因为利益而忘记了指令的严肃性，必然要遭到主力的严厉惩罚。只有把整个心融入主力，才会感受每个形态的可爱；认真执行每一个指令，才能找到赚钱的捷径。

2月20日，股价报收缩量假阴线，表明主力已经失去继续下探的兴趣，意味着拉升已是箭在弦上。

2月21日，股价低开高走，主力从正面展开佯攻，在越过前高点后不是乘胜追击，而是主动回避，搞不懂主力的意图，先在14元附近减持，跟着主力一起撤，一般当不了俘虏。截至收盘，股价回落 5 个点，再买回来。

2 月 22 日，股价高开，下探，然后转身上攻，主力的攻击流程也许它自己并没怎么留意，但已经被我们摸了个门清。股价越过昨日高点又主动回撤，搞得人们一头雾水，可又不好意思问主力，还是先主动减持吧。这一次主力退兵不够远，仿佛又要搞什么鬼花样，沉住气，看看主力究竟要拉什么屎。

我们为什么把"心随股走，及时跟变"作为 135 战法的灵魂？因为我们不能去纠正主力，只能顺着它，跟着它走。如果我们不听招呼，自以为是，主力会告诉你谁是这里的老大，如果还敢负隅顽抗，主力就会干净彻底地让你在股市里消失。

学会识图，知道形态的市场含意，主力只能在盘中蒙你一时半会，只要我们不存幻想，严格按照形态进出，基本上不会吃大亏。对于按形态进出的人来讲，蒙人的主力再想继续蒙人，难度也会增加很多。对于那些总是受伤又从不长记性的人，主力虽然不能把你从肉体上消灭，但可以让你的资金消失得无影无踪。

2 月 23 日，股价依然是低开低走，不知主力哪根神经出了毛病，揪住股价的头使劲往下摔，眼看就要碰到跌停板了，不管主力是真摔还是假摔，先把昨天卖出的股票接回来。生活中故意杀人是要偿命的，股市里巧取豪夺却从不受法律的追究。

当我们遇到一些迷茫而彷徨的节点时，应该学会转身离开，因为股市不会凭空给你惊喜。技术只是帮助你何时进场、何时出局，自信不是咬牙切齿的愤怒，而是把模棱两可的东西拒之门外。

3 月 2 日，股价高开高走，顺势回落后再也找不到曾经的激情，【一剑封喉】犹如斗败的公鸡，这个离场信号是行情启动以来的第二个阶段性高点，减仓 10/16，先把大段利润锁定。见图五。

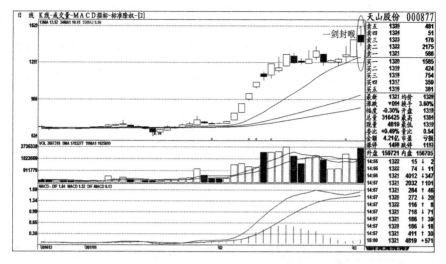

【一剑封喉】是见顶形态，清仓出局（图五）

我们曾天真地希望通过炒股来改变自己的命运，然而，多数人最终都难逃铩羽而归的宿命。但他们忘了：杀猪要把刀磨快，炒股先要练心态。股市对错称量难，躬身自检天地宽，历经磨难有发现，得失一笑泯恩怨。

我们曾天真地认为，自己的智商高于散户的平均水平，然而，多数人被甩在了大盘的背后。即使在牛市行情里，也只是少数人在赢利。

我们曾天真地认为，凭技术就能赚钱，但忽略了大势，自信满满的人通常频繁交易，但频繁交易的回报率更低，单边上涨时抛出的票多数捡不回来；股价震荡时，自己又踏不准节奏；在下跌通道里抢反弹更是虎口拔牙，即使高手，绝大部分交易的盈余都贡献给了券商或为国家缴纳印花税了。

股价经过几天的调整，现在已回落到 13 日均线附近窄幅整理，可考虑适当低吸，但不能把抛出去的全接回来，因为股价越涨越高，风险越来越大，弄不好以前的努力也会前功尽弃。该股从启动到现在，已经出现两个阶段性高点，也就是说再见一个高点，行情就结束了。所以，只能把先前抛出的 10/16 仓位接回一半，即 5/16。

主力经过半个月的不懈努力，股价终于迎来了第三个阶段性高点【一枝独秀】。至此，该见的都见了，该看的都看了，再不走就属于有眼不识泰山了。见图六。

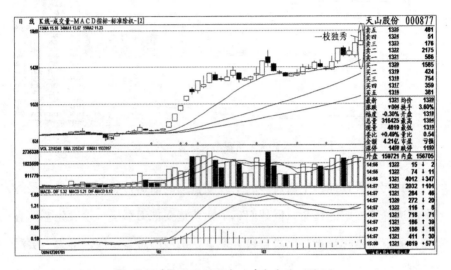

【一枝独秀】是见顶形态，清仓出局（图六）

浅见虾，中见鱼，深见龙。这是指股价见顶以后，在下跌过程中，会出现三个低点，第一个点出现时进去抢反弹，手脚麻利的能抓些小虾；第二个低点出现时，技术过关的进去抢反弹，只能抓些小鱼；只有第三个低点出现时，才会见到龙王的真颜。这就是 135 战法的"三高三低"理论，知道了这个理论，任凭主力有无数计，只要没有明确的进场形态或位置不当，就暂不动手。

3. 奥赛康（002755）。该股高开高走，先是吃掉【浪子回头】的最后一根阴线，接着吃掉第二根、第三根阴线，【一阳穿三线】发出精准的买入信号，重仓出击。

第二天，股价高开低走，然后转身上拉，加仓。最后股价以涨停板报收。

炒股不能像打麻将那样，"看住上家，防住下家"，挡住他人的成功；而要多关注形态和细节，不要看到别人赚钱心理就失衡。面对主力的翻云覆雨，能跟就跟，跟不上就欣赏，硬往里挤容易发生踩踏事件。

第三天，股价低开低走，主力传递出行将调整的信息，面对如此情况，应在盘中择高点抛出大部仓位。

第四天，股价低开低走，先接回 3/16 仓位。散户有一个通病，只要手里有资金，就会处于急火攻心状态，这种手里没股票就睡不着觉的毛病不彻底改一改，赚钱就是一句空话。

第五天，主力的动作与昨天如出一辙，再接回 3/16 仓位。资金浅套后，由于采取了自救措施，在不断的高抛低吸中逐渐把成本降了下来，且赢得了相对主动权，但并不意味着已反败为胜。由此可见，要完全跟上主力的节奏，还得踮着脚尖费把力气哩！

第六天，股价高开高走，然上涨无力，于是，主力顺势下滑，不过股价的波幅逐渐收窄，表明主力已开始运气，准备上攻了，把另外的 3/16 再买回来。

第七天，股价低开，但开盘价就是最低价，表明主力的拉升开始了，加仓。随后，股价直奔涨停，先把加仓部分退出，不随意增加仓位。盘中借用的资金要在适当的时候退回来，这样就能争取操作上的主动。

第八天，股价低开低走，先把昨天抛出的接回来，然后在盘中择高点把刚买进来的再卖出去，这就是滚动操作。它的特点是：顺势而为，乘势而上。最后，主力又把股票送上涨停板。其实，连拉涨停板的主力，派发时异常艰难。

第九天，股价以跌停开盘，主力够狠。不过，这一招只能吓唬胆小的，知道主力意图的，肯定在这里与主力争抢筹码。俗话说，养兵千日，用兵一时，预备队该上场了。

当预备队冲击跌停板的时候，主力似乎意识到了什么，于是决定反冲锋，而且力度很大，盘中择高点抛出，让预备队迅速归建，这就叫好借好还、再借不难。

第十天，股价缩量上涨，表明大部筹码仍在主力手中，由于股价没能突破昨日高点，所以暂不加仓，而低吸似乎理由也不充分，那就等。

第十一天，股价低开高走，然后携量上攻，加仓。这个主力除了会拉涨停，也没发现其他做盘新招。所以，我们也只能是加加仓、减减仓了，现在又到了把加仓部分还给主力的时候了。

第十二天，股价高开低走，逢低就买。只要注意观察就可发现，主力每天的做盘比较格式化：低（高）开、低走、转身上攻。当主力完成这些动作以后，就会乖乖地把股价送入涨停板。其实，就是股市高手也很难在某只股票里面创新，只能看主力的脸色行事。把买进来的卖出去，把卖出去的再买回来，日复一日，持续稳定的获利就把他们推到了股市赢家的位置上。对主力唯命是从的，资金快速增值；与主力死磕的，资金快速缩水。

炒股，很多时候是一个人的单打独斗，尽己所能就是对自己最好的成全。你的对手不是主力，而是脆弱的自己。赚钱比你多的人，亏钱也一定比你多。不同的是，无论是驱赶迷茫，还是对抗平庸，他们都比你更有后劲。

第十三天，主力依然把规定动作重复了一遍：低（高）开、低走、转身上攻。但我们今天的跟庄动作应该有所改变：首先不能低吸，股价从【一阳穿三线】到今天正好是 13 个交易日，这一天什么事情都可能发生。其次，在这 13 个交易日里，阳线占 10 个、阴线占 3 个，涨幅接近 80%。再次，【一枝独秀】已经给出离场信号，若不想惹麻烦，最好乖乖走人。在顶部区域，主力任何一个不经意的动作都会撕碎我们的整个世界，对此决不能掉以轻心，清仓出局。见图七。

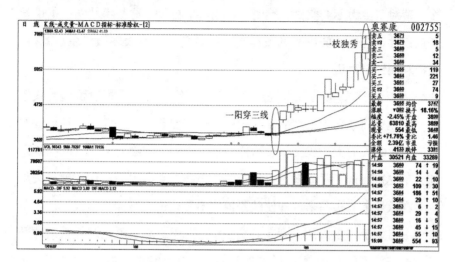

【一枝独秀】是见顶形态，清仓出局（图七）

4. 福建金森（002679）。在那次刻骨铭心的股灾中，该股也未能独善其身，尽管"国家队"倾力相救，无奈市场不领情，直到股价跌破本次行情启动的原点才罢手，积郁在主力心底那口恶气终于吐出来了。此后，股价绕着 55 日均线窄幅整理，细心的投资者会发现，在不经意的蓄势过程中，股价的高点一个比一个高，而股价的低点也在逐次抬高，说明股价的拉升已经迫在眉睫了。

基于这种判断，可以考虑资金布局了。首先，逢低分期分批地小单吸纳，但累计买入数量不能超过资金总额的一半；其次，剩余的资金，耐心等待主力的攻击指令。

我们注意到，主力选择在这个神奇的日子里发动进攻，股价先是高开高走，然后携量突破前期整理平台，冲锋陷阵的时候到了，把剩余资金毫无保留地捐给主力。主力心口一致，对于这次敢于刺刀见红的，每人奖励 1 个涨停板。

10 月 14 日，股价高开，冲高回落后，盘中出现放量滞涨现象。令人不解的是，行情刚启动，怎么【一剑封喉】就出来了呢？主力想干什么？猜对了主力不会奖励，赌错了，则后果自负。这些年亏吃多了也长了点记性，哪怕是低位的见顶形态，也要把它当武大郎敬。主动减持，先把利润锁定再说。

10月17日，股价果真低开低走，凶狠的主力一度把股价砸在跌停板上，无意间暴露了主力的震仓意图，何以见得？13日和55日均线的数值都比昨天的大，成交量反而比昨天小很多，刚刚向上发散的均线系统并不支持股价下跌或横盘，基于此，把昨天卖出去的，现在硬着头皮也要在跌停板上买回来，即使跌停板打不开，也没有什么损失，顶多是少赚一点。也许主力意识到有人劫法场，三下五除二就把跌停板给冲开了，形态是不规范的【一石二鸟】，主力一个雕虫小技，不知吓跑多少人！

股价的上蹿下跳，给了人们很多困惑，也给了人们一个实现独特人格的机会。在危机四伏的股市，每个人的骨子里都有一种冒险的冲动，正是因为我们的这种冲动，主力一会把我们送进天堂，一会又把我们打入地狱。

10月31日，经过两周的拉升之后，出现了【晨钟暮鼓】的离场形态。行情从启动到现在，虽然不能认定行情终结，但涨幅已超过60%，技术上也有调整要求了，适当减持，为以后的操作争取一些主动。

11月2日，股价低开低走，图谋不轨的主力几乎把股价砸到跌停板上，先接回一半，因为成交量有点大，正常情况下，股价还应该再拉一根阴线。

11月3日，股价低开，下探时没创新低就转身向上拉，走势有点怪异，别瞎琢磨了，先心随股走，若情况有变再及时跟变，把另一半再买回来。股价开始温和上攻，行进到离前高点只差2分钱的时候，主力突然改变方向，说明股价不想继续上攻了，抛出一半留下一半，明天视情况再做处置。

11 月 4 日，集合竞价时，股价低开 3 个点，开盘后又一路猛砸，最后，索性躺在跌停板上一动不动，对于装死的人不要叫醒它，先把前些天抛出的筹码悉数接回来。

11 月 7 日，经过两天的休整，养精蓄锐的主力似乎对继续跳水失去了兴致。所以，今天的开盘价就是最低价，然后不温不火地向上攻击，由于量不配合，暂时不能加仓。

11 月 8 日，股价高开高走，适当加仓，助主力一臂之力。有时候，趋势一旦确立，就不能老是担心被套，必要时要敢于给主力锦上添花，把主力伺候舒坦了，我们的命运就开始转变了。天命这东西求之不得，又拒之不能。作为一个普通人只能尽人事，听天命。

11 月 14 日，主力异常高调地连拉 5 根阳线，昨天的股价差 1 分没有封停，今天又差 4 分钱没有封停。俗话说，再一再二，不能再三再四，抛出大部筹码，先做一个获利了结，留下少量筹码再去探个究竟。为什么不在这里做清仓处理？因为见顶形态不明显。

11 月 15 日，股价低开高走，然后又跌跌不休，这个不规范的【金蝉脱壳】分明在说，股价第二个阶段性高点已经出现，可以暂时离场了。也许，股价经过整理以后，还会继续寻找本轮行情的第三个高点，但那只是理论上的预测，我更相信形态说明一切。眼下，主力已经【金蝉脱壳】了，我们就没必要再留在山顶上替主力站岗了。

随后，股价又连拉 3 根阳线，出现【一剑封喉】式【金蝉脱壳】，第三波的拉升显得过于仓促和草率，它的涨幅与第二波的涨幅简直是天壤之别，但离场信号出现后还是要走，这是一个职业投资人的本分。

利庄的事一般都很婉约，而利己的事始终显得很顽固。比如说，当股价开始下跌的时候，我们宁愿忍受撕裂般的心痛，也不愿意抛弃手中股票，以致使自己陷入一种无法承受的孤独状态。我算不上主力的铁杆盟友，因为主力撤退的时候我也会跟着撤；我也谈不上是一个多么高尚的人，因为主力破了我的守仓底线，我也会理直气壮地清仓出局。但多数时候，我会及时与主力进行沟通，只要不是原则问题，什么事情都是可以商量的。这样一来，既满足了主力，也成就了自己，这等两全其美的事，何乐而不为呢?

股市是一条看不见的战线，尽管没有冲锋陷阵，却危机四伏；股市是一个没有硝烟的战场，尽管没有枪林弹雨，却险象环生。

在没有交易方法之前，进股市就如同进坟墓，谁也别想活着出去。无视交易规则，受伤害的肯定是我们自己。那些不尊重主力的劳动和意愿、自以为是的操作都属于活得不耐烦了，即使找死，千万不要到股市里来，那是相当折磨人的。见图八。

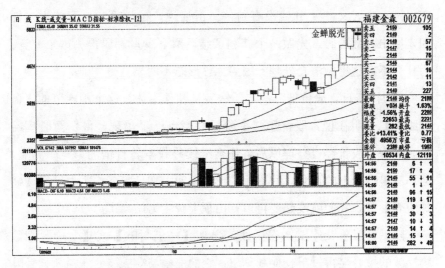

【金蝉脱壳】是见顶信号，清仓出局（图八）

有人在想，今天买进股票，明天涨停该多好，但想法总是和现实有差距。在股市不是比谁聪明，而是比谁更讲信用。谁执行了指令，钱就往谁的口袋里钻。谁耍小聪明，麻烦就直接扑他而去，不信你就试试。

　　我的血液里既没有冒险家的赌性，更没有预言家的精明。所以，当亏吃得不能再吃的时候，主力说，别在那里画地为牢了，注意我的动作，请跟我来。后来，当人们都在寻找风口渴望飞翔时，我却紧贴着地面碾压前行。

　　忆往昔峥嵘岁月稠。过去所有的搏杀，有的属于探险，有的属于蛮干，有的属于寻找刺激。如今，当这一切都变成回忆的时候，你能分清哪些是有价值的吗？如果连一点有价值的东西都找不出来，说明血都白流了。

　　5. 江阴银行（002807）。该股的发行价 4.64 元，上市后连拉 10 个涨停板，【一枝独秀】出现后连跌 4 个月，股价也由【一枝独秀】时的 17.30 元，跌至不规范【一锤定音】出现时的 9.42 元，跌幅 45.55％。

　　当市场上的做空能量消失殆尽以后，主力在底部区域折腾起一个【串阳】，接着，股价站上 13 日均线，【红杏出墙】发出买进信号，半仓跟进。

　　2 月 10 日，股价高开高走，加仓。后在成交量的簇拥下股价大摇大摆地进入涨停区。

　　2 月 13 日，股价以一字板缩量封停，观望。

　　2 月 14 日，股价开盘就涨停。但有个细节值得关注，盘口的封单越来越少，说明主力在利用涨停板出货。先抛出一部分，锁定前段利润。不一会儿，涨停板被主力野蛮地撬开，被撬开的缺口越来越大。实战中主力经常采用这种既简单又粗暴的砸盘方式，虽然野蛮，却非常有效，先用钱把你砸晕，再让你作出错误判断，这个招数主力早就轻车熟路了。碰上这样直肠子的主力也算幸运，有话就说，有气就喷，有屁就放，但风雨过后，一切都更加娇艳。

　　心随股走，就是顺着股价的方向走。比如，当股价开始下滑的时候，要跟着主力一起下沉，仓位重的更要主动；及时跟变，就是下跌的股价突然止跌，然后转身向上，或上升的股价突然掉头向下，不管你是怎么想的，但行动上必须跟主力保持一致。它不只是技术问题，还有思维方式问题，想通了，技术就是赚钱的神器，想不通，技术就是中看不中用的花拳绣腿。

主力盛气凌人，逼着股价和昨收盘做了个交接后，然后摇摇晃晃、颤颤巍巍地向上飘移，把抛出的接回来，即使股价以【独上高楼】报收，也谈不上什么损失，主力的这次清洗驱赶出不少人，也成就了一些人。股价最后带量封停，以【拖泥带水】形态出现，尽管出现在前高点下方，但它毕竟是个离场形态，把今天买进来的先抛出去。滚动操作的本义就是获利与避险，盘中随着股价的沉浮不断地高抛低吸，以实际行动捍卫主力的威严。

2月15日，股价高开，稍作下探便转身上攻，把昨天抛出的再接回来，在持仓量不变的前提下，抛出多少买回多少，买回多少再抛出多少。其实做股票就是两种模式：一是上涨途中赚钞票，一是下跌途中赚股票。滚动操作属于第一种。股价上涨就加仓，股价下跌就减持，通过对资金的增与减，始终让资金保持一种动态。这种模式不仅提高资金的使用效率，也对资金本身形成一种切实的保护。

2月16日，股价高开，下探很小，转身极快，三波封停，节奏感好。

2月17日，对于连拉出8根阳线的主力来说，股价的低开已经事先给了我们暗示，不管你理解不理解，都应择高出局。

从图上可以看出，该股的前高点为17.30元，而今天的股价只是越过前高点5分钱，便开始掉头向下，"创新高必回调"的魔咒在新股中一样奏效。此时该股形态为【一枝独秀】式的【晨钟暮鼓】和【八仙过海】，不管是哪种形态，都在明白无误地告诉我们股价要调整了，当下最该做的是：将大部筹码兑换成资金，然后等股价调整结束后再把资金兑换成筹码。即使不买回来，8个交易日，77.58％的涨幅也该知足了。

主力采用阳线【走四方】清洗盘中筹码，安抚场外者的情绪，如果依然看好该股，可在盘中逢低小单吸纳。

2月24日，股价突破【走四方】整理平台，半仓跟进。也许有人会问，突破盘局为何不能重仓出击？原因有二：一是股价离【均线互换】的节点太远，需要进行回踩；二是逢高减半的买进原则，比如，在第一个阶段性高点抛出1万股，调整结束后重新买进时，只能买入5000股，以此类推，位置越高，风险越大，入货的比例更应该保持适度。

2月27日，股价低开6个多点，虽然主力把股价迅速拉了上去，并且以涨停报收，但凡是上涨途中的股价，只要是低开，基本都是见光死，起码会调整。好在股票当天涨停报收，否则就该走人了。

混迹股市多年后才发现：炒股除了快乐还有忧心，但多数时候是无奈；股市里除了鲜花还有陷阱，而我们却依然不管不顾地前行。这些年，虽然赢利比亏损稍多那么一点点，然而生命却在一点一点地走向衰老。付出会有收获，得到也有代价。有句话说得很有哲理：人的牙齿是硬的，舌头是软的，到了人生的最后，牙齿都掉光了，舌头却不会掉，所以，柔软的人生才长久，硬反而吃亏。因此，进退有据的交易才会持久，"只认指令，不管输赢"，听起来忠言逆耳，做起来也不那么轻松，但它能彻底改变你的命运，保你一生衣食无忧。

每周赢利3个点是一个不断积累财富的过程，同时也是一个不断解决难题的过程。它既是一个享受当下的过程，也是一种有节制的满足。通过日积月累和不断完善，你会发现自己逐渐变得强大。

2月28日，股价低开高走，盘中一度封停，然而好景不长，涨停板终于被主力撬开了，直到收盘也没能封住，虽然只差5分钱，但主力已经露出破绽，加上【晨钟暮鼓】的出现，股价的回调已不可逆转。这是本轮行情的第二个阶段性高点，理论上有可能见到第三个，然而现在给出的却是离场信号，清仓出局。见图九。

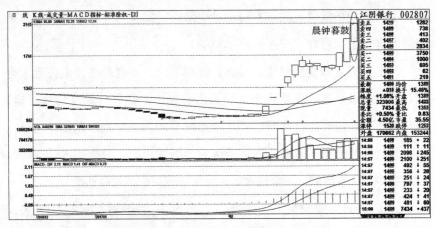

【晨钟暮鼓】是见顶形态，不要恋战（图九）

6. 富春股份（300299）。该股经过漫长的下跌以后，股价由 59.30 元降至 16.98 元，跌幅 71.37%。主力用一年多的时间挤压泡沫，截至目前，已具备关注价值了。

我们发现，股价站上 13 日均线，【红杏出墙】发出进场信号，半仓跟进。

6 天之后，股价第一次触摸 55 日均线，按【红杏出墙】第一种卖出方式被动抛出。

2 月 24 日，股价低开，逢低吸纳。主力缩量整理 3 天后，股价开始从 55 日均线上携量上攻，适量加仓。

对于多数人来讲，把股票卖出去就不想再买回来了，特别是第二次的买入价高于第一次的卖出价时更纠结。拿该股来说，从【红杏出墙】买进，到 55 日均线附近卖出，等于这笔交易已经结束了。当股价经过调整重新向上攻击时，这时候的买入价格往往受到第一次买入价格的影响，如果买入价比先前的卖出价低，买入时就不会纠结，如果当前价格比先前卖出价高就开始犹豫了，结果，财富在纠结中与我们擦肩而去。

滚动操作，都是按股价的质变节点去买卖，而不是按当时的股价高低决定买与卖。

2月27日，股价高开高走，几波上攻之后，股价被主力毕恭毕敬地送入涨停板。

随着时间的消失，涨停板上的封单越来越少，被撬开的可能性越来越大，先做减仓处置，把部分利润锁定再说。

涨停板终于被主力砸开了，行将收盘时，【一枝独秀】的离场信号准确地发出，涨停不打开，心存侥幸还能理解，如今离场信号已经发出，再不卖出股票，就属于明知故犯了。

2月28日，股价开始下滑，逢低便一点一点地买回来。所谓滚动操作，就是在上涨途中，手里永远有股票，账上永远有资金，盘中自始至终与主力保持全程互动。

3月1日，股价继续低开低走，所以，继续逢低买入。

3月2日，股价高开高走，瞅个空档，开始加仓。

3月3日，股价低开，虽然下探很有节制，但传递出的却是股价调整的预警信号，择高减仓。

3月6日，股价低开低走，尽管最后拉了上去，但给出的形态却是【节外生枝】，这是股价行将调整的信号，况且，主力连拉13根阳线，技术上也有回调要求了，清仓出局。见图十。

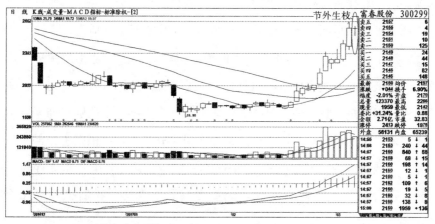

【节外生枝】是调整信号，应主动回避（图十）

瑞士是一个山地小国，几乎没有矿产资源，却成为全球最富有的国家。

中世纪时，瑞士人贫穷潦倒靠当雇佣兵谋生。1527 年 5 月 6 日，德国和西班牙军队进攻罗马教廷，守卫教皇的雇佣兵全都跑了，只有瑞士人留下拼死护卫圣彼得堡大教堂，后来梵蒂冈的教皇把剩下的这些人组成瑞士侍卫队。

自此，瑞士人以忠诚和专注闻名，每个投资者不妨把瑞士人的忠诚与专注注入自己的交易系统，专注每个形态，忠诚每个指令，相信你的操盘业绩也会独步天下。

7. 长青集团（002616）。13 日均线上穿 55 日均线，股价正好落在节点附近，【海底捞月】上的淑女型【红衣侠女】发出进场信号，由于【均线互换】尚未完成，所以，只能轻仓试探。

随后，股价沿着 13 日均线小幅波动，由于股价的上升通道尚未打开，所以，可以沿着 13 日均线小单低吸，依然不能大单扫盘。

2 月 6 日，34 日均线上穿 55 日均线，【均线互换】完成，标志着股价的上升空间已被打通，况且，主力已经放量上攻，重仓出击。

2 月 9 日，连拉 3 根阳线的股价冲高回落，主动减仓，配合主力行动，由于均线系统刚刚向上发散，估计股价下调不会太深。当然这只是一孔之见，如果明天股价走势与判断不符，应立马心随股走。

2 月 10 日，股价低开高走，但没越过昨天高点，趁主力顺势打压时，逢低把昨天抛出的股票再接回来。【均线互换】以后，原则上不做差价，因为短线技术还没过关的，卖出去的股票不一定能够接回来。对于技术过关的可以顺势而为，滚动操作由于有底仓，可根据主力的步伐变换，或快或慢，或走或停，死死黏住主力。滚动操作并非纯粹做差价，主要是与主力产生互动，让主力有了成就感，我们也趁机赚个小钱。

2月13日，股价低开低走，然后转身上行，加仓。

2月20日，主力边走边玩，兴致满满，这天突然心血来潮，开始放量上攻。当股价涨到7个点的时候，突然转身下滑，长长的上影线表明上攻受阻，主动减持，替主力解忧。

2月23日，主力经过两天的缩量整理，继续向下寻求支撑，寻个低点把卖出去的股票再买回来。

2月24日，股价高开，稍作下潜，瞬间就浮出水面，适量加仓。

3月1日，主力连拉3根中阳线之后，显得力不从心，盘中出现缩量的【一剑封喉】，面对见顶信号，我们不能视而不见，乖乖地交出筹码，永远承认主力的老大地位。见图十一。

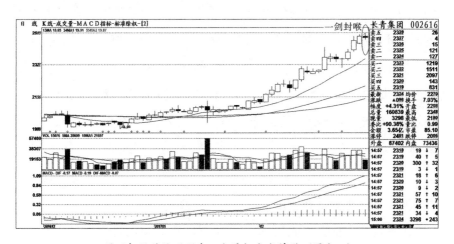

再不起眼的见顶形态，也要把它当神敬（图十一）

3月3日，该股启动以来，第一次下探13日均线，轻仓试探。两天后，又出现不规则的【金蝉脱壳】，而且13日均线与55日均线的间距明显加大，Y值达12%，种种迹象表明，主力对股价要做一次像样的梳理了。赌与猜是炒股的致命缺陷，形态才是亏盈的根本所在。既然【金蝉脱壳】的离场信号已经发出，清仓出局就能避免一切伤害。

3月22日，连跌7天的股价突然拉出一根不规则的【一锤定音】，虽然它出现的位置不对，但给出的止跌信号还是明确的，轻仓试探。

之所以轻仓试探，是因为 13 日均线还在往下掉，我们不能因为止跌形态的出现而忽略了其他细节，顾此失彼的教训已经够多了。

3 月 29 日，连涨 1 周的股价竟然没有把 13 日均线拉平，而且还莫名其妙地整出一个小【一枝独秀】，留下看家护院的，其他的出去躲一躲，用实际行动维护主力的绝对权威。

3 月 30 日，股价低开低走，成交量不大，但 13 日均线开始下穿 34 日均线，股价总的涨幅并不大，现在【分道扬镳】是不是太早？在 55 日均线附近挂个预埋单，虽说提前设伏买到了相对低点，但刚刚赢得 7 个多点的主动权，顷刻间就化作乌有，事先只想到了伏击主力，却没想到主力的回马一枪，把股价逼到了跌停板上。我开始琢磨，在伏击主力的时候还应考虑主力的反伏击，在预见之后还应该再加一个预案。

3 月 31 日，股价高开高走，尽管成交量没跟上，但股价已稳稳地站上 55 日均线，如果股价能吃掉昨日阴线，【破镜重圆】的攻击节点就出现了，无奈成交量不给配合，但主力的意图已经很明显了，半仓跟进。

4 月 5 日，清明节后的第一个交易日，股价以一字板开盘又以一字板收尾，想买的根本挤不进去，只能干着急。

4 月 6 日，股价高开高走，两波封停。但盘口的封单越来越少，如果联想到越过前期整理平台，回调的概率会增大，所以先获利了结是上策。

涨停板终于被打开，而且下探的幅度还很大，昨天的一字板涨停追不进去，今天把卖出去的股票再逢低买回来，就算是堤外的损失堤内补吧，起码也能找回几个点的平衡。

4 月 7 日，股价低开低走，但没有超过昨天的低点就开始转身上攻。这时候有两个细节需注意：一是 13 日均线上穿 34 日均线，【梅开二度】宣告成立；二是连续两天没有回补缺口，不规则的【双飞燕】也宣告成立。因此，在这根缩量的假阳线上，不但不能抛出反而要加码买进。理由很简单，【双飞燕】形态出现后，股价至少有 15％的上涨空间，加仓。

生活中经常有这样的现象：整日研究彩票的人，买了彩票不一定中彩；而对彩票一无所知的人随意买一张，却能中 500 万元的大奖。在股票市场，长期混迹股市的人不一定能赚到钱，而对各项技术分析一窍不通的新股民往往却能买到连拉涨停板的强势股。

由于这些现象时有发生，便有越来越多的人并不认为炒股需要多高的智商，即使是一个外行也能战胜内行站在证券市场的最高领奖台上。

也确有这样的现象令许多理性的投资者怎么也想不明白：有人高价买入，还有更傻的人在更高价抢货，甚至有人在连续 3 个涨停板之后继续追高，而此人还不一定是接最后一棒的人！

所以，市场在很多时候都不可用常理去推测，人心狂热之时，什么理智都会被抛在脑后。有时候就像武侠小说中所说的那样，没招比任何招都厉害！

"博傻"是最不被市场分析人士肯定的一种理论，因为这一"歪理"一旦被大多数人接受，市场分析人士还有什么饭吃？但是，由于在实战中博傻者常常是赢家，故而仍应给博傻理论一席之地。

4 月 10 日，经过两天休息之后，【双飞燕】终于送出第一个涨停板。

4 月 11 日，股价继续高开，稍作下探，便扬起高昂的头直入云端，只是那个小尾巴让主力露出了马脚，【拖泥带水】加不规则的【狗急跳墙】双双发出离场信号。一般的【双飞燕】都给 15％，这个【双飞燕】已经给了 20％，谢谢我们的燕子吧。见图十二。

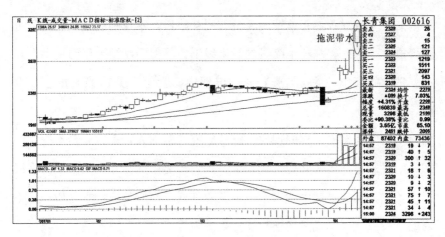

【拖泥带水】是见顶信号，清仓走人（图十二）

股价质变节点，也叫"利害变换线"，只要交易都在股价涨跌的临界点上，风水都会倒转过来，如果资金布局符合股价的波动要求，这种时间差和空间差的叠加，硬是让我们跟上了主力变幻的节奏。过去，步步都想抢在主力之前，现在看来似乎也试着急了一点。"强攻不抢点，低吸有条件"将逐渐成为我们的交易原则。特别在股价上升途中，要集结资金，选择好切入点，然后和主力一起滚动起来。

资金永远是避险和趋利的，但它永远被注重眼前逐利的人们刻意忘记。

第十章

预 备 队

　　预备队，是指交易时提前预留的准备金，它是资金布局的重要组成部分，属于机动力量。预备队不到万不得已时绝不使用，而一旦使用，必须改善和扭转整个交易状况。

　　预备队的作用有两个：一是股价加速上扬时，进场扩大一下战果，协助主力尽快结束行情；二是遭遇突发利空，股票无辜被套时，利用预备队展开一下自救。但不管是扩大战果还是自救，完成使命后立即归建，绝对不能把预备队当成攻城略地的主力去使用。

　　预备队预留多少资金合适？原则上预留资金总额的 20%，假如 100 万资金，预备队的准备金为 20 万。

　　资金布局说起来容易，实施起来却异常艰难，如果不进行专门训练，实战中不一定玩得转。比如，资金该什么时候集中、什么时候分散？有时候，明明知道该加仓，却没有勇气斩掉亏损的股票转而买进正在上扬的个股。做不好资金布局的主要原因，一是缺乏计划，二是执行力不到位，三是不会机动灵活，四是手里捂不住资金。

📊 经典案例

1. 国机精工（002046）。该股的 13 日均线上穿 55 日均线，主力用 22 个交易日筑成【海底捞月】，然而当天并没有给出一个合适的进场机会，所以不能强行介入，要耐心等待明确的买入信号，均线系统目前还错着位，因此不用担心股价突然拔起。

3 天后，【一剑封喉】给出调整信号，虽然它的位置不高，但毕竟是个见顶形态，表明股价暂时不会再涨，由此可见，主力想对场内筹码做一次拉升前的清理。

1 周以后，股价下调 20%，主力砸起盘来向来六亲不认，和风细雨的洗盘肯定逼不出恐怖的筹码。

当股价重新站上 55 日均线时，说明主力拉升前的所有工作已经准备完毕，轻仓试探。

1 月 24 日，股价低开高走，站上 13 日均线之后开始加速上扬，重仓出击。整个上午相安无事，股价上升得很有节奏。然而，下午风云突变，主力开盘就砸，成交量齐刷刷地散落一地。正当持币者犹豫之际，股价突然跳起，而且头也不回地直奔涨停。

1 月 25 日，股价带量突破 1 月 10 日【一剑封喉】形成的高点，尽管这个点并不算高，但变形的【一枝独秀】和【拖泥带水】都在暗示股价的调整，加上"创新高必回调"的魔咒再次显灵，稳妥的办法是主动减仓，明天上涨再买回来，继续回调就把手里的一半卖掉。

1 月 26 日，在集合竞价时，股价低开 6.36%。如果你是满仓，这时候只能眼睁睁看着自己受辱，如果手里有预备队，这时正好进场应一下急，主力给的红包真不小，但一定要克制，入货的比例不能超过手中所持的股票。

开盘后，股价稍作下探，便迅速转身上攻，盘中再也见不到 13.10 元的开盘价了，如果不是在集合竞价时果断跟进，开盘后就买不到了，该出手时就出手，主力赐给的银子要大胆收。

股价曾一度冲击昨高点，结果是无功而返。这时候，应考虑把预备队择高出局，最迟要在收盘前让预备队归建。预备队是应急的，平时不能把它当成主力去使用，也不能把它当成绝命后卫师死磕。见图一。

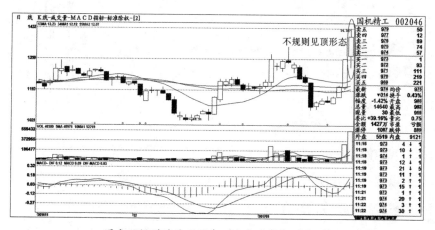

遇上不规则的见顶形态，应主动减仓（图一）

实盘时，买就是买，卖就是卖，绝对不能出现模棱两可的情况。那些能够在股市赚到钱的人，不在于他拥有的技能比别人多，而在于他从不随意使用自己的技能，因为他知道，与其把精力浪费在凑热闹上面，不如实实在在地执行主力发出的每一个指令。

2 月 3 日，股价高开高走，主力理直气壮地三波封停。

2 月 6 日，主力凭借昨日余威继续高开高走，随后大摇大摆地进入涨停区。

2 月 7 日，股价低开低走，盘中不见像样的反弹，主力去意已决，【金蝉脱壳】的离场信号已经发出，清仓出局。见图二。

被套时，我们总是对着形态发呆，为什么看见卖点竟然无动于衷？

因为怕股价继续上涨，结果煮熟的鸭子又被放跑了。贪不但会带来痛苦，也会使人堕落。大海可以填平，人心难以塞满。浮躁的心，嗅不到从容娴雅的花香；冒险的人，随时都可能踩响主力埋的地雷。

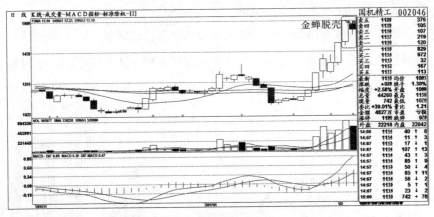

【金蝉脱壳】是见顶形态，清仓出局（图二）

我们依然处于凭想象就可以发财的初级阶段，我们依然处于凭欲望就可以拥有一切的童话阶段，我们依然处于凭金钱就可以打败主力的任性阶段。我们现在的操盘水准离职业投资人的路还有很远，但不管前面的路多么坎坷，都不能让欲望把我们的家底折腾得干干净净。没有纪律来约束行为，人就会变得无法无天，而膨胀的信息不断压缩人们的思索空间，更容易使人们变得盲目和轻信。

2. 先锋电子（002767）。该股除权以后，主力填权欲望不大，股价一直在均线系统附近窄幅整理。随后，不规则的止跌形态【一锤定音】出来了，表明主力的整理结束了，轻仓试探。

随后，股价拉出三连阳，且一阳更比一阳大。

12月16日，股价低开低走，眨眼工夫，把3根小阳线全部吞掉了，在股价下探8个点的时候，是不是动用一下预备队去顶一下？通常情况下，55日均线以下不轻易用预备队，只是主力欺人太甚，既然主力敢砸盘，就有人敢接单，股市里不怕死的人有的是。

　　成交不到 1 分钟，股价突然不跌了，这时的主力像条疯狗似的拉着股价向上猛蹿，仅半个小时，主力就把股价从跌停送上了涨停，【一阳穿三线】亭亭玉立，这是主力拉升时常用的招牌动作，别想太多，重仓出击，迟了就买不上了。

　　一小时之内，预备队连用两次，第一次是小单自救，第二次是扩大战果。所谓资金布局，就是根据股价的具体情况及时地分散和集中资金，使资金永远处于招之即来、来之能战的战备值班状态。

　　12 月 19 日，股价高开高走，盘中轻松越过前高点直奔涨停，主力这个跨栏动作既潇洒又漂亮。这时候，应考虑让预备队归建了。

　　12 月 20 日，股价低开低走，然后转身上拉，接着又是一个缩量封停。除权留下的缺口短短几天就被填平了，可见，主力高兴的时候，效率还是很高的。

　　12 月 21 日，股价高开低走，一度下探 6 个点，极有可能形成【金蝉脱壳】，这个想法刚刚冒出来就立即被主力做了修正，股价转身上蹿，在涨幅 9 个多点的时候，股价突然不往前走了，下滑的意思也不太强。股价就在那里飘，形态是【拖泥带水】，不管股价明天有无高点，现在该清仓出局了。见图三。

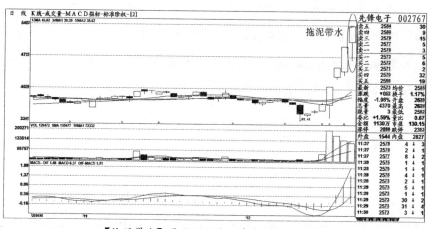

【拖泥带水】是见顶信号，清仓出局（图三）

股市教会了我们付出和收获、失败和成功之间的平衡，是对人生的一种修炼。不管是谁，在炒股过程中都会遇到很多意外灾难，但我们不能总是沉溺在那些不幸之中，而是要坚强地走出来。人生可以有霉运，但不能露霉相。

摆在我们面前的一个现实是：无论买菜还是坐头等舱，都需要用金钱来实现，没有财务自由，何来衣食无忧？

人的一生，像一个残忍的玩笑。软弱地来，软弱地走，偏偏中间又让人经历不知天高地厚，以为自己无所不能，然后不论情感、意志还是体力，都每况愈下，身体的衰弱最叫人无可奈何，特别是那些追求高贵的灵魂，性格在日趋成熟，境界在日益开阔，却抵不住疾病和衰老的侵袭。

一个人不管居庙堂之高还是处江湖之远，其梦想、智慧、热血、壮怀和勇气终将被岁月之河卷走，但他留给这个社会的财富却不会随之飘散。对于人而言，生活就像山间的野草和野地里的鲜花，曾经那样的繁茂，当微风吹过又吹远，大地知道，一切都已经改变。

屈原曾这样感慨："老冉冉其将至也，恐修名之不立。"我忽起悲兴："天地无终极，人命如朝霜。生前身后物，皆如草与土。"

"贤愚千载知谁是，满眼蓬蒿共一丘"，不论你是圣贤还是平庸之辈，生命结束的时候，留在人间的都不过是长满野草的小土堆。在读过弘一法师的传记之后，觉得他身上最了不起的一种态度就是放下，就是心无所住，他说："一事无成身渐尧，一钱不值何消说。"

3. 新亚制程（002388）。在【一阳穿三线】出现之前，该股曾出现过三次【红杏出墙】，为什么股价没涨起来？因为这个"杏"出现的不是时候，它离 55 日均线太近了，一言以蔽之，位置决定形态的成败。

在人们的共同努力下，雾霾消失得无影无踪，【一阳穿三线】终于把主力的做多欲望给勾了出来，当务之急是跟着主力往里冲，重仓出击。

1月13日，股价高开高走，只是眨眨眼的工夫，主力就躲到涨停板里面不见了，你说奇怪不奇怪？

不要整天想着抓涨停板，不容易存活下来。在股市有多大本事就做多少事情，这样赚的钱心里踏实。能自己在股市打下一片天，那才叫真本事。但亏损与赢利同在，荣耀与屈辱同行，谁都没有绝对赢利的把握，因此，在心随股走的时候，不要忘了及时跟变。

1月16日，股价依然高开高走，冲劲不减，盘中股价带量突破前期整理平台径直奔向涨停，后来涨停板开开合合，最终也没能封停，尽管上影线不算长，但股价却创出了新高。"创新高必回调"的幽灵不知道还会不会光顾？此时，做个减仓处置，主动避让一下。

1月17日，股价大幅低开，然后走低，最后竟然一屁股坐在跌停板上不动了。股价回调时，我们见过主力任性的、耍横的，像个泼妇似的往地上一躺，耍无赖的还真是头一回见。让人敬重的主力有，令人嗤之以鼻的主力也大有人在。所以，碰上小人就不能用对待君子的方法，主力躺在跌停板上装死，我们就用钱使劲地砸，主力都是见钱眼开的主，瞧，有反应了。

这时候，13日均线上穿55日均线，【海底捞月】已宣告成功，主力在节点处来个高台跳水，先把昨天卖掉的股票悉数捡回再说，你想跳就跳去吧！

如果昨天不做减仓处理，今天不会有这个低吸的机会；如果不留预备队，现在就眼睁睁看着被主力欺负。

明眼人也看穿了主力的把戏，对着主力就是一阵猛揍，主力捂着脑袋，十分狼狈地逃回山顶大营。

从跌停到涨停，也许你不曾遇上过，但在个股中确实发生过，这种事只可遇不可求，假如你碰上这种事情，将如何处置？

为安全起见，把刚才买入的股票再卖出，即使主力再把股价打到跌停板上，我们依然有利可图，这就是资金给我们提供的帮助。同时，预备队也给我们提供了战略掩护。

1月18日，股价大幅高开，那个咧着大嘴的缺口简直太吓人了，尽管主力很快把股票推到涨停板上，但【狗急跳墙】给出了离场信号，【拖泥带水】也说漏了嘴，你不走就留在山顶吧，清仓出局。见图四。

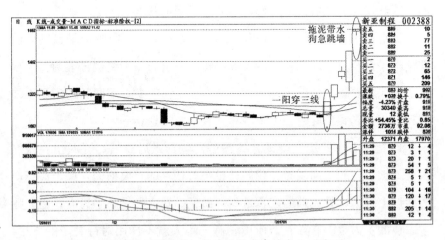

遇上复合见顶信号，更应该坚定走的决心（图四）

散户大面积亏损，股市里的钱到底去哪儿了？2021年在网上看到有关A股的如下数据：

IPO发行新股491起，募资5367亿；

定增再融资420起，募资9796亿；

证券交易印花税，2478亿；

交易佣金，990亿；

融资融券利息，约1360亿；

原始股东减持，约6400亿；

公募基金认购赎回费，约700亿。

以上资金合计超过2.7万亿，这些资金绝大部分不会再回到市场中了。

4. 科林环保（002499）。【均线互换】的完成，标志着股价的上升空间已被打开，从此以后，可以逢低吸纳，但要一点一点地吸，只要主力不是放量攻击，就不要大单进场。该股自从【均线互换】完成以后，股价一直沿着 13 日均线小步密走。

2016 年 9 月 2 日，当第三个【一石二鸟】又被确认后，半仓跟进。

连拉 3 根阳线后，股价又开始回调。我们不知道主力哪一天才会发动总攻，遇上这么个不阴不阳的主力着急也没用，跟着主力磨耐性，总有一天也会把主力逼急的。

9 月 12 日，股价大幅低开，而且事先没有任何利空消息，对股价的突然异动只有一种解释，主力的"发情期"也就这几天了，让预备队进场探个虚实。

9 月 13 日，缩量阴线，主力在观望，市场也在观望。

9 月 14 日，主力终于耐不住了，股价很快站上 13 日均线，上涨趋势已经确立，再让预备队进去扩大一下战果。看着从四面八方涌来的人群，主力乐得合不拢嘴，当天以涨停板报收。让预备队归建。

然而，乐极生悲。该股突然停牌，什么原因不清楚，也没人出来解释，好在散户已经被欺负惯了，再挨一闷棍并不感到意外。

10 月 10 日，该股以涨停板复牌，也算给无故被关的人们一点补偿，然而别高兴得太早，涨停板上封单越来越少，说不定会被砸开，还是先做减仓处置，然后再视情况处理。

涨停板果真被打开，而且被砸得一塌糊涂，凶狠的主力把昨天的收盘价给砸穿了，趁鱼龙混杂之际，悄悄买回 3/16 仓位。如果股价明天接着跌再接着捡，主力有力气砸，俺有银子接，买进当天便处于获利状态。

10 月 11 日，股价小幅低开，由于有底仓，今天可逢低再买回 5/16 仓位。股价稍作下探便转身向上拉，没想到的是，财大气粗的主力竟然来了个惊天大逆转，径直把股价送到涨停板上去啦，先把昨天买进的股票卖出去。

10 月 12 日，股价依然坚持低开低走，主力一而再，再而三地动摇持股者的信心，场内的散户喃喃自语：跟这样的盟友混，说不定哪天就被挂了。谁都希望看到事物的真相，因为股市里有着太多的欺骗。过了一段我发现，股市里需要谎言把某些东西隐藏起来，不然的话，股票既没人买，也不会有人卖。当一只股票把真实情况全部赤裸裸地暴露在你的面前时，我们真的没有足够的勇气去面对它。

亦真亦假，虚虚实实，嘴巴铁硬，下手留神，很像京剧《三岔口》中的武打场面，双方小心谨慎地揣摩试探着对方的出拳使刀，有时是虚晃一枪，有时是意在恫吓，有时又是确确凿凿的撒手锏。股票交易永远都不是纯技术性的，免不了尔虞我诈，能够知己知彼、参透对手心者将居上风。所以，形态至关重要，落单无怨无悔。

10 月 13 日，股价开盘封停，尽管盘中打开又封住，但它的下影线已符合【拖泥带水】的离场条件，况且，居高临下的主力趁着人们兴高采烈的时候，也悄悄地【狗急跳墙】了，清仓出局。见图五。

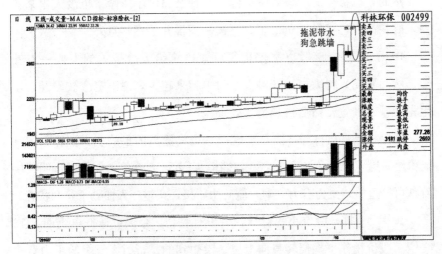

【拖泥带水】是见顶形态，清仓出局（图五）

5. 通达股份（002560）。作为 135 战法 5 个止跌形态之一，【一锤定音】的出现，结束了股价的继续下探，轻仓试探。

随后，股价迈着碎步，缓缓地向上挪移。持股1周后，终于获得一字板的回报，但这属于意外收获，因为你事先有这个股票，假如你刚刚发现该股涨停，无论怎样都是买不进去的。所以，那些说自己抓了个涨停板的通常是带有水分的。

1月24日，股价高开低走，然后转身上拉，盘中攻击有板有眼，股价大张旗鼓地封住了涨停。

1月25日，股价没有预期地上涨，低开后磨磨唧唧地横盘，然后是惊慌失措地往下掉，遇上这种情况，仓位重的适当减仓，因为不知道它会往下调多深，仓位轻的可静观其变。股价以光头光脚的大阴线报收，结合前期走势，这根阴线应视为【暗度陈仓】，属于主力震仓性质，在这里可适当买上一点，因为【暗度陈仓】之后，股价还有新低。

1月26日，股价上涨无力，收缩量小阳，主力在观望市场的动静。

2月3日，股价低开低走，可以在55日均线附近设伏，碰碰运气，看看主力是否能够进入我们的伏击圈。

主力很大方，收掉预埋单，开始转身向上攻击。成交量温和放大，把预备队派出去，协助主力迅速拿下这座山头。

2月6日，股价低开高走，然后缩量封停，预备队功不可没，让它归建后继续养精蓄锐。

2月7日，股价依然是一路高歌，活蹦乱跳地就撞入涨停区，谁知屁股还没坐稳就被推了下来。如果股价不能继续封停，盘中就应择高点出局。

眼下13日均线开始上穿55日均线，只是这个歪瓜裂枣的【海底捞月】跑到山顶上滥竽充数啦，为了少吃主力骗线，应把K线和均线结合起来看，这样就可准确判断股价的位置。从图表上看，这又是一个经典的【一剑封喉】见顶形态，闲话少叙，清仓走人。见图六。

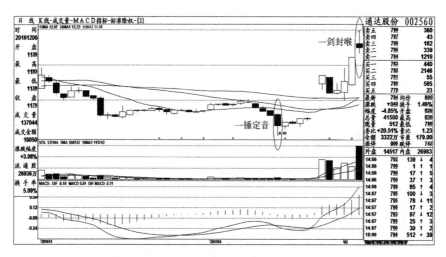

【一剑封喉】是见顶形态，清仓出局（图六）

说一只小鸟飞到南方去过冬，天很冷，小鸟几乎冻僵了。于是，飞到一大块空地上，一头牛经过那儿，拉了一堆牛粪在小鸟的身上，冻僵的小鸟躺在粪堆里，觉得很温暖，渐渐苏醒过来。它温暖而舒服地躺着，不久唱起歌来。一只路过的野猫听到声音，走过去看个究竟，循着声音，野猫很快发现了躺在粪堆里的小鸟，把它找出来吃掉了。

不是每个往你身上拉大粪的人都是你的敌人，也不是每个把你从粪堆里拉出来的人都是你的朋友。还有，当你躺在粪堆里时，最好把你的嘴闭上。

6. 香农芯创（300475）。在该股的走势图上，13日均线上穿55日均线，股价收阴，而且正好落到节点上，【黑客点击】不期而遇，轻仓试探。

3天后，主力收服【三剑客】，然后携量上攻，半仓跟进。【三剑客】被确认，为什么依然不能重仓出击？理由很简单，【均线互换】尚未完成，我们应该养成一种习惯，在上升通道没有被打开之前，一定要手下留情。

股价连拉 6 根阳线之后，主力仿佛有些体力不支，而且技术上也有回调要求。于是，3 月 22 日这天，股价低开低走，历史的经验值得注意，这时候，该适当减仓了。这根带量阴线应视为【暗度陈仓】，是股价在上升途中主力常用的震仓手段之一。

主力够狠，连唬带诈地把股价扔在跌停板上，我们不知道股价是否还会跌停，单凭主力这个凶劲，就应把昨天抛出的筹码捡回。股价回调得越凶，未来上涨的力度越大。

收盘后，一直紧绷的神经终于可以舒缓下来，但这根大阴线留给我们的记忆是复杂的，既有判断与行动上的一致，也有判断失误而清仓出局的。其实，股市不是给哪个人设计的，只有最大限度地认知股市规律，然后，削足适履地去迎合主力，才能给自己的梦想少留遗憾。

目前，我国每年 GDP 增速在 7％左右，而每年央行增发货币是 GDP 的两倍，所以，在未来 10 年中国贫富差距还会加剧，如果不懂投资，不增加货币收入，所有资产将会大幅度缩水。

135 家上市房企的利润总和还不如建设银行的三分之一，而且整个行业利润已经下滑到 8％以下。房价高得离谱，房企的利润低得可怜。正如现实中学位不值钱，学区房却一房难求。或许，通过股市的盈利才能帮助我们渡过通货膨胀和资产保全，那么炒股亏了呢？

我觉得，不是每个人都有条件去炒股，它需要一定的财力和时间，而不是随便买个股票就能获利，或抽点时间交易一下就能赚钱那么简单。炒股是一个专业，是出手就能定输赢的专业。从选股到买进，从资金布局到卖出时机，都有着十分苛刻的条件，需要花大力气才能把握它。当然喜欢是一切付出的前提，否则，就不会投入时间和精力。

3 月 23 日，股价低开低走，然后转身向上。这时候应考虑让预备队进场扩大战果，刹那间，主力统领各路人马，纷纷夺回已失阵地，然后登上涨停板欢呼雀跃。立即让预备队归建，以备不时之需。原则上讲，不管是自救还是扩大战果，都应将预备队在当天归建。在操作失利时，预备队救急不救贫；在扩大战果时，预备队不适合宜将剩勇追穷寇。

3月28日，经过一波快速拉升，股价第三次出现【晨钟暮鼓】，减仓。

3月29日，这个缩量小阳，是【节外生枝】和【笑里藏刀】的复合卖出形态，清仓出局。见图七。

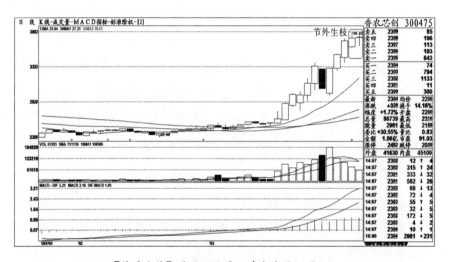

【节外生枝】是见顶信号，清仓出局（图七）

在我走运时朋友认识了我，在我落魄时我认清了朋友；在我买股票时主力认识了我，在我卖出股票时我认清了主力。

7. 超讯通信（603322）。在该股的走势图上，不规则的【一阳穿三线】发出进场信号，重仓出击。

第二天，股价小幅低开，而且回调不破昨收盘价，加仓。

第三天，涨停，别激动，一兴奋就把股票扔掉了。

第四天，涨停被打开，而且总也封不住，减仓一半。

第五天，股价低开8个多点，主力够阴，然而，对于短线高手来说寻找的正是这种刺激，不管股价低开还是高开，只要它足够大，那就是机会。但需要正确的判断和足够的胆识，先把昨天卖出的股票捡回来。

我们注意到，【一阳穿三线】的第六天，股价继续低开 4 个多点，主力的恐吓在继续，让预备队进场感受一下实战的氛围。结果开盘价就是最低价，如果不在集合竞价时大胆挂单，恐怕真的会踏空。股价很快越过昨收盘价，然而成交量很不给力。让预备队先归建，再去欣赏主力的精彩演绎。

根据股价的不同位置和变化，我们会做出减仓或加仓等不同处理，只要主力有指令，我们就立刻有行动。当然，谁也不会把每次交易都做到完美无缺，而且在交易过程中也会给我们留下酸甜苦辣，但随着交易的不断增加和对执行指令的更加自觉，我们都会变得越来越智慧与宽容。比如说，阳线和阴线是不能在一起的，正如古人讲的，男女授受不亲，它们俩一见面肯定要出事。当阴线吃掉了阳线，股价下跌的概率就大；而当阳线吃掉了阴线，股价上涨的概率就大。

白天最远只能看到一个太阳，而晚上却能看到很多的星星；交易时我们上蹿下跳寻找黑马，而复盘时却眼睁睁地看着黑马与自己擦肩而过。方向反了，折回的难度更大。

有人买股票赚了钱，不是因为他掌握了一个适合市场的方法，而是偶然的运气，当运气过后，利润都会退回去。

第七天，股价又是虚浪拉升，主力出工不出力，加上均线的错位，表明继续上攻的准备工作尚未完成，自行减持，行动上与主力保持一致。

第八天，缩量小阳，形态为【笑里藏刀】，由于股价位置低，而且在前高点下方，因此不能认定是出货形态。在不能认定股价方向时，只能静观其变。

第九天，股价低开，然后带量下跌，原来低位的【笑里藏刀】也暗藏杀机，不得不防。盛气凌人的主力把股价砸在跌停板上才罢休。其实，这样的调整效果并不好，而且容易暴露意图，虽然砸盘很恶劣，但并不吓人，前提是你要知道主力的套路，不然就要吃眼前亏了。先把减持的接回来，跟着主力慢慢磨吧，有机会就做个差价，没机会就傻傻地看。

第十天，股价小幅低开高走，然后携量上攻，由于【均线互换】尚处于黏合状态，不适合重仓出击，先半仓跟进试试水温。当股价涨到9个多点，行将封停的关口，突然掉头折返，主力的主意一旦确定，九头牛都拽不回来，跟着主力一道减持吧。

【一阳穿三线】的第十一天，股价有了新高，成交量却减了一半，心怀叵测的主力不知又搞什么新花样。惹不起，总躲得起吧，继续减持。由此可见，主力在上升通道未被打开之前是不会发力的。如果舍不得它，那就耐心等它吧；如果你真的看好它，就在回调低点分期分批地吸回来，而不是观望。

经过两周的整理，股价重新站上13日均线，接着便开始了第二波上攻，重仓出击。

3月29日，股价突然低开9个点，弄得人们惊慌失措。根据以往的经验，上涨途中的低开，多数属于调整信号，盘中应择高点出局。实际上等股价真的拉上来的时候，很多人又不想走了。所以，主力就把那些意志不坚定的人高高地吊在树上，以示后人。

该股上市后，主力用10个月时间让股价翻了11倍，是不是太神奇了？正是这种所谓的盈利效应，导致股市人满为患。人们看到股市的这种暴利，于是趋之若鹜，络绎不绝。都说中国房价是奇葩，其实，更奇葩的是中国的股票。

焦虑是因为想得太多、做得太少，抑或是知道却做不到。那些每周只想完成3个点的人，没有因赚钱少而困惑；那些为大目标而不断付出行动的人，内心会变得充实。努力是一个缓慢的积累过程，趁着头脑清晰、手脚灵活的时候主动吃些苦，力争活成你自己期待的样子。

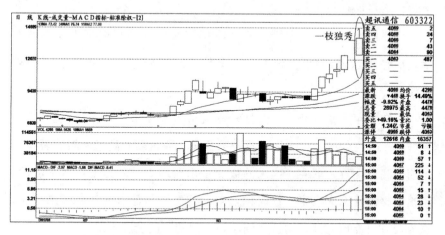

【一枝独秀】是见顶形态，清仓出局（图八）

从图上可以看出，主力填满自己挖的坑以后，开始向上孤军深入，尽管股价已经鹤立鸡群，前面已经没有谁能够挡住主力的去路，天下无敌的时候，主力就会自废武功。主力看似风光无限，万人敬仰，但外强中干的主力望着自己的库存时，心里默默地想，不知哪个傻小子会接盘？

股价经过掠夺性疯涨，终于出现不规范的【一枝独秀】，这个形态疑似高位的【绝处逢生】，其实，它是一个绝佳的逃命机会。清仓出局。见图八。

8. 河钢资源（000923）。股价经过长期下跌和充分整理以后，2016年3月25日，13日均线上穿55日均线，股价收阳，淑女型【红衣侠女】不期而至，而且在它出现当天，上升通道也随即开通。由此可见，这个【红衣侠女】的能量不可小觑，半仓跟进。

3月29日，股价平开低走，然后带量下跌。这究竟是拉升前的震仓，还是做空头陷阱？从均线系统所处的位置上看，前者的可能性大一些，先做一个补仓，然后再视情况处置。

4月5日，主力连拉3根小阳线后，股价小幅高开，随后温和放量上攻，适量加仓。

又是停牌，也不知原因。幸亏没把资金放在一只股票上，不然的话，在停牌这段时间里不知道该干什么。假如停牌两年，会不会被憋疯？

好在半年后就复牌了，而且开盘就给了个一字板，也算没被白关。复牌第二天再送一个一字板，复牌第三天，股价高开高走，然后带量踏平前期高点，直奔涨停。这天的成交量出奇地大，主力闹这么大动静，恐怕要整出什么大事来。这时候，我们注意到，盘口的封单越来越少，涨停板有可能被打开，而且"创新高必回调"的魔咒再次显灵，行情仿佛没走完，但调整已不可避免，主动减仓。

10月31日，股价低开低走，并且一口气摔在跌停板上，主力已经疼得起不来了。这根阴线是【暗度陈仓】，性质属于震仓，把昨天抛出的股票接回来，在这里不能使用预备队，因为一是【暗度陈仓】之后有新低，二是不清楚股价是否继续下探。如果第二天调整结束，或开始向上攻击，就可以考虑动用预备队。

11月1日，股价低开低走，小单低吸，也许会形成【一石二鸟】。然而，这种预判很快就被主力否定，股价突然不下探了，并且转过身开始放量上攻，这时候就应该跟着股价走，随着主力变。此刻，该让预备队出去见见世面了。

眨眼工夫，股价封了涨停。别光顾着高兴，先把预备队归建。使用预备队原则上当天用当天还，一般不让预备队在外面过夜，所以，对进出点的把握至关重要。派出去的预备队如果当天不能归建，没有特殊情况的话说明你的预判能力还有待提高。

11月2日，股价小幅低开，稍作下探立即转身上攻，在离涨停只有 3 分钱的时候，股价突然掉头向下，盘中几次反弹均无功而返，主动减仓。明知道这个【一枝独秀】不是主力出走标记，但形态给出的却是调整的提示，怎么办？走。即使吃根骗线也认了。有主力引航，相信过程也不会差到哪里去。做股票一定要守本分，主力让往东跑，就绝对不往西奔。

11 月 3 日，股价低开低走，低吸，在入货比例上不能超过昨天的卖出量。10 分钟后，股价不再下探，而是带量上攻，重仓出击。随后，股价进入急拉状态，主力在赶顶，说明行情已进入尾声，耐心等待主力的撤离指令。

11 月 15 日，股价小幅高开，然后高走，但顺势回落后，主力已丧失攻击欲望，股价慢慢滑过昨收盘，重新拉起已变得毫无希望，盘中择高出局，股价尾盘以不规则的【一剑封喉】报收。见图九。

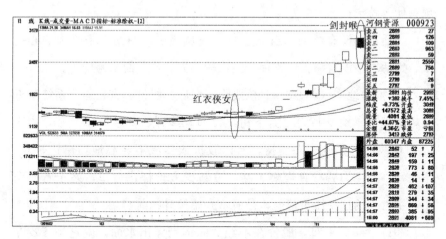

【一剑封喉】是见顶形态，清仓出局（图九）

从前有个百万富翁，每天让他劳神费心的事情跟他拥有的财富一样多。所以，他每天都愁眉紧锁，难得有个笑脸。

百万富翁的隔壁，住着磨豆腐的小两口。谚语说：人生三大苦——打铁、撑船、磨豆腐。但磨豆腐的这小两口却乐在其中，一天到晚欢歌笑语不断地传到隔壁的富翁家。

富翁的老婆问老公:"我们这么富有,怎么还不如隔壁磨豆腐的开心呢?"

富翁说:"这有什么,我让他们明天就笑不出来。"到了晚上,富翁隔着墙扔了一锭金元宝过去。第二天,磨豆腐的小两口果然鸦雀无声。原来他们捡到这意外之财后,不想再干磨豆腐这种又苦又累的活儿了。可做生意担心赔;不做生意吧,总有坐吃山空的那一天。

丈夫在想,生意要是做大了,是该讨房小的呢还是该休了现在这个黄脸婆;妻子则琢磨,早知今日,当初就不该嫁给这个穷鬼。自从得到金元宝后,之前快乐的小两口现在谁也没心思说笑了,烦恼开始占据他们的心。

更令小两口痛苦的是,为什么天上不多掉几个金元宝呢,这样就能想买什么就买什么了啊?

生活本来没有烦恼,当欲望之火被点燃后,烦恼就来敲你的心门了。生活原本没有痛苦,当你开始计较得失,痛苦便来缠身了。

9. 格力地产(600185)。该股除权以后,股价一直在均线系统附近窄幅整理,直到 2017 年 2 月下旬,13 日均线开始上穿 55 日均线,由于 55 日均线没有明确表态支持,所以股价依然漫不经心地在岸边嬉戏。不久,不知主力哪根神经短了路,重新把股价拖进海里,终于看明白了,主力用的这招压价逼仓,是股价开始拉升的前奏。

2017 年 4 月 6 日,股价在不经意间悄悄浮出水面,说它是【蛟龙出水】吧,气势上差点,说是【一阳穿三线】吧,量价又不理想。但股价能从深水区游到 55 日均线附近,说明背后一定有一股力量在暗中支持,轻仓试探。

股价连续两天缩量整理,逢低买入。

2017 年 4 月 11 日,主力先是攻克 1 月 5 日的高点,半仓跟进。

随后，主力继而攻克 2016 年 11 月 23 日的高点，与此同时，13 日均线开始上穿 34 日均线，一个不太规则的【梅开二度】发出加仓信号。把预备队派出去热闹一下，众人拾柴火焰高，股价直奔涨停板。让预备队迅速归建。

4 月 12 日，股价开盘即封停。但中间有过打开又封停的动作，【拖泥带水】真实地记录了这一切。一般情况下，【拖泥带水】之后股价还有新高。时间滴滴答答地走着，涨停板开开合合，表明主力已经有所动作，抛出大部仓位。

4 月 13 日，股价高开高走，差 1 分没封停，主力去意已决。盘中振幅开始加大，成交量是除权以来最大的一天，但主力为了更顺利地派发，故意制造做多气氛，形态介于【一枝独秀】和【拖泥带水】之间，老股民都知道，这是主力出逃时留下的痕迹，清仓出局。见图十。

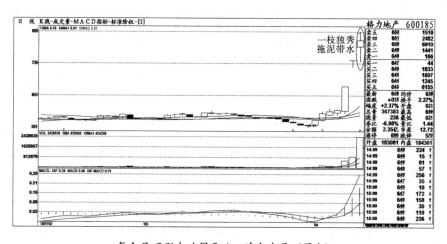

复合见顶形态跌得更凶，清仓出局（图十）

执行力不坚决的人，都是患得患失的人。凡是能够从股市里捞起大鱼小虾的，不管他们买进还是卖出，都是在不折不扣地执行交易指令。

执行的第一要义是服从。二战时期，盟军决定在诺曼底登陆，在正式登陆之前，名将艾森豪威尔决定在另外一个海滩先尝试一下登陆的困难。他把这个任务交给了三位部下，三位部下讨论后一致认为这是一次不可能成功的行动，于是力劝艾森豪威尔取消这个计划。后来艾森豪威尔把这个任务交给了希曼，希曼没有任何借口接受了这一任务，并且不折不扣地去执行。这为以后成功登陆诺曼底积累了宝贵的经验。

在指令面前犹豫不决，是执行力欠缺的具体表现，没有执行力，利润锁不定，资金的安全也得不到保障。

执行的第二个要义是专注。实战时，专注于每一个指令，这是股市赢家不可或缺的品质。在看盘或操盘期间如果不能全神贯注，不能集中精力，就很容易出差错。

执行的第三个要义是行动。主力给出的交易指令，谁都不能保证它百分之百正确，但它们基本上都出现在股价的节点上，我们没有理由不去执行。

任何行业里的成功者都不是在行动前就解决了所有问题，而是在遇到问题时想办法一个一个地去克服。成功是在失败的泥潭里淘出来的金子，而不是在金山里面拣出来的垃圾。

该买的时候没买，该卖的时候没卖。令人痛苦的是，知道却做不到。由此可见，知识与能力的对接需要时间的洗刷和沉淀。当然，执行力的强弱同样是决定一个人能否成为赢家的关键。一个执行力强大的人是不可战胜的，他在执行指令的时候没有借口，更没有抱怨。

从亏到赢只有一步之遥，但这是非常难以跨越的一步！只有那些"只认指令，不管输赢"的人，才能最终跨越这艰难的一步；只有那些面对指令没有任何私心杂念的人，才会得到主力的奖励与呵护。一个人能否把每周盈利 3 个点的目标变成现实，在于他能否一以贯之地忠于指令。

10. 石化机械（000852）。该股除权以后，股价始终以 55 日均线为轴心，围绕着均线系统进行着窄幅振荡，而且盘中主力在拉升前做了一次压价逼仓，旨在把不该赚钱的都清理出去。结果，主力不但没有把别人逼跑，反倒把自己从深海区逼出水面，然后躺在错位均线上大口喘着粗气，而且这一喘就是一周。不知主力被人按在水里是个啥感觉？

2017 年 5 月 8 日，股价低开高走，【一阳穿三线】发出进场信号，主力拉升时惯用的招牌动作又出现了，重仓出击。

5 月 9 日，股价依然低开高走，但今天这个低开高走和昨天那个低开高走有着本质的区别，这是因为：昨日那根阳线属于攻击形态，而今天这根缩量假阳线是个不折不扣的调整形态，由于它出现在【一阳穿三线】之后，故视为【立竿见影】更恰当些。

5 月 10 日，股价变成了高开高走，冲高回落后在图表上留下上影线不长的【一剑封喉】。尽管位置偏低，但毕竟是个调整信号，主动减仓。

有人问，主动减仓时，具体减多少合适？这要根据【一剑封喉】出现的位置去决定，性质属于阶段性高点的，减仓的比例为 12/16，其他的视情况而定。

5 月 11 日，股价低开低走，一度跌停。主力欺负人从来不眨眼，不过这一次，卧底来报：主力以恐吓为主。摸清了主力的底线，顺便捡一些廉价筹码，先把昨天抛出去的股票接回一半。主力生性多疑又多动善变，如果它发现情况不对，随时都可能假戏真做，因此要时刻提高警惕。

5 月 12 日，股价低开高走，然而主力只是象征性地做了个虚浪拉升，说明主力也在试探，如果跟风盘多，股价就会继续下探；如果交易清淡，表明该抛的都抛了，主力就可能结束调整，重拾升势。

从【一阳穿三线】的 13.38 元买进，到现在 11.95 元，股价已被套10 多个点，除去中间做的一次交易，减亏几个点，目前实际被套 5 个点，问题不在于亏多少钱，而是如何寻找机会进行补仓。眼下就是个不错的机会，理由：开盘价就是最低价。补仓时补多少？最好不要超过手中所持股票，比如，手中有 1 万股，补仓最多也是 1 万股。把另一半再买回来。

5 月 15 日，13 日均线上穿 55 日均线，【海底捞月】终于浮出水面，加上股价的高开高走，又是一个不规则的【一阳穿三线】，尽管买进信号发出了，但心里一定很忐忑。第一个【一阳穿三线】被【一剑封喉】给化解了，第二个【一阳穿三线】又不规范，买进去会不会再套呢？什么可能都会发生，但进场指令已经发出，作为盟军的我们只能向前冲。然而军营里活着的都派了出去，只有预备队在坚守待命，关键时刻支援一下友军，兴许能缓解主力的压力。

横盘大半年的主力，终于在【海底捞月】构筑完成的时候，【一阳穿三线】如深海蛟龙冲出水面，总算把股价给拉起来了。

5 月 18 日，股价高开，下探，转身上攻，三个动作几乎是一气呵成，然后主力径直把股价送入涨停区，把预备队撤回归建。

5 月 19 日，主力把昨天的动作重新克隆一遍，股价轻车熟路地进入财富王国，只是动作上有些【拖泥带水】。注意，这是一个离场信号，仓位重的可以清仓出局了。

我们知道，【拖泥带水】之后，股价一般还有新高，仓位轻的，可以第二天寻个高点抛出，顺便看看主力是怎样结束行情的。

牧羊人自顾自地向前走着，后面跟着一只羊，尽管羊没有用绳子拴着，但羊却如影随形地跟着牧羊人，寸步不离。

一个股民见了，感到很奇怪，便问牧羊人："你并没有用绳牵着羊，羊怎么会紧跟你不离呢？"牧羊人回答说："拴住羊的不是绳索，而是你对羊的关照和怜爱。"

牧羊人的回答，让这个股民豁然开朗：维系我们与主力关系的不是上市公司的经营业绩，而是个性鲜明的股票形态，以及交易指令对人们行为的节制。

5 月 22 日，股价低开，下探，转身上攻，正当主力开足马力冲击涨停板的时候，股价犹如高入云端的飞机，现在突然引擎失灵，股价翻着跟头往下掉，幸亏下沉的股价终于被主力控制，但【一枝独秀】又发出离场信号，清仓出局。见图十一。

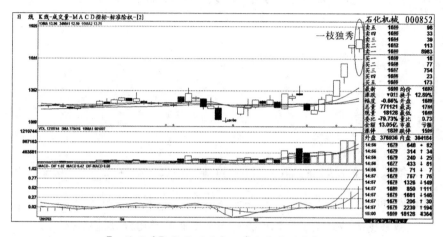

【一枝独秀】是见顶形态，清仓出局（图十一）

在生活中，偷鸡摸狗的人干不成大事，在股市里，急功近利的人挣不到大钱。比如，炒股的每天要进行复盘，挑出符合形态的股票。然而这么简单的事情，有人就是坚持不下去，他对自己很宽容，股市就对他不客气。再比如，交易时需要令行禁止，然而你却渴望自由，该执行的指令不执行，股市就会把你变成光着屁股打狼的穷光蛋。

后　语
炒股，一定要有自己的方法

炒股没有方法，就如同"盲人骑瞎马，夜半临深池"；炒股没有方法，就会重现"出师未捷身先死，长使英雄泪满襟"的悲剧。

越来越多的人意识到，炒股是一个专业，学得好就能赚钱。因此很多人喜欢炒股，不离不弃。芸芸众生趋之若鹜，踩踏事件时有发生。

既然炒股是一个专业，就要以专业的知识、专业的素养、专业的技能和专业的心态去拥抱它，将股票投资发展成为自己的特长，否则你终究无法驾驭股市这匹桀骜不驯的野马。

炒股技术包括以下内容：均线的方向、成交量的大小、位置的高低、进出点位的把握、目标的搜索与跟踪、资金的分散与集中、大势研判与心态控制等。把各种要素叠加在一起，并在实战中遥相呼应，这就是炒股方法，也是实现盈利的工具。

股市揭示了人性的脆弱，但却无法减弱人们追求财富的热情。股市始终有其运行的逻辑，从不以人们的意志为转移。尽管人们对股市充满自信，但由于方法不当和凭空想象股市走向，经常让自己陷入尴尬境地而不能自拔。

由此可见，炒股要把握大量规律性的东西，需要匠人的耐心与专注。急功近利的人，等不来九九艳阳天的灿烂；心浮气躁的人，必然导致买得率性、死得仓促。

捕风捉影对自己是一种伤害，进退有据给资金一个交代。经典形态无论源自哪个时代，要素具备就一定能够涨起来。

当你有了自己的方法，炒股会变得轻松起来，赢会赢得理直气壮，输会输得心服口服。"气傲皆因经历少，心平只为折磨多。"当我们能按照资金布局的要求对资金进行集中与分散时，对未知的恐惧会陡然减少，在循序渐进中让自己变得更加成熟。使人踏实的，是日积月累的底气；叫人安心的，是灵魂的笃定。

我一直觉得自己是世界上最孤独寂寞的人，除了与主力进行只言片语的沟通和简单的互动外，就是长时间地对着 K 线图神游。令人欣慰的是，人们在"山重水复疑无路"的时候常常能给自己以信心；在自己遭遇失败时总能展开自我救赎，然后又奇迹般地生还。别人说我太幸运了，其实不是这样的，是股市太神奇了。

我见过无数高手，他们有的生而富足，人生充满潇洒和自信；有的生而贫穷，人生充满苦难和沧桑；有的选择良多，有的却只能背水一战；有的被整个家庭托起，有的则要托起整个家族；有的出道即巅峰，有的却雄关漫道真如铁。虽然成功的途径各不相同，但每个人的奋斗历程都值得尊重。

自从有了 135 战法以后，股市让我从一无所有变为颇有斩获，从怀疑自我变为志在必得。于是，我不再盲目地羡慕别人，只想不断地完善自己。经过艰难的成长以后，我知道如何支配和调节自己的欲望，所以过上了自己想要的生活。感谢股市，它给每个不安于现状的人提供了展示自己的机会。

2022 年 8 月于北戴河